视听作品著作权研究

——以参与利益分配的主体为视角

张春艳 著

知识产权出版社
全国百佳图书出版单位

图书在版编目（CIP）数据

视听作品著作权研究：以参与利益分配的主体为视角 / 张春艳著. —北京：知识产权出版社，2015.12

ISBN 978-7-5130-3996-3

Ⅰ.①视… Ⅱ.①张… Ⅲ.①电子出版物—著作权—研究—中国 Ⅳ.① D923.414

中国版本图书馆CIP数据核字（2015）第310735号

内容提要

该书以视听作品中参与利益分配的主体为视角，运用历史研究、比较研究和法哲学研究方法，阐述每一个利益主体在视听作品中享有的权利，重点结合著作权法修改草案，从制度层面对我国视听作品著作权利益合理分配展开构想。

责任编辑：崔 玲	责任校对：董志英
装帧设计：sun工作室 韩建文	责任出版：刘译文

视听作品著作权研究
——以参与利益分配的主体为视角

张春艳 著

出版发行：知识产权出版社有限责任公司	网　　址：http://www.ipph.cn
社　　址：北京市海淀区马甸南村1号（邮编：100088）	天猫旗舰店：http://zscqcbs.tmall.com
责编电话：010-82000860 转 8121	责编邮箱：cuiling@cnipr.com
发行电话：010-82000860 转 8101/8102	发行传真：010-82000893/82005070/82000270
印　　刷：北京科信印刷有限公司	经　　销：各大网上书店、新华书店及相关专业书店
开　　本：720 mm×1000 mm 1/16	印　　张：14.25
版　　次：2015年12月第一版	印　　次：2015年12月第一次印刷
字　　数：250千字	定　　价：40.00元
ISBN 978-7-5130-3996-3	

出版权专有　侵权必究

如有印装质量问题，本社负责调换。

内容摘要

与其他类型作品相比,"视听作品"涉及的著作权问题尤为复杂。其主要原因在于参与视听作品制作的主体数量众多且分工各有不同。视听作品制作需要从事创作劳动的创作者、负责出资的投资者、从事技术劳动的技术工作人员以及从事辅助劳动的工作人员等各类主体共同努力才能制作完成。一部视听作品涉及的著作权利益关系错综复杂,作品是体现人格,还是属于纯粹的财产,关乎视听作品作者的确定;在投资者和创作者之间,立法是鼓励投资,还是鼓励创作,决定着视听作品著作权的归属;已有作品和视听作品之间是演绎关系、复制关系、结合关系,抑或合作关系,直接影响两者著作权人的权利;视听作品著作权和公有领域边界的划分直接决定使用者自由使用的范围;视听作品的表演者是创作者,抑或邻接权主体,其与视听作品制作者之间的权利分配都是需要厘清的法律问题。鉴于此,本书选择从参与视听作品利益分配的主体角度,同时,结合我国《著作权法》第三次修改对视听作品著作权问题进行系统体系研究。本书除引言之外,尚有六章。

第一章探讨视听作品从电影到电影作品的历史演变过程,分析电影被纳入著作权法保护的原因。视听作品是由电影作品发展而来的一个概念,而电影作品概念的出现是基于电影进入著作权法。为了克服电影作品概念的局限性,本着兼具技术中立、文字简练、晓白和包容性的原则,视听作品概念逐渐被引入著作权法。从作品特定的表达方面考虑,视听作品应被定义为"由一系列彼此相关联的(有伴音或者无伴音的)影像组成,借助适当技术装置可供视觉和听觉(如有伴音)感知的作品"。电影被引入著作权法经历了漫长的等待，促使电影进入著作权法的首要原因不是作品独创性问题，而是资金的投入与回报问题。当然，电影能被引入著作权法而非其他部门法律的真正原因则与视听作品本身具有独创性有关。视听作品与电影作品是包含关系，视听作品除了包括电影作品之外，还包括电视作品、录像作品甚至录像制品。

　　第二章研究视听作品作者的确定。一般而言，无论作者权法国家还是版权法国家均规定作品的原始版权属于作者，因此，作者身份的确定是确定视听作品著作权归属的关键因素。考察国外立法，作者既可以基于创作产生，也可以基于出资产生。其中，作者权法国家普遍受到法国浪漫主义美学与德国古典哲学影响，认为"作品体现人格"，普遍遵守"创作人原则"，作者多指实际从事作品创作的人。但是，参与视听作品的创作人员数量众多，确定视听作品的创作者并非易事。作者权法国家确定视听作品作者的模式主要有三种：有限列举式、开放列举式和消极式，这三种确定作者的模式各有利弊。相比较而言，版权法国家确定视听作品作者较为容易，出于经济利益原则考虑，作者范围主要限于出资的人。但是，基于我国立法传统、视听作品作者的特殊性以及对创作劳动的尊重，我国可以借鉴作者权法国家开放列举模式确定视听作品的作者。首先，我国著作权立法体系与作者权法国家更为接近，采用作者权法国家的立法模式不存在理论上和逻辑上的障碍。我国著作权立法始终坚持"作者就是创作作品的人"的"创作人原则"，即便我们有法人被视为作者的例外情形，但是视听作品的作者从来都是实际的创作者，而不是那些没有参与创作劳动的法人。其次，视听作品与其他作品有明显区别，参与创作人员众多且从事的创作劳动形式多样，对于一些"创作"特质明显且普遍争议较小的人员可以通过列举方式直接确定为作者，免除其证明作者身份之累。最后，直接确定视听作品作者的做法体现出对创作人员创作劳动的充分尊重和对作者利益的维护，符合我国著作权法倡导的鼓励作品创作的宗旨。其中，明确列举的视听作品作者应包括导演、编剧、专门为视听作品创作的音乐作品作者和摄影师。因为，无论在作者权法国家还是在版权法国家，导演属于基本无争议的一类作者。导演以其艺术表现力将剧本中以语言表述的各个场面变成影像，将影像变成视听作品，在视听作品创作中，导演起着较为重要的作用。将导演列为我国视听作品的作者的理由不言自明，且符合国际立法惯例。关于编剧，我国著作权法并没有类似于德国和日本两国著作权法所赋予的视听作品作者可以拥有的权利，且我国的合作作品包括可以分割使用的作品，在这种情况下，将编剧列为视听作品作者实属必要，且不存在制度上的障碍。对于专门为视听作品创作的音乐作品作者，由于我国采用比较宽泛的合作作品概念，故将其列为视听作品作者具备法律依据。至于摄影师，在立法中采用列举式时应兼顾代表性、选择性，以求立法严谨、周延，摄影师在视听作品创作中从事的创作劳动具有技术性特点，故宜将摄影师作为技术性创作代表列为视听作品作者。

第三章从法理和促进产业发展层面探讨视听作品著作权的归属。从世界范围看，版权法国家的著作权法从实用主义出发，重点放在对作品的保护上，把作品视为纯粹的财产，激励投资，将著作权归属于制片者。而作者权法国家普遍将作者放在首位，一般将著作权归属于作者。根据洛克劳动财产权理论，创作者付出了智力劳动，理应由创作者享有著作权。以黑格尔为代表的人格理论将财产与人格联系在一起，认为人只有在与外部的某件东西发生财产关系时才能成为真正的自我。作者创作作品，要成为真正的自我，须对作品进行控制，这种控制权就是财产权，因此，只有作者可以取得这种著作财产权。而激励理论则认为应该将著作权赋予最能发挥客体效用的主体，考虑效率因素和利益最大化因素，将视听作品著作权赋予制片者更为合适。其实，激励创作与激励投资并不是非此即彼的关系，而是一荣俱荣、一损俱损的关系。既然如此，在确定著作权归属时，就无须在激励投资和激励创作之间游移不定，进行二选一的艰难抉择，也不会因为激励投资所具有的浓烈的功利主义色彩而对其予以排斥。因此，为了促进视听产业发展，激励投资，尊重创作，可以考虑将确定视听作品著作权的归属于制片者的同时，保障作者分享收益。为此，首先，应该确定视听作品的作者为创作者，确立创作者的利益分享机制；其次，赋予制片者视听作品著作权。最后，借鉴日本和法国确定视听作品著作权的模式，理顺视听作品作者与制片者之间的逻辑关系，将视听作品著作权通过推定转让的方式归于制片者。

第四章重新审视已有作品与视听作品的关系。在视听作品创作过程中，需要大量使用已有作品。考察各国立法以及学界观点，有的将已有作品与视听作品之间的关系看作演绎关系，有的将两者之间的关系视为合作关系。其实，两者之间并非单一的合作关系或者演绎关系，因为一方面为了制作视听作品而对已有作品的使用方式（如复制、演绎）并不一样；另一方面每个国家对于合作作品的界定也不完全一致。视听作品使用已有作品的复杂性已经决定了两者之间复杂的关系。即使对于合作作品的界定完全一致，已有作品与视听作品的关系也未必完全一致，因此，已有作品与视听作品之间既有演绎关系，也有复制关系。鉴于已有作品与视听作品之间不同的法律关系，应该将已有作品区分原著作品与素材作品并分别赋予其作者不同的权利。

　　第五章探寻视听作品著作权的边界，确定使用者自由使用的起点。首先，对于视听作品著作权的时间边界，从繁荣公有领域考虑，50年的保护期无疑比70年的保护期更为合适。鉴于视听作品的作者数量众多，且难以确定，选择将几类视听作品主创人员的作者寿命作为计算保护期的依据比适用合作作品著作权保护期的一般规则更为简洁、实用。其次，通过对电视节目模式保护的研究，分析视听作品的思想与表达边界，不难看出，尽管理论上设计得足够具体或者详细的电视节目模式可以被认定为"表达"而受到著作权保护，但是，在实践中划清思想与表达的界限并非易事。最后，以戏仿为例探究视听作品著作权的空间边界。从保护公众的表达自由和保护戏仿作品的长远利益考虑，戏仿不应当被禁止。但是戏仿作品对于原作品的使用必须限定在必要的范围内，既能让人联想起原作品，又能明显让人知道新作品的存在，不会导致人们将两者混淆，不会损害原作品的利益。这个必要的范围实质上是判断戏仿是否构成合理使用的核心要件。但是，划定必要的范围并非易事，法律上自然没有固定的标准可以参照，需要法官自由裁量。

　　第六章结合《视听表演北京条约》，研究我国视听作品中表演者的权利属性以及著作权归属。在有著作权与邻接权之分的国家，演员的表演通常以邻接权加以保护，鲜有以著作权加以保护。如果演员在表演中付出了独创性劳动，一般情况下，演员只能在著作权和邻接权中选择其一予以保护，不能同时享受两种不同的权利保护。尽管有些演员，特别是主要演员在视听作品创作中影响较大，但是很少有国家以立法列举的形式明确肯定演员的创作者身份，至多通过概括性立法模式推断出演员有成为作者的可能性。我国对于视听作品中的表演者应给予邻接权保护。一方面由于我国存在著作权与邻接权之分；另一方面虽然不否认有些表演者在视听作品演绎中付出了独创性劳动。但是，首先，能够付出独创性劳动的表演者毕竟只是极少数。其次，即使给予这些付出独创性的表演者以视听作品作者身份，这部分表演者也不会因此而享有更多的利益保障。最后，表演者的本职工作是表演，而非创作，如果基于其少许创作劳动而给予其作者身份是本末倒置。就视听表演者享有的经济专有权利而言，《视听表演北京条约》对我国著作权法修改影响不大。由于我国著作权法修改草案删除了"录像制品"的规定，将录像制品归入视听作品之中，使得一些原来作为录像制品表演者可以享有的"复制、发行以及信息网络传播权"的权利因此失去，这样的结果对于此类表演者缺乏公平性。因此，可以考虑将表演者的权利归属于制片者的情形仅限于原本属于电影作品以及以类似摄制电影的方法创作的作品中的表演者，其他如"录像制品"类的视听作品中的表演者则不受此限，仍然可以保留完整的表演者权。

关键词：视听作品；著作权；作者；制片者；已有作品；使用者；表演者

Abstract

Compared with other types of works, the copyright issues involved in "audiovisual works" are particularly complex. The main reason is that a number of subjects Who play different roles are involved in the production of audiovisual works. Production of audiovisual works is the multiple efforts of the creator creation, technical staff engaged in technical work and support staff and investors responsible for putting up funds. Copyright interests involved in an audiovisual works are complex and mixed. What is creative labor? These will determine who is the author of audiovisual works. Investors or creators Who should enjoy and exercise the copyright will determine the ownership of audiovisual works copyright;The relationship between existing works and audiovisual works-deductive or cooperation-directly affects the rights of both;the divide of boundaries between audiovisual copyright and public domain directly determines the scope of free use;[These are legal problems needed to be sorted out that the performer is the creator of an audiovisual work or the neighboring rights body regarding the assignment of rights between he and the producer of audiovisual works.] Therefore, the paper is a systematic research is carrd about the audiovisual works combining with China's "Copyright Law", and chooses the angle from the main interests involved in audiovisual distribution works. In addition to the introduction, there is still another six chapters in this book.

The first chapter discusses the evolution of audiovisual works from movie to film works, and analyses reasons that the film was included in protection of the copyright law.The ancept of Audiovisual works evolved from the film works, Whieh is based on the movie works into copyright law. As to the principles of technology neutral, concise text, and inclusive, taking the expression of specific aspects of the work into consideration, audiovisual works should be defined as "Works that composed of a series of videos associated with each other (with or without accompanying sound)", and can be seen and heard (if anysound) by appropriate technical means .It's a long way that film was introduced in Copyright Act, which was the result of capital investment and return issues not the originality. Of course, the real reason that film can be introduced into the Copyright Act rather than other sectors is relevant to the originality of audiovisual works. Films is included in Audiovisual works which also includes television works, video works, and even video products.

The second chapter studies the determination of authors of audiovisual works. In general, whether national or national copyright laws provide that works' original copyright belongs to the author.Therefore, the determination of the authorship of audiovisual works is the key factor to determine the ownership of copyright. By studying abroad legislation, the author can be based on the creation and also be based on fund. Among them, the authors rights law countries are generally impacted by the French Romantic aesthetics and the German classical philosophy, which maintains that "works reflects personality", obey to the " principle of the creator", the authors actually engaged in the work of creation multi-fingered man. However, there are numerous creative people in audiovisual works, It's not easy to determine the creator of audiovisual works. [There are three main modes in State law to determine the authorship of audiovisual works, which have advantages and disadvantages: limited enumerated type, open type and negative type list.] Comparatively, the copyright law of the state for audiovisual works more easily, considering the principles for economic benefits, funded mainly limited range of people. However, given our legal tradition, the author of the particularity of audiovisual works and to respect the creative work into consideration, our country shall learn the right method of determining the national open enumeration mode of audiovisual works. Firstly, China's legislative system of copyright is similar to authors' rights law countries', and there will not be barriers in theory and logic to apply the legislative model of national rights law. Our copyright legislation always adheres to "who create works, who is the author" and " the principle of the creator." Even if we have a legal person is regarded as the author, but the authors of audiovisual works have always been the actual creators, rather than legal person who don't provide the creative labor. Secondly, there are significant differences between other works and audiovisual works, which inclulds many creative people that engaged in various forms of creation, Some creators that have significant "creative trait" and with less controversial can be directly determined by the way the author cited exemption from proof of tired identity. Furthermore, the approach to determine directly the authors of audiovisual works reflects the full respect for creation and the protection of authors' interests, which consists with the purpose of copyright law to encourage advocacy work creation. Also, the author of audiovisual works clearly listed should include director, screenwriter, the authors of musical works and photographers specifically created for audiovisual works. It is because that the director is of a class of non-controversial regardless of authorship or copyright law countries. The director plays a more important role in creation of audiovisual works, transforming the language of the script for each scene into an image with its artistic expression, and changing the image into audiovisual works. It is self-evident to list the director of an audiovisual work as author, which is also conforming to the international legislative practices. About screenwriter, China's " Copyright Law " is different from Germany and Japan whose screenwriter can own the rights of the author of audiovisual works conferred by the law, and our cooperation works include works can be separated , in this case , It is necessary to regard the screenwriter of audiovisual works as the author , and there are no institutional barriers. For the author of music works specifically creating for audiovisual works, because of the use of relatively broad concept of cooperative work, who will be listed as the author of audiovisual works based on legal basis. As a photographer, in order to legislate rigorous, comprehensive, when using enumeration in the legislation the representation, selectivity should be taken into account, and therefore he should be classified as the author of audiovisual works.

The third chapter explores the ownership of the copyright of audiovisual works from the Jurisprudence and promotion of industrial development. From a global perspective, copyright law countries focus on the protection of the works, from a pragmatic way, the work is regarded as a purely property, encouraging investment, the copyright belongs to the producer. And in the author's rights countries, author is in the first place, generally copyright attributed to the author. According to Locke labor theory of property rights, intellectual creators who paid labor should be enjoyed the copyright. Hegel's theory of personality aryues the property is linked with the personality so that people only in the event of property relations with the outside of a thing can become a true himself. If one author want to become himself, he should control the works such control is the property.Therefore, only the author can enjoy this economic rights. The incentive theory holds the copyright should be given to the object can play main utility, so considering efficiency factors and maximize the benefits, copyright would be given producers. In fact, incentive creation and investment incentives are not either-or relationship, but prosperity, a loss for both sides of the relationship. Aware of this, when determine the ownership of copyright, It shoud not wander between encouraging investment and the creation of incentives and exclude strong investment incentives utilitarian colors. Therefore, in order to promote the development of the audiovisual industry, encourage investment, and respect for creation, the copyright of audiovisual works may be attributed to the producer and the sharing revenue should be protected. To do this, you should first identify the author as creator of audiovisual works and establish creators' benefit-sharing mechanisms; secondly, giving the producer of audiovisual works copyright. Again, learning from Japan and France' mode of determing the ownership of the copyright of audiovisual works, rationalizing the logical relationship between authors and filmmakers. The copyright of audiovisual works should be transferred to the producer through constructive way.

Chapter IV re-examines the relationship between works and audiovisual works. In the creative process of audiovisual works' a lot of existing works are needed. Examine national legislation as well as the academic point of view, some see the relationship between the existing works and audiovisual works as deductive relationship, some see the relationship between two partners as partnerships. In fact, it is not a single deductive relation or partnership, on the one hand, in order to produce audiovisual works the use of existing works (such as copying, interpretation) is different, on the other hand, each country in defining the joint work is not complete consistent. The complexity of using existing works has already decided the complex relationship between the two parties. Even for the definition of cooperation works is exactly the same, the relationship between existing works and audiovisual works may not be exactly the same, so there are both deductive relationship and replication relationship. Given the different legal relationship between the existing works and audiovisual works, there should be distinction between original works and material works, given different rights.

The fifth chapter analyzes the boundaries of copyright of audiovisual works, explores the starting point of free use for users. First, for the time borders of audiovisual works' copyright. Considering the prosperity of the public domain, 50 years' protection is undoubtedly more appropriate than 70 years' protection. Given the large number of parties of audiovisual works and difficult to determine, selecting the life of several types staff of audiovisual works as the basis for calculating copyright protection period as a general rule is more applicable and concise. Second, through researching the protection of television programs mode, analyses the boundary between idea and expression of audiovisual works. Even though TV program mode designed sufficiently specific or exhaustive can be identified as the "expression" in theory and subject to copyright protection, it is diffallt to draw a boundary between ideas and expression in practice. Again, explores the space boundary of audiovisual works copyright by parody example. Considering the long-term interests to protect freedom of expression of the public, works of parody should not be banned. But the use of parody must be limited to the extent necessary. To the necessary extent, it can be reminiscent of the original work, however, it is obviously to let people know there is a new works. People will not confuse them. It will not harm the interests of the original works. It is the core elements to determine parody constituting fair use. However, it is difficult to delineate the necessary range. There is no fixed standard reference in the law. It needs judges' discretion.

Chapter VI combining with "Beijing Treaty on Audiovisual Performances" to study the property and ownership of performers' rights of audiovisual works. In the countries whose law providing copyright and neighboring rights, the actor's performances usually protected by neighboring rights, with little to copyright protection. Under normal circumstances, if the actor paid original labor in the show, the actors can only choose one in the middle of copyright and neighboring rights to be protected and can not enjoy the protection of two different rights. Although some actors especially the main actors in the audiovisual work influence the creation, few countries expressly enumerated the identity of the creator of the actors in the form of legislation and infer the possibility of actors through broad legislative model. The performers of audiovisual works should be given to the protection of neighboring rights. On the one hand, it dues to the existence of copyright and neighboring rights. On the other hand, while not denying that some performers paid original labor in the interpretation of audiovisual works, first of all, this kind of perfomers is just a handful. Even giving these performers the authorship of audiovisual works, these performers also will not be entitled to more protection of the interests. Moreover, performers' job is to perform rather than create. Giving its authorship for a little creative work would make it upside down.

Abstract

For the purposes of audiovisual performers' exclusive economic rights, "Beijing Treaty on Audiovisual Performances" has little effect on China's Copyright Law modify. Since the draft amendment deleting the "video product" requirement to be classified among audiovisual works which led to some video products enjoying the rights "to copy, distribute and disseminate" will lose these rights. This results in a lack of fairness. Therefore, we can consider the rights of performers who belong to the producers only limited to performers of films and a method analogous to cinematography creative works, other performances of audiovisual works such as "video product" not affected by this limit still retain the full rights of performers.

Key words: audiovisual work; copyright; author; producer; existing works; users; performer

目 录

引 言 1
  一、研究背景 3
  二、研究现状和文献综述 5
  三、研究方法和学术创新 7

第一章 视听作品的演变：从电影到视听作品 9
  一、电影的产生 12
  二、电影的属性 13
  三、从电影到电影作品 18
  四、从电影作品到视听作品 35
  本章小结 52

第二章 视听作品的作者：制片者抑或创作者 53
  一、作者身份的产生 55
  二、视听作品作者的确定 62
  三、我国视听作品的作者及立法完善 91
  本章小结 98

第三章 视听作品著作权的归属：作品保护抑或作者至上 99
  一、作者权法国家视听作品著作权的归属 101
  二、版权法国家视听作品著作权的归属 113
  三、国际公约关于视听作品著作权的归属 124
  四、我国视听作品著作权的归属 125
  本章小结 152

第四章　已有作品作者的权利：基于合作抑或演绎 155
　一、已有作品的界定 157
　二、已有作品与视听作品的法律关系 158
　三、已有作品作者的权利 160
　本章小结 163

第五章　视听作品著作权的边界：使用者自由使用的起点 165
　一、视听作品自由使用的时间边界：著作权保护期间 167
　二、视听作品的思想与表达边界：以电视节目模式为例 176
　三、视听作品自由使用的空间边界：以戏仿为例 178
　本章小结 184

第六章　视听作品表演者的权利 187
　一、表演者的界定 189
　二、视听作品表演者权利的法律属性 191
　三、《视听表演北京条约》对我国视听作品表演者权利的影响及我国立法选择 194
　本章小结 197

参考文献 199

致　谢 209

引 言

> 20世纪一种惊人的新颖的大众艺术发展起来，它的注意力却集中在这个活动着的世界的可见的外部形象上。它具有重新创造世界，用时间和空间变戏法的力量。不要多久，它就会具有把这个世界带进千家万户的起居室的力量。[1]
>
> ——[美]丹尼尔·J.布尔斯廷

一、研究背景

2012年，现行《中华人民共和国著作权法》（以下简称《著作权法》）受到来自国内和国际修法的双重冲击。从国内层面看，2012年3月，我国国家版权局公布了《中华人民共和国著作权法（修改草案）》（以下简称《修改草案第一稿》），《修改草案第一稿》摒弃了"电影作品和以类似摄制电影的方法创作的作品"用语，取消了"录像制品"概念，取而代之以"视听作品"术语，并且对视听作品著作权的归属以及视听作品中表演者权利的归属作出了重大修改。2012年7月，国家版权局在征求社会各界对《修改草案第一稿》意见的基础上，公布了《中华人民共和国著作权法（修改草案第二稿）》（以下简称《修改草案第二稿》）。《修改草案第二稿》对《修改草案第一稿》关于视听作品著作权和视听作品中的表演者权利的归属以及视听作品的作者范围再次作出了调整。

---

[1] [美]丹尼尔·J.布尔斯廷.创造者——富于想象力的巨人们的历史[M].汤永宽，等，译.上海：上海译文出版社，1997:1151.

2012年10月，新闻出版总署以及国家版权局举办《著作权法》修订工作领导小组第二次会议，并在会议上公布了《中华人民共和国著作权法（修改草案）第三稿》（以下简称《修改草案第三稿》），即后来国家版权局报请国务院审议的《中华人民共和国著作权法（修订草案送审稿）》。《修改草案第三稿》体现了意思自治原则，关于视听作品著作权归属问题在《修改草案第一稿》的基础上采取当事人约定优先原则，同时增加了视听作品作者分享收益的权利。从修改内容上看，涉及对权利客体和权利归属的修改。如果说《修改草案第一稿》是革新，《修改草案第二稿》属于回归，那么，《修改草案第三稿》则是《修改草案第一稿》的延续和发展。这种转变背后隐藏着利益的博弈和修法的价值追求，对现行著作权法的冲击不言而喻。从国际层面看，2012年6月通过的《视听表演北京条约》对"视听录制品"术语的使用和表演者经济权利及其归属的规定同样影响着我国著作权法的发展。正是基于对上述问题的关注，促使笔者以视听作品著作权问题作为本书的讨论方向。

此外，与其他作品相比，"视听作品"具有参与创作人员众多、使用作品数量多、主体间权利义务关系复杂、投入资金多、风险大等特点。这些特殊性意味着一些可以适用于其他作品的著作权归属原则与利益分配原则如果适用于视听作品之上，可能会有失公平，或者可能会降低作品著作权行使的效率。而特殊的著作权归属原则或者利益分配原则又极大地影响视听作品所涉主体的权利与利益。如果把视听作品创造的价值比喻为一个蛋糕，那么参与分享这个蛋糕的主体是多元的，有视听作品的创作者、投资者、已有作品作者、表演者，甚至还有社会公众等。毫无疑问，蛋糕只有那么大，不会因为参与分享的主体多了而增大，如果将蛋糕多分给其中的一类主体，相应地，其他主体能够分到的蛋糕自然就会小一些。利益需要分配，[1] 视听作品这个大蛋糕尤其需要分配。在分配中，须兼顾各方利益需要，构建平衡法律关系，才能最大程度地实现视听作品的价值。视听作品著作权利益分配的复杂性也是促使笔者将视听作品著作权问题作为本书的讨论方向的原因之一。需说明的是，视听作品著作权涉及问题比较多，本书仅从权利主体角度探讨视听作品涉及的

---

[1] 李琛.论知识产权法的体系化[M].北京：北京大学出版社，2005：141.

各主要主体应该享有的权利或者权益。此外，本书探讨的重点放在视听作品著作权特有的问题，对于与一般作品共同的问题不再赘述。

二、研究现状和文献综述

目前，国内外学者对视听作品著作权问题的研究重点在于视听作品的概念和视听作品著作权的归属，而对视听作品各主体分享著作权及利益的系统研究较为少见。

国内对视听作品著作权进行研究的主要成果有：王迁教授撰写的学术论文《电影作品的重新定义及其著作权归属与行使规则的完善》❶；曲三强教授撰写的学术论文《论影视作品的法律关系》❷；曹新明教授撰写的学术论文《新编影视剧所涉版权问题研究》❸；孙国瑞教授等撰写的学术论文《视听作品的著作权保护研究》❹；陈锦川法官撰写的学术论文《关于涉及视听作品著作权纠纷的几个问题》❺；刘非非博士撰写的博士论文《电影产业版权制度比较研究》❻；宋杰撰写的专著《电影与法律：现状、规范、理论》❼。

我国台湾地区对视听作品著作权进行研究的成果主要有：姚信安助理教授撰写的学术论文《他山之石可以攻错——由比较法观点析论视听著作之立法》❽；萧雄淋副教授撰写的学术论文《两岸著作权法规视听著作之立法检讨——以视听著作之定义、归属及保护期间之比较为中心》❾；张懿云教授、

---

❶ 王迁."电影作品"的重新定义及其著作权归属与行使规则的完善[J]. 法学，2008(4).
❷ 曲三强. 论影视作品的法律关系[J]. 法学，2008(4).
❸ 曹新明. 新编影视剧所涉版权问题研究[J]. 知识产权，2011(3).
❹ 孙国瑞，刘玉芳，孟霞. 视听作品的著作权保护研究[J]. 知识产权，2011(10).
❺ 陈锦川. 关于涉及视听作品著作权纠纷的几个问题（上、下）[J]. 中国版权，2009(6), 2010(1).
❻ 刘非非. 电影产业版权制度比较研究[D]. 武汉：武汉大学，2010.
❼ 宋杰. 电影与法律：现状、规范、理论[D]. 北京：中国电影出版，1993.
❽ 姚信安. 他山之石可以攻错——由比较法观点析论视听著作之立法[D]. 中正财经法学，2013(6).
❾ 萧雄淋. 两岸著作权法规视听著作之立法检讨——以视听著作之定义、归属及保护期间之比较为中心[J]. 智慧财产评论，2011：10(6).

陈锦全助理教授撰写的报告《视听著作权利保护研究期末报告》❶；甘龙强法官撰写的专著《电影著作权》❷。

国外对视听作品著作权研究的成果主要有：英国Pascal Kamina博士撰写的专著 *Film Copyright in the European Union*，❸ Marjut Salokannel撰写的专著*Ownership of Rights in Audiovisual Productions: A Comparative Study*❹，Peter Decherney教授撰写的专著*Hollywood's Copyright Wars:from Edison to the internet*❺，Obergfell, Eva Inès撰写的学术论文*No need for harmonising film copyright in Europe?*❻

从国内外研究现状看，上述研究成果还存在一些不足或有待深化之处：第一，已有研究成果集中于个别问题研究，对视听作品著作权问题缺少整体研究；第二，已有研究成果多局限于某一区域进行研究，缺少全面比较研究；第三，已有的专著研究成果比较陈旧，多集中在20世纪90年代或者20世纪初，较新的专著研究多关注视听产业研究，对视听作品主体享有的权利关注较少。

就国内研究成果而言，学者们对于以"视听作品"取代传统的"电影作品以及以类似摄制电影的方法创作的作品"概念争议不大，争议较多的是如何定义"视听作品"。从国内外研究成果看，学者们对视听作品的作者究竟应该是创作者还是出资者争论不休；对于视听作品著作权应该归属于作者还是制作者众说纷纭；对于已有作品作者和视听作品著作权人的关系各执己见；对于视听作品的使用者能够分享的著作权利益存有争议；对于表演者的权利属性以及权利归属也存在很大分歧。正是这些争议与分歧的存在使得本书的研究更有价值。

---

❶ 张懿云，陈锦全.视听著作权利保护研究期末报告[R].2011.
❷ 甘龙强.电影著作权[M].北京：中国电影出版社，1991.
❸ See Pascal Kamina, Film Copyright in the European Union, 1sted, Cambridge University Press, 2001.
❹ See Marjut Salokannel, Ownership of Rights in Audiovisual Productions: A Comparative Study, Kluwer Law International, 1997.
❺ See Peter Decherney, Hollywood's Copyright Wars:from Edison to the internet, Columbia University Press, 2012.
❻ See Obergfell, Eva Inès, No need for harmonising film copyright in Europe? The European Legal Forum, 2003.

三、研究方法和学术创新

本书在写作过程中，主要运用了以下研究方法。

第一，历史研究方法。本书第一章运用历史研究的方法探讨视听作品从电影到电影作品再到视听作品的演变过程，分析各个国家的电影被引入著作权法后，从以摄影作品形式受法律保护发展为独立作品类型的过程。

第二，比较研究方法。本书在写作过程中较多运用了比较研究方法。比如在本书的第二章和第三章，笔者主要运用这一研究方法，通过比较、分析和解读各国立法和相关国家条约，揭示法律以及条约背后蕴含的理论和价值取向，将其与我国立法相结合，提出具体修法建议。

第三，法哲学研究方法。在关于视听作品著作权归属的论证中，本书论述了洛克劳动财产权理论、黑格尔的人格权理论以及激励理论，为确定视听作品著作权归属寻求法理基础。

与已有研究成果相比，本书的学术创新主要包括以下几点。（1）从参与视听作品利益分配的主体角度，系统研究每一主体可以分享的著作权利益。（2）对二次获酬问题进行深入细致分析，指出视听作品作者的二次获酬可以分为"额外报酬型"和"分享收益型"，不同类型的二次获酬影响着原作作者、视听作品作者、视听作品使用者的视听作品制片者的利益关系。（3）重新梳理已有作品与视听作品之间的关系，笔者认为这两者之间并非单纯的合作关系或者演绎关系，而是既有演绎关系，也有复制关系。同时，对于已有作品，应该区分原著作品与素材作品并分别赋予其作者不同的权利。（4）基于公平角度考虑，本书认为未来如果将录像制品并入视听作品，则应根据视听作品的具体情况分别规定表演者权利的归属。

第一章

视听作品的演变：从电影到视听作品

"视听作品"作为一个专业术语，首次出现在1976年2月通过并实施的《关于发展中国家著作权的突尼斯示范法》（以下简称《突尼斯示范法》）第1条第（2）款（Ⅵ）中。对于这一专业术语，1980年世界知识产权组织出版的《著作权与邻接权法律术语汇编》曾专门进行了解释。之后，世界知识产权成员于1989年4月在日内瓦缔结的《视听作品国际登记条约》，以及世界知识产权组织国际局著作权和公共信息司司长克洛德·马苏耶撰写的《保护文学和艺术作品伯尔尼公约指南》（以下简称《伯尔尼公约指南》）均使用了"视听作品"这一术语。2012年6月在北京通过的《视听表演北京条约》也使用了一个与"视听作品"非常接近的术语——"视听录制品"。从国际公约的发展上看，"视听作品"有取代"电影作品和以类似摄制电影方法表现的作品"之势。不仅在国际公约上如此，在一些国外立法中也出现这一趋势。美国1976年颁布的《版权法》、法国1992年制定的《知识产权法典》、俄罗斯1993年通过的《俄罗斯联邦著作权和邻接权法》、菲律宾1998年生效的《知识产权法》、巴西1998年颁布的《著作权法》以及埃及2002年生效的《知识产权法》等均使用了"视听作品"的专业术语。

从历史渊源上看，视听作品是由电影作品发展而来的一个概念，而电影作品概念的出现是基于电影进入著作权法保护范畴。在电影没有进入著作权法保护范畴之前，电影的属性比较模糊，是商品、艺术，还是一种文化传媒？追溯电影的产生，笔者发现电影其实与照相技术密切相关。当照片可以进入著作权法范畴，成为受法律保护的对象之后，电影进入著作权法保护范畴就成了自然而然的事情。当电影进入著作权法保护范畴之后，电影不再是纯粹的商品、艺术或者文化传媒,而是被赋予了法律属性,成为受法律保护的作品。随着科学技术的发展,与电影极其类似的电视、录像开始出现,原有的电影作品概念越来越无法涵盖这些新出现的作品形式,于是有了"电影作品和以类似摄制电影的方式表现的作品"。随着技术的进一步发展,创作此类作品的技术已经发生了很大变化,"电影作品和以类似摄制电影的方式表现的作品"这个概念不仅显得冗长,而且与技术发展不相协调,视听作品概念由此出现。探索视听作品的演变,须首先了解电影以及电影作品的发展历程。

一、电影的产生

电影在产生之初被称为"活动影像",与传统的静态照片相对。活动影像的发现不应归功于任何一个个人。❶ 1824年,一位名叫彼得·马克·罗热的英国医生向英国皇家学会提交了一篇名为《关于活动物像的视觉暂留》的论文,无意中为后来制作电影提供原理支撑。1832年,比利时人普拉多经过对"人眼视觉暂留"现象多年的研究,制成"诡盘"。这一发明对于电影的发明产生实质性影响,成为电影产生的重要依据。1834年,英国人霍纳对"诡盘"进行改革,发明了"活动视盘"。不过,虽然"活动视盘"在技术上较"诡盘"有明显进步,但是"活动视盘"并没有从根本上改变"诡盘"的制作方式,依然采用传统的手工绘画方式,使得观赏效果没有发生明显改善。1845年,奥地利人乌却梯沃斯将幻灯与普拉多的"活动视盘"结合起来,研制出活动幻灯,它能够投影在较大的布幕上,这便是动画电影的前身。但是上述这些发明并没有直接促成电影的发明,仅为电影发明提供原理支撑或者技术依据。真正促成电影发明的技术是照相技术。

基于照相技术的发明和发展,制作自然世界的"活动照片"已然成为可能。1878年,英国照相师埃德沃德·迈布里奇利用多架照相机成功连拍一匹马在奔驰的某些瞬间四只蹄子同时离开地面的活动着的影像。这种实验,直接促

---

❶ H.Hecht. 电影前史——一部关于1896年之前活动影像的百科全书及注释性文献, BFI/Saur, 1993.

进了电影机的改革。❶可是，使用多架照相机拍摄物象的运动以取得连续拍摄效果的方法过于复杂，拍摄的成本太高，未能从根本上解决连续拍摄的难题。1881年，法国人马莱发明了"摄影枪"。由于这种"摄影枪"不再使用平板底片，而使用涂感光药膜的可卷纸带，因此，可以拍摄连续运动的照片。后来，马莱又对"摄影枪"进行改良，终于在1888年研制出了一种软片式连续摄影机。这种摄影机第一次用感光纸带拍成了活动照片。这就是电影摄影机的最初形态。❷几乎是在同一时期，一位在爱迪生实验室工作的英国人迪可逊也在进行电影机的研究。为了获得较好的观赏效果，迪可逊尝试将较大的柔韧胶片运用到德国人安舒兹发明的动画机装置中。1890年，迪可逊终于研制出了一台摄影机，这种摄影机能将几个动画形象摄制在一条短胶片上，他将这种摄影机称作活动电影机。❸迪可逊利用这台活动摄影机在电影胶片上拍摄了第一部电影《弗雷德·奥特的喷嚏》，拍的是一个在爱迪生工厂里做工的工人。❹之后经过不断改进，1891年，第一台成熟的电影视镜在爱迪生实验室向公众展示。但是，电影视镜并没有将影片投影到银幕上，而且每次仅能供一人观看，人们通过电影视镜特设的窥视孔往里看，只能看到一部五分钟长的影片。1895年，法国的卢米埃尔兄弟将"电影视镜"与他们之前发明的"连续摄影机"结合起来研制出了世界上第一架电影反映机。1895年12月28日，卢米埃尔兄弟在巴黎卡普辛路十四号大咖啡的地下室里面向社会公开放映《火车到站》等十二部短片，电影作为一种新奇的观看形式迅速受到人们的喜爱，由此开启了人类影像的新时代，成为20世纪以来最流行和最受欢迎的艺术形式。

二、电影的属性

所谓属性，是指事物本身所固有的性质。属性既是物质必然的、基本的

---

❶ 杨长斌.电影的产生及其发展[J].内蒙古青年，1982(2): 33.
❷ 刘树林，朱少玲.世界电影发展史[M].北京：文化艺术出版社，1990: 17.
❸ 蔡卫，游飞.美国电影艺术史[M].北京：中国传媒大学出版社，2009: 24.
❹ [美]丹尼尔·J. 布尔斯廷.电影的产生与奥秘[M].汤永宽，等，译.上海：上海译文出版社，1997: 43.

特性，也是事物某个方面质的表现。一定质的事物经常表现出多种属性。电影的属性是指电影作为一种事物所固有的性质。与其他事物一样，电影也具有多重属性。

电影是什么？《辞海》将电影界定为"用电影摄影机以每秒摄取若干格画幅的运转速度，将被摄体的运动过程拍摄在条状胶片上，成为许多格动作逐渐变化的画面；然后经过一定的工艺过程，制成可以放映的影片。当影片通过放映机以同样的运转速度被连续地投映于银幕时，由于人类视觉具有滞留印象的特性（一说由于静物位移而在心理上产生似动感觉），观众便从银幕上看到放大了的活动影像。"❶ 按照《辞海》的解释，电影是一种发明创造，是一种能给人带来视觉效果的新奇的科学事物。但是，随着时代的变迁，电影这种发明创造在人类发展史上所产生的巨大影响力似乎已远远超出人们的想象，它的内涵也越来越丰富，已经不只是一项发明创造。正如有学者所言："无论是前卫的还是反动的，电影是艺术；无论是原创的还是庸俗的，电影是文化；无论是技术的还是经济的，电影是工业；无论是发财的还是赔钱的，电影是商业；无论是监控的还是革命的，电影是政治……镜头看着世界，我们看着镜头，结果就构成了一个新的'观看世界'。"❷

在诞生之初，电影只是一种纯粹的娱乐方式或者娱乐工具，远不具有今天的复杂性和重要性。但是，随着电影逐渐显示出异乎寻常的影响力且发展成为一种产业，电影的多重属性逐渐显现出来。

（1）电影是商品。商品是指用来交换，能满足人们某种需要的劳动产品。商品具有价值和使用价值两种属性。电影这种商品是指电影的物质形态和客观存在实体，即把外界事物的影像（以及声音）摄录在胶片等介质上，通过放映（以及还音）在银幕上造成活动的影像。❸ 电影也具备一般商品的双重属性，即具有价值和使用价值。电影的使用价值在观众观看电影中得到实现，观众通过观看电影满足其精神需要，得到娱乐和审美的体验享受，获取一种心理上的愉快、平衡和满足。电影的价值通过观众购票的行为得以实现。一部纯粹

---

❶ 夏征农，等.辞海[M].上海：上海辞书出版社，2000：3894.
❷ 唐榕，邵培仁.电影经营管理[M].杭州：浙江大学出版社，2005：24.
❸ 宋杰.电影与法律：现状、规范、理论[M].北京：中国电影出版社，1993：18.

供自己欣赏而拍摄的电影不是商品，因为它没有通过交换价值，所以无法取得电影商品的本质要素，即价值。电影从诞生的那一天起，其作为商品的身份就非常明确。尽管后来电影被称为"第七艺术"，登上艺术殿堂。但是，其商业性却从未消失，反而随着工业的发展越来越强化。❶尤其是在市场化背景下，"电影是一门生意""电影是商品"已经成为不争的事实。

不可否认，和其他艺术形式相比，电影的商品属性尤为明显。一部电影经历组织拍摄、进入拍摄、后期制作、发行、放映的全过程，就如同一个实体商品的生产和销售流程。没有哪种艺术形式像电影这样如此依赖资金的投入和承担投资的风险，也没有哪种艺术形式像电影这样几乎将追逐利润最大化作为其最为重要的目标。电影几乎拥有一般商品的全部特质，其中，最重要的特质就是赚取利润。连喜剧大师卓别林也直言不讳地说："我进入这个行业（电影）是为了挣钱，而艺术即产生于斯。如果人们听了这句话不高兴，也没办法。事实就是这样。"❷纵观世界电影发展的历史，也充分表明，电影的商品属性始终没有发生变化；即使遭遇了一些冲击（比如出现了独立电影和地下电影），也很难撼动它的商品本质。

（2）电影是一门艺术。电影作为一种技术发明，从一开始就获得了商品性质，但是这种类似杂耍的娱乐方式最初并没有享有"艺术"的殊荣。只是到了后来，欧洲的一批艺术家们发现了这种"会动的绘画"，敏锐地觉察到电影与其他艺术形式的差别，认为它不同于以往任何一种艺术，而是综合了几种传统艺术的特点，不仅如此，电影还保留了其他艺术所抛弃的跨边缘的东西（比如对场景的叙述、描绘等），于是逐渐赋予了电影"艺术"的高贵身份。1911年，意大利诗人和电影先驱卡努杜发表《第七艺术宣言》，在历史上第一次宣称电影是一种艺术，是在建筑、音乐、绘画、雕塑、诗歌和舞蹈六种经典艺术门类之后产生的新的艺术门类，正式把电影确定为一种艺术门类。从此，"第七艺术"成为"电影艺术"的同义语。❸电影终于从其他艺术形式中脱离出

---

❶ 尹鸿.跨越百年：全球化背景下的中国电影[M].北京：清华大学出版社，2007：393.
❷ 邵培仁，刘强.媒介经营管理学[M].杭州：浙江大学出版社，1998：490.
❸ [澳]理查德·麦特白.好莱坞电影——美国电影工业发展史[M].吴菁，何建平，刘辉，译.北京：华夏出版社，2011：1.

来，成为一门独立的艺术形式。

不过，也有艺术家质疑电影"艺术"的身份。1988年，法国影评人塞尔日·达内提出疑问："归根到底，电影是一门艺术吗？""它是一种奇怪的艺术，也许根本不是艺术……"1993年，法国著名导演马克·谢弗里直接断言说："电影不是一门艺术。"❶ 尽管如此，电影作为一种艺术形式已经为人们普遍接受，毋庸置疑，电影本身就具有艺术的特异性，作为艺术，电影包括艺术形式的全部范畴。"它像戏剧和舞蹈，是表演艺术；它像绘画和文学，是表现形式；它又像音乐，是录音艺术。"❷ 电影是一门视觉艺术，有其特有的审美特征和审美性质，借助人物、声音、色彩、构图、背景、道具等要素构成生动、流畅、华美的形象给大众视觉的享受。

但是，电影艺术又不是一门纯粹的艺术。对此，法国文人安德烈·马尔罗曾有一句家喻户晓的名言："在另一方面，电影是一门工业"。这句话一针见血地指出，电影固然拥有"艺术"的高贵身份，但是这并不能改变其商品的本质。电影作为一种必须借助商业运作的艺术形式，❸ 不得不依赖电影的商业性而存在和发展。艺术被迫受制于金钱和商业的力量，电影由于产业成分的大量侵入，只能列入不纯粹的艺术。因此，人们必须正视一个现实：电影是一种艺术，更是一种工业。❹

当然，电影生意也是依赖电影的艺术性存在和发展的。不具备任何艺术价值的电影将不成为电影，更没有市场。因而，电影是一种具有艺术价值的特殊商品，同时也是一种具有高度商业化的艺术。❺ 总而言之，电影既不是一门纯粹的艺术，也不是一种批量式生产的商品，电影是艺术与商业的结合体。正如美国电影协会主席贾克·瓦伦提所言："电影制作是艺术和商业的联姻。"对于电影而言，艺术与商业从来都是相生相伴，互为依存的。缺少艺术性，电

---

❶ [法]苏珊娜·利昂德拉—吉格，让—勒路易·特拉特.电影随想[M].张洁，杨烨，译.北京：文化艺术出版社，2005: 13.
❷ 邵培仁，刘强.媒介经营管理学[M].杭州：浙江大学出版社，1998: 489.
❸ 裴亚莉，饶曙光.电影、政治、知识分子和产业——新中国60年电影形态研究[M].北京：中国社会科学出版社，2010: 3.
❹ [法]洛朗·克勒通.电影经济学[M].刘云舟，译.北京：中国电影出版社，2008: 11.
❺ 尹鸿.跨越百年：全球化背景下的中国电影[M].北京：清华大学出版社，2007: 241.

影成为无本之木；没有商业性，电影只能"孤芳自赏"、束之高阁、失去市场。或许有些电影艺术性更强，有些电影商业性更浓，但是艺术性和商业性始终是电影不可或缺的两个基本属性。

（3）电影是文化传媒。与其他艺术形式相比，电影具有巨大的社会影响力，借助影像、声音、文字、图画、造型等要素能迅速吸引人的注意力，以轻松愉悦的方式传递文化精神，这些文化精神均倡导着一定的价值取向、生活理念、行为准则以及行为规范，并且在有意或者无意之中影响着人们的社会认知、社会判断、社会决策和社会行为，也影响着人们的道德观、审美观、人生观和价值观。正是出于这一原因，电影经常被当作一种政治宣传的工具。

早在1922年，列宁就曾经讲过："在所有的艺术中电影对于我们是最重要的"，即是看中电影文化传媒的属性以及其所产生的社会影响力。在我国，新中国成立之后很长一段时间，电影主要不是作为一种娱乐，而是作为一种比较严肃的文化艺术和宣传工具存在。❶作为政治宣传工具的电影承载着明显的意识形态意义，电影的娱乐性追求反而都被设计成对宣传的包装。

虽然电影被用来进行政治宣传，从某种程度上讲也是在传播一种文化——政治文化。但是，电影毕竟只是一种娱乐方式，是一种艺术商品，承载着过于严肃的政治任务的电影只是在利用电影本身的社会影响力达到政治宣传的目的，这样的电影要么失去了娱乐性，要么扭曲了艺术性。而娱乐性的缺失或者艺术性的扭曲将电影变成一种说教工具，艺术性不再是其追求的主要目标，商业性也无从谈起。在这种情形下，电影原有的吸引力和社会影响力将会急剧下降，电影由此会面临深刻的传播危机。因此，电影的文化传媒属性决定着将电影只用作政治宣传工具的做法终将使电影失去市场，走向毁灭。

电影是艺术商品，体现着一定的特性、价值观和观念。因为电影可以被用来宣传文化，因此，电影是一种特殊的文化产品。早在20世纪30年代，美国政府已经意识到电影不仅具有产业价值，而且具备文化宣传价值。在罗斯福执政期间，好莱坞电影即被用来推销美国形象和美国民主，输出美国文化。时至今日，虽然电影的娱乐功能和商品属性被放大，但是美国好莱坞电影依然保持

---

❶ 参见尹鸿.跨越百年：全球化背景下的中国电影[M].北京：清华大学出版社，2007：393.

文化传媒属性，借助各种各样的电影形象，推销着美国社会生活方式和价值理念，继续制造着美国式的"趣味"。❶ 实际上，无论是美国，还是其他国家，都在借助电影传媒传播着各自的文化。因为电影作为文化传媒，具有巨大的影响力，不仅影响着世界经济，也影响着世界政治、文化的格局。❷ 无论是哪种类型的电影，即使是最轻松的娱乐片，也会或多或少隐含着某种价值判断，具有自己的倾向性，代表着某种文化，当一部电影被发行、放映之后，电影所代表的文化随之传播开来，凭借极强的渗透力在改变着人们的生活方式和观念。20世纪20年代初创办"神州"影片公司的汪熙昌就认为："电影为综合之艺术，电影艺术为世界之一大实业，世界人士且公认为其为宣传文化之利器，阐启民智之良剂。一片之出，其影响于社会人心者殊巨。盖以其能于陶其冶性之中，收潜移默化之效。"❸ 由此也可以看出，电影是艺术，是商品，更是一种文化传媒。

三、从电影到电影作品

莎士比亚曾说："一千人眼中有一千个哈姆雷特。"电影亦是如此。电影是什么？从不同的角度去解读它，答案各不相同。电影是商品？艺术？文化传媒？娱乐方式？一种投资？一种政治工具？电影涉及的领域太广泛，很难用一个概念去限定它。但是，当电影被纳入著作权法保护之后，电影就转化为作品，成为受著作权法律保护的对象。

（一）电影进入著作权法保护范畴

当电影出现在世人面前之初，它还称不上艺术，只是一种类似杂耍的娱乐方式，是一种可以赚钱的商品，与著作权法意义上的"作品"无关。但是，随着电影在全世界广为传播和放映，电影工业在查尔·百代❹ 眼里已成为仅次于军火工业的赚钱工业。电影可以带来的巨额利润吸引众多的投资者，非法复

---

❶ 参见尹鸿.跨越百年：全球化背景下的中国电影[M].北京：清华大学出版社，2007：19.
❷ 参见吴贻弓，李亦中.影视艺术鉴赏[M].北京：北京大学出版社，2004：11.
❸ 王甫，吴丰军.电视制片管理学[M].上海：复旦大学出版社，2006：49.
❹ 法国电影工业的重要人物，创建百代公司，使电影走向工业化生产。

制、剽窃和模仿也随之出现。此时，将电影引入著作权法，成为受法律保护的对象就显得尤为必要。不过，电影能否成为作品及以何种方式进入著作权法则是各国立法者共同面临的问题。

1. 法国

法国是世界上第一次公开放映电影的国家。也是法国的查尔·百代将电影发展成为一种工业。在第一次世界大战之前，法国的电影工业在欧洲一直占有绝对优势。不过，法国电影被引入著作权法之路并不顺畅。在最早的一些有关电影的案件中，法国法院拒绝把电影作品视为著作权作品，法院认为电影仅仅是一种机械性装置，因而无权获得著作权保护。[1]换言之，在早期法国法院的法官眼里，电影与电影机紧密相连，这种机械装置应该寻求专利权的保护，而不是寻求版权保护。

不过，事情于1905年发生转机。在Doyen诉Parnaland案中，电影首次成为法国1793年《复制权法》[2]的保护的对象。Doyen是一名外科医生，为了教学和科学目的，他想让两名摄影师把他的一些外科手术拍成影片。其中的一名摄影师Parnaland先生没有取得Doyen医生的授权，擅自保留底片以便冲印电影正片用以出售（这些影片后来在博览会上展出）。塞纳一审法庭认为，电影由一系列照片组成，因此裁定，Doyen医生关于拍摄影片曾给予严格、详细的指导，是电影的作者，因此，按照1793年《复制权法》应享有复制权，侵权电影应被没收，而且侵权人应向Doyen医生支付赔偿金。[3]在这起案件中，电影被视为一系列照片，由于当时法国给予照片和其他版权作品同等的法律保护，所以，电影得以同其他作品一样获得1793年《复制权法》的法律保护，首次以"照片"的身份而不是以电影作品的身份进入著作权法保护范畴。

需指出的是，20世纪初，法国有关著作权保护的法律并不发达，仅有1791年针对戏剧性作品而颁布的《表演权法》和1793年《复制权法》两个法

---

[1] See Pascal Kamina, Film Copyright in the European Union, 1sted, Cambridge University Press, 2001, p.15.

[2] 该法规定：所有的"著作"作者、音乐作曲者、画家和绘图员都可以享有著作权。

[3] See Pascal Kamina, Film Copyright in the European Union, 1sted, Cambridge University Press, 2001, p.15.

案。法律条款简单，加上上述两个法律都没有详尽列举所保护的具体作品类型，反而造就了法律较强的包容性。一些随着工业技术的发展而新出现的作品类型很容易通过类推为已有作品类型的方式获得保护，当初照片就被类推为绘画艺术作品确立法律地位。因此，电影被类推为照片进入著作权法保护范畴并不足奇。之后，与照片类似，电影通过法院的判例逐渐发展成为独立的作品类型。当然，因为1791年《表演权法》与1793年《复制权法》一直施行至1957年，期间并没有进行大的修订，所以，直到1957年法国《文学艺术产权法》颁布，法国电影才真正以独立作品类型的方式被引入著作权法。该法第3条明确规定，电影作品及用类似电影技术制作的作品属于著作权法所保护的智力作品。

2. 英国

英国是世界上第一个建立版权保护制度的国家，它的版权制度曾在100多年前对许多西方国家的版权立法产生过重大影响。❶ 但是，英国电影作品保护的法律并没有走在世界前列。1900年，英国电影制片业一度在全世界影片生产中居领先地位，不过，1906年之后，面对法国的竞争和美国电影工业迅速崛起，英国仍处于手工业式的电影制片业毫无招架之力，逐渐走向衰落。1910年，美国的《纽约戏剧镜报》甚至公开宣称英国电影已经破产。❷ 虽然这一说法稍显夸张，但是，在法国电影和美国电影双重挤压下，那时英国电影制片业严重受挫已是不争的事实。1909年，英国本国影片只占全国上映总数的15%。第一次世界大战结束后，英国影片只占在本国上映影片的5%。❸ 不可否认，电影制片业的不景气严重影响英国电影成为著作权客体的进程。

与法国用判例发展版权法不同，英国自从1709年颁布世界上第一部版权法《安妮法令》之后，在版权法方面一直走成文立法路线，两国法律模式不一样，对电影的包容性也有所区别。法国可以通过案例将电影轻松纳入著作权法，而英国面对众多的版权立法，不知该如何选择电影保护的方式。

---

❶ 郑成思. 郑成思版权文集（第三卷）[M]. 北京：中国人民大学出版社，2008：121.
❷ [法]乔治·萨杜尔. 电影通史（第三卷）电影成为一种艺术（上册）[M]. 徐昭，吴玉麟，译. 北京：中国电影出版社，1982：313.
❸ 于丽. 电影电视制片管理学[M]. 北京：中国电影出版社，2003：293.

当时，受法国影响较大，一些人认为，既然照片可以被当作美术作品受到1862年英国《美术作品版权法》保护，那么，电影作为一系列图片理应类推为照片受同样的法律保护。但是这种保护方式存在一个致命的缺陷，即依据1862年英国《美术作品版权法》的规定，如果底片转让，除非明确将版权保留给卖主或者双方用书面协议将版权转让给受让人，否则版权将丧失。❶ 显然，这对电影的保护极为不利，而且严重阻碍电影的交易。于是，有人认为，电影可以作为戏剧作品受1833年英国《戏剧版权法》或者1842年英国《版权法》的保护。但是，如果选择这两部法律来保护电影，也会存在局限性。比如，1833年英国《戏剧版权法》明确要求所保护的作品必须是可以印刷和出版的；1842年《版权法》则将保护的对象仅限于"书籍"，这些要求很容易将电影排除在《版权法》保护之外。因此，当时电影处于既无法寻求1833年英国《戏剧版权法》保护，也无法寻求1842年英国《版权法》保护的尴尬境地，只有电影剧本符合这两部法律的要求，才可以获得保护。尽管如此，电影作为一种作品类型并没有引起立法者的足够重视，反而是电影使用已有作品问题让立法者更为关注。因此，1911年，英国废除旧的版权保护法规，重新制定版权法时，电影并没有以独立作品类型的形式被纳入著作权法，而是出于保护已有作品电影摄制权被动地被引入著作权法。

英国1911年《版权法》全称为《修改和整合相关版权法令》，这部法律和以往版权法规相比，并没有多少实质性的变化，只是对英国之前制定和修订的版权法的整合与完善。稍有突破的地方仅有两点，一是为了支持刚兴起的唱片工业，首次保护录音制品；二是规定作品无论出版与否均受版权法保护，不再以注册登记作为版权产生的先决条件。所以，电影作为一种独立作品的类型并没有进入1911年英国《版权法》的保护范畴。而电影能以被动身份进入著作权法主要基于两点，第一，为了解决未经许可而将文学、艺术作品改编成电影的问题。彼时，主张电影改编应尊重已有作品版权的呼声比较高，要求保护电影

---

❶ See Pascal Kamina, Film Copyright in the European Union, 1sted, Cambridge University Press, 2001, p.12.

的呼声比较弱。第二，为了执行《伯尔尼公约》1908年柏林文本的规定。《伯尔尼公约》柏林文本通过两种方式保护电影作品，一种是通过类似摄影作品的方式保护；另一种是通过文学或艺术作品对其加以保护，前提是电影作品通过作者对表演方式或事件组合安排，使电影作品具有个人和创作性特征。

事实表明，英国1911年《版权法》完全忠实执行了《伯尔尼公约》柏林文本的规定，通过两种与《伯尔尼公约》相同的方式保护电影作品。其中，1911年英国《版权法》第35条（1）款通过戏剧性作品保护电影作品。该条明确规定，戏剧性作品包括哑剧、芭蕾舞剧和电影片制作。当然，电影作品以戏剧性作品的形式受到法律保护也必须具备一定的前提条件，要求与《伯尔尼公约》柏林文本如出一辙，即电影"所表现出来的事件的安排或者表演方式或者结合赋予作品原创性的特征"❶。此外，1911年英国《版权法》第35条将摄影作品的范围扩大到"照片的平版印刷品和其他任何以类似摄影的方式产生的作品"，❷这使得电影作品可以类似摄影方式创作的作品获得法律保护。这种以戏剧性作品和摄影作品双重间接保护的方式一直持续到1956年英国《版权法》的修改。1956年，英国为了执行《世界版权公约》的规定而修订版权法，1956年英国《版权法》首次将电影作品作为独立的作品类型纳入其保护范围。英国电影终于以独立作品的身份进入版权法保护范畴。虽然，早在1911年英国《版权法》起草时，英国的胶片电影已经有了一定程度的发展，但是直到1956年《版权法》，英国才承认电影可以作为单独的作品类型受到法律保护，延后了40多年。❸

不过，需指出的是，1956年《版权法》虽然赋予了电影作品独立作品类型的身份，但是该法对待电影作品和其他作品的态度仍有所差别。❹ 1956年英

---

❶ See Pascal Kamina, Film Copyright in the European Union, 1sted, Cambridge University Press, 2001, p.22.

❷ Idid.

❸ 参见刘茂林. 知识产权法的经济分析[M]. 北京：法律出版社，1996: 128.

❹ 受1956年英国《版权法》承认和保障的作品大致可以分为两类：一类是原创作品，即原著。包括一切可以找到"作者"的文学作品、戏剧作品、音乐作品和绘画、雕塑、摄影、建筑、工艺品以及艺术作品等。另一类是机械制作品。包括一切不易确定的"作者"或者根本没有作者的制品，如录音、电影片、电视和无线电广播、印刷品版本版式等。参见李明山. 中国当代版权史[M]. 知识产权出版社，2007：489.

国《版权法》将文学作品、戏剧作品、音乐作品以及艺术作品作为原创性作品予以保护，而将电影作品与通常被视为邻接权客体的录音制品、电台广播、电视广播以及印刷品版本版式列为一类给予有别于原创性作品的版权保护。这似乎也表明1956年英国《版权法》对电影作品作为一种原创性作品仍存有顾虑。这一顾虑直到1988年修订《版权法》时才得以消除，1988年英国《版权法》不再区分原创性作品与机械制作品，不再进行差别保护，电影作品终于可以与文学作品、音乐作品、艺术作品等作品一样获得同样的版权保护。

3. 美国

在电影诞生后的最初10年里，美国电影比起法国影片来，仍处在十分落后和幼稚的阶段，甚至比不上英国电影。但是到了1908年，法国电影和英国电影已被美国电影迎头赶上。至1912年，美国著名导演大卫·格里菲斯在总结前人经验的基础上，以近400部影片的实践，终于形成较为完备的电影语言，使电影真正成为一门独立的艺术。❶第一次世界大战以后，美国电影业发展迅猛，逐渐征服世界各个领域，在各国放映的影片中，有60%~90%为美国片所独据。电影成为美国一种规模巨大的工业。❷这些都为电影被引入版权法保护范畴奠定良好的社会基础。

与此同时，美国的立法和司法也为美国电影进入版权法保护范畴创造条件。

（1）照片成为版权法保护的对象，并且出现以版权保护照片的具体判例。1865年，美国修订《版权法》，明确将照片与底片列为版权的保护对象（比英国迟了3年）。照片被纳入版权法保护范畴在一定程度上为电影成为版权法保护对象创造了条件，因为电影与照片比较相似，都需要借助机械装置进行创作。当照片进入版权法保护范畴之后，就意味着同样借助机械进行创作的电影也可以同样的理由进入版权法保护范畴。1885年一个美国联邦最高法院的判决再次确认照片可以享有版权，应受美国《版权法》保护。联邦最高法院大法官萨缪尔·米勒（Samuel Miller）在拿破仑·萨罗尼（Napoleon Sarony）诉

---

❶ 刘树林，朱少玲. 世界电影发展史[M]. 北京：文化艺术出版社，1990: 11.
❷ 刘树林，朱少玲. 世界电影发展史[M]. 北京：文化艺术出版社，1990: 7.

Burrow-Giles平版印刷公司侵犯其照片版权案中指出，虽然照片属于艺术，但是普通快照不可能享有版权，不过，萨罗尼的照片清楚地表现了摄影师的创造。萨罗尼已经让该照片"完全出自他自己独特的精神观念，并且通过种种处理、安排或者表现的方式赋予这种观念以视觉可感知的形式"❶。因此，萨罗尼对其拍摄的照片享有版权。

（2）商业产品通过判例确立了版权保护的地位。在Bleistein v. Donaldson Lithorgraphing Co案中（前者因为后者复制了他准备用于马戏团广告的三张海报而诉其侵权），联邦最高法院大法官霍姆斯裁决商业产品可以享有版权，他判决的理由是："作品并不是因为他们的绘画品质吸引了人群，从而具有一种实际用途——如果用途意味着增加收入或者有利于赚钱的话——这就与纯艺术不搭边了。一幅图画被用作广告，但图画依然是图画，也仍然是版权的对象。"在Bleistein v. Donaldson Lithorgraphing Co案之前，人们普遍存在疑问：一个商业产品，无论多么具有艺术性或者多么流行，它能否适于版权保护都是可怀疑的。❷但是此案判决作出之后，商业产品的可版权性怀疑被消除了。这无疑为电影进入版权法保护范畴又扫除一道屏障。因为电影从其诞生之初就具有明显的商业性，是一种商业产品，如果商业产品可以受到版权保护，那么电影进入版权法受到版权保护就应在情理之中。

（3）电影版权开始获得法院支持。在美国早期电影版权史上，爱迪生及其电影制作公司对于推动电影进入版权法保护范畴功不可没。1902年之前，爱迪生公司一直通过专利权保护控制美国的电影工业。但是，1902年爱迪生公司诉比沃格拉夫公司的专利权侵权案受挫之后，爱迪生公司迅速转变策略，开始将版权作为其保护电影内容的法律武器。1902年，爱迪生公司针对鲁宾公司复制其享有专有权的电影而提起版权诉讼。爱迪生的律师认为，鲁宾擅自非法复制电影。鲁宾的律师则简单回应：电影不是照片，所以它们不属于现行版权法保护的范围。1902年6月27日，法官乔治·米夫林达拉斯否决了爱迪生对鲁宾

---

❶ [美]保罗·戈斯汀. 著作权之道——从谷登堡到数字点播机[M]. 金海军, 译. 北京：北京大学出版社, 2008: 48.

❷ [美]保罗·戈斯汀. 著作权之道——从谷登堡到数字点播机[M]. 金海军, 译. 北京：北京大学出版社, 2008: 48-49.

提出的禁令要求，从而使鲁宾能继续销售爱迪生电影。双方都重新组合为接受审判做准备。爱迪生公司的海耶斯律师认为，版权法中的"任何照片"一词在考虑版权范围时应作宽松解释，不仅将版权范围从照片延伸至电影，而且应允许整部电影注册为一个单独的照片。这种说法是为爱迪生公司将电影注册为照片方式进行辩解。但同时，海耶斯律师进一步主张，"任何照片"一词在判决损害赔偿时，应作严格解释。他认为，当侵权者支付赔偿金时，每帧电影就是一个独立的照片，应分别支付赔偿金。尽管达拉斯法官考虑了这种观点，但是鲁宾公司依然继续复制爱迪生公司的电影。于是，爱迪生公司在等待赔偿的同时，也在调整反击鲁宾公司的策略。一方面，爱迪生公司实行新的价格方案，将电影分为A、B两个等级，降低那些老电影和缺少竞争力的电影的价格。另一方面，爱迪生除了将电影注册为照片之外，还将电影注册为戏剧（1905年出现了第一个将电影作为戏剧进行保护的判决）。1903年1月13日，达拉斯法官却作出判决，支持鲁宾公司。他认为电影与照片不同，它太过复杂，以至于法律不能将两者平等对待。达拉斯法官甚至建议，将版权扩展至新媒体的任务应属于国会，因为国会可以塑造微妙的法律。爱迪生公司对此结果不满，迅速提出上诉。3个月后，美国联邦第三巡回上诉法院的约瑟夫法官对此案作出判决，完全推翻了达拉斯的判决，支持爱迪生公司。约瑟夫法官认为，活动图片只是发展了摄影艺术，并不是新发明的一个媒介物。[1] 这实际意味着电影只是一种特殊的摄影艺术。换言之，电影与照片并没有本质区别，因此，电影可以被视为照片获得版权保护。至此，爱迪生公司呼吁将电影视为照片进行保护的愿望终于得以实现。之后，直至1911年，电影可以被视为照片获得美国版权法律保护。

此时，虽然美国版权立法和司法实践中开始保护电影，但是，电影版权问题并没有引起电影业的关注，电影仍然需要借助照片的形式获得法律保护。不过，电影改编原有作品被判侵权引起了电影业的关注，进而促使电影业游说国会修改版权法。在1912年之前，许多电影公司制作的电影取材于著名的戏剧

---

[1] See Peter Decherney .Copyright dupes: piracy and new media in Edison v. Lubin (1903)），Film History，Volume 19，No.2，Film and Copyright，Indiana University Press (2007)，pp. 117-120.

作品或者文学作品。比如，比沃格拉夫公司在1908~1909年就改编了很多著名的戏剧和文学作品，如改编杰克·伦敦的作品（根据《自食其果》改变的《黄金迷》及《野性的呼声》）、莎士比亚的戏剧（如《驯悍记》）、坦尼孙的诗（如根据《爱诺克·阿登》改编的影片《许多年以后》）和英国汤姆斯·伍德的名诗（《衬衣之歌》）等。美国著名导演大卫·格里菲斯的夫人在她的书中在谈到改编杰克·伦敦的小说《自食其果》(1909年改编)时曾这样写道："我们当时用不着害怕原作者的控告。"❶ 那是因为当时不仅电影改编戏剧作品或者文学作品非常普遍，而且人们认为电影与戏剧作品或者文学作品的表达方式完全不同，电影只是利用了原有作品的思想而非表达，所以不构成侵权。但是，后来联邦最高法院的霍姆斯大法官的一个判决改变了这种看法。1911年11月13日，霍姆斯对于根据卢·华莱士将军的小说《宾虚传》（*Ben-Hur*）拍摄的电影侵权一案作出判决，他认为戏剧既可以通过动作，也可能通过语言完成；以某一小说为依据创作的哑剧，构成对该小说的戏剧改编，这一点没有人会否认；如果说一出《宾虚传》的哑剧就是对小说《宾虚传》的戏剧改编，那么，当它以通过一面镜子向观众投以映像的方式——而不是通过直接的角色表演方式呈现出来时，它仍然属于戏剧改编。霍姆斯的结论就是："电影无非就是比镜子上的映像稍逊生动而已。"❷ 按照霍姆斯的观点，将小说改编成剧本并拍摄成电影，无疑侵犯了小说版权人的"戏剧化权利"。

《宾虚传》改编案之后，电影业开始关注版权法并积极与国会接触。1912年，美国国会在修改版权法时，将电影列为单独的作品类型加以保护。❸ 电影以独立作品类型的身份被引入版权法，成为受版权法保护的对象——电影作品。

---

❶ [法]乔治·萨杜尔. 电影通史第3卷电影成为一种艺术上 战前时期1919-1947[M]. 徐昭昊等,译. 北京: 中国电影出版社, 1982: 65-66.

❷ [美]保罗·戈斯汀. 著作权之道——从谷登堡到数字点播机[M]. 金海军, 译. 北京: 北京大学出版社, 2008: 51.

❸ Jessica Litman, Copyright Legislation and Technological Change, Oregon Law Review, 1989, pp288-289.

4. 中国

1896年8月10~14日，在上海《申报》副刊的广告栏中，刊登了西方商人放映"西洋影戏"的广告，这是中国的第一次电影放映，距离法国卢米埃尔第一次放映仅有8个月。可见，中国电影的发展与世界电影的诞生几乎是同步的。[1] 不过，与当时世界上比较发达的英国和法国相比，中国电影制片业起步相对比较晚，直到1905年（即电影传入中国10年后），中国第一部电影《定军山》才诞生。这在一定程度上影响了中国电影进入著作权法的进程。除此之外，我国著作权立法的长期缺失也是影响电影进入著作权法的重要因素。英国早在1709年就颁布了第一部著作权法《安妮法》，而我国直至1910年才颁布第一部著作权法《大清著作权律》，我国的著作权立法较英国晚了整整200年时间。在电影尚未诞生的情况下，没有电影可以进入著作权法；在著作权立法缺失的情况下，没有著作权法让电影进入。因此，在1910年之前，虽然中国电影已经诞生，但是，由于没有著作权法而使得电影无法进入著作权法保护范畴。不过，当时没有著作权法并不意味着没有著作权保护。

1900年，八国联军侵入中国。1901年，清政府被迫签订了不平等条约——《辛丑条约》，西方列强开始激烈争夺和瓜分中国。1902年，美、中就版权保护问题进行商约谈判，在谈判的第一阶段，双方达成一致认识：保护版权，将保护的范围界定为"专为中国人用而写作的书籍"。1902年，光绪皇帝敕令保护汪甘卿所著的《九通分类总纂》的翻印专有权；江南分巡于1903年5月26日发布公告对南洋公学译书院译印的54种书籍给予版权保护。1904年，江南巡抚也曾发布公告，对中西医书籍的版权进行保护。[2] 可以看出，在1910年之前，我国版权保护范围比较窄，一开始仅限于书籍，后来增加了地图，电影尚不在版权保护范围之列；版权的权限主要是复制权。

1910年，《大清著作权律》颁布。《大清著作权律》第1条[3]列举的著

---

[1] 沈芸.中国电影产业史[M].北京：中国电影出版社，2005：8.
[2] 参见李雨峰.枪口下的法律：中国版权史研究[M].北京：知识产权出版社，2006：94，107.
[3] 《大清著作权律》第1条规定："凡成著作物而专有重制之利益者曰著作权。称著作物者，文艺、图画、帖本、照片、雕刻、模型皆是。"丁进军.清末修订著作权律史料选载·满清政府之著作权律[J].历史档案，1989(4)：48.

作物中，电影不在其列。这主要是因为在1910年之前中国电影才刚刚起步，1905~1910年，只有任庆泰经营的北京丰泰照相馆从事电影拍摄，不幸的是，1909年的一场大火，让任庆泰一夜破产，被迫停止电影拍摄。1909年，中国第一家制作公司——亚细亚公司（这是一家由美国人依什尔创立并经营的公司）才成立。❶ 所以在1910年《大清著作权律》颁布时，中国电影的发展远未形成规模，电影进入著作权法保护范畴的诉求并不强烈。此外，《大清著作权律》在制定过程中，主要是参考了日本、德国、比利时等国的著作权法和西班牙、美国、法西兰、英吉利、奥地利、匈牙利等国家的版权法律，❷ 而当时这些国家的版权法中均没有将电影作为单独作品类型予以保护。因此，《大清著作权律》没有将电影作为著作物进行保护属于情理之中。

　　第一次世界大战之后，中国电影产业迅速发展起来，大量民族资本涌向电影，到了20世纪20年代中期，电影已经形成为一个新兴的行业。❸ 中国的电影制片公司纷纷成立，电影拍摄数量也急剧增多。但遗憾的是，1928年南京国民政府颁布的《著作权法》并没有注意到当时正处于蓬勃发展的电影产业，这使得之后的电影保护严重受限。20世纪30年代中国电影事业已开始兴起，而1928年《著作权法》缺乏相应、明确的关于电影片的著作权客体保护，以至于后来执法界在理解执行中出现疑难，不得不将电影片著作权按照保护美术作品的办法来理解执行。因怕在执行中引起歧义，只好将问题交到最高法院统一解释法律会议来议决。❹

　　1944年，南京国民政府对1928年《著作权法》进行修正，修正后受保护的著作物限于：（1）文字之著译；（2）美术之制作；（3）乐谱、剧本；（4）发音片、照片或电影片。❺ 这次修订，用"发音片、照片或电影片"取代了"照片、雕刻、模型"等，电影片的著作人也规定享有10年的著作权保护期，但是必须以依法准演为限。这一规定弥补了原来不明确地把影片作为著作

---

❶ 谢苓，沈莹. 中国早期电影产业发展历程（1905-1949）[M]. 北京：中国电影出版社，2011.
❷ 李明山. 中国近代版权史[M]. 开封：河南大学出版社，2003年：109.
❸ 沈芸. 中国电影产业史[M]. 北京：中国电影出版社，2005：35.
❹ 李明山. 中国近代版权史[M]. 开封：河南大学出版社，2003：179.
❺ 马晓莉. 近代中国著作权立法的困境与抉择[M]. 武汉：华中科技大学出版社，2011：117.

权保护客体的缺失。❶ 中国电影从此进入著作权法。

总结各国电影进入著作权法保护范畴的历史，可以看出，各国电影在进入著作权法保护范畴之前均已在实践中获得不同形式的版权保护。不同的是，西方各国普遍是以将电影视为照片的方式进行保护，而我国则一度将电影视为美术作品进行保护。各国电影能够进入著作权法保护范畴与各国电影产业的发展状况、司法实践以及各国著作权法的发展有非常密切的关系。其中，电影产业的发展起关键性作用，当电影产业兴起并形成行业竞争时，投资者期望法律能保护其资金回报，此时，电影从无独创性到有独创性，从非作品到作品的转化就是水到渠成的事情。司法实践对于电影进入法律保护范畴起到"推波助澜"的作用，层出不穷的电影纠纷案件让立法者不得不关注电影保护问题。各国著作权法的发展让电影进入法律保护范畴最终变成现实。虽然各国电影进入著作权法保护范畴的时间不一致，但是承认电影的独创性并将其作为单独的作品类型进行保护是趋于一致的。

（二）电影进入著作权法之原因分析

1895年年底，法国卢米埃尔兄弟第一次公开放映电影大获成功。之后，电影瞬间传播到世界各地。许多人从这个流行"玩意儿"身上敏锐觉察到了商机，一些公司纷纷涉足电影放映和制作业务。卢米埃尔兄弟凭借其技术优势抢占先机，通过电影放映操作员到国外放电影和销售他们的电影摄影机，推动了电影的推广和传播，在18个月内迅速变成富翁。之后，法国早期电影工作者中最为重要的人物——乔治·梅里爱对卢米埃尔兄弟的摄影机也产生浓厚的兴趣，开始在自己的剧院中放映电影，同时自己投资拍电影，使电影成为更赚钱的工具。从1901年开始，法国的百代公司开始专门从事电影制作，探索出一套电影商品的生产、流通、消费的系统，建立了"万森"这一世界上第一个电影生产基地，从而把"梅里爱手工业式的企业变成了一个庞大的工业"❷。其制作的电影极受欢迎，利润急剧飙升。百代公司创始人查尔·百代感慨："我认为除了军火工业，法国没有任何一种能像我们这样快速发展的工业，能给股东

---

❶ 参见李明山.中国近代版权史[M].开封：河南大学出版社，2003：180.
❷ 宋杰.电影与法律现状、规范、理论[M].北京：中国电影出版社，1993.18.

这样的利润。"❶ 美国从1898年开始，电影作为一种工业已成稳定成长之势，大多数的电影开始在歌舞剧院上演，影片生产量也开始上扬。❷ 不可否认，随着电影业的扩大发展，电影放映业在1898~1902年兴起，电影业逐渐分化为分工序的规范化生产，并形成为一个兴旺的产业部门。❸ "电影是一种工业"（法国文人安德烈·马尔罗的一句名言）已成不争的事实。著名作曲家谭盾也曾说："我们在参与电影的过程中间，完全是工业制作的一个观念。当然，它是艺术的工业，它跟其他东西是很不一样的，但它所有的运作过程，全部是工业的一个产品的运作过程。❹ 当电影成为一种工业，电影的创作就如同生产一件商品。与其他艺术形式相比，电影的创作更多受制于金钱和商业的力量，产业成分大量侵入电影。一部电影从筹备制作、进行拍摄，到发行、放映，到衍生产品的开发，需要投入大量资金。任何形式的资金投资都期望获得资金回报。当那些早期的电影工作者进行电影创作时，他们更多看中电影这一"视觉玩具"带来的商业机会，甚至谈不上艺术追求，他们同样希望通过电影放映和制作获得商业利润。但是，由于电影工业发展的最初阶段影片都不存在版权问题，电影拷贝都是出售而非租赁，故很难控制影片的正常流通。爱迪生的影片就常常被盗版出售，而同时爱迪生自己也通过翻拷从英国和法国进口的影片而获利。各个电影公司之间也经常彼此之间剽窃或模仿。❺ 电影公司在互相剽窃或模仿中，不讲规则，只追求利润，形成恶性竞争，最终导致公司利益严重受损。此种情况下，电影公司迫切希望其制作的电影能够受到法律的保护，使其投入的资金获得相应的回报。

黑格尔曾经说过，保证从事此业的人免遭盗窃，并对他们的所有权加以保护是促进科学和艺术的纯粹消极的然而也是首要的方法，这与促进工商业最

---

❶ 高建为，岳彩忠，李占舟. 法国文化解读：西方文化的璀璨明珠[M]. 济南：济南出版社，2006: 56.

❷ [美]克莉丝汀·汤普森，大卫·波德维尔. 世界电影史[M]. 陈旭光，何一薇，译. 北京：北京大学出版社，2004: 14.

❸ 宋杰. 电影与法律现状、规范、理论[M]. 北京：中国电影出版社，1993: 21.

❹ 姜丰. 凝视：进入《文化视点》[M]. 沈阳：沈阳出版社，2001: 313.

❺ [美]克莉丝汀·汤普森，大卫·波德维尔. 世界电影史[M]. 陈旭光，何一薇，译. 北京：北京大学出版社，2004: 12.

重要的方法在于保护其免在途中遭到抢劫极为类似。❶换言之，为了防止他人剽窃或非法复制电影，首要的方法在于让电影进入著作权法，确立电影在著作权法中的法律地位，给予著作权保护。与照片进入著作权法保护范畴的理由类似，这本身已经不是理论问题，而是资金的投入与回报问题。当照相机刚发明时，摄影更多的只是人们闲暇时的娱乐，还没有给予法律保护的必要，此时不妨将摄影当作机械行为，认为不具有独创性，不是作品。当摄影发展成为一种产业，资本进入后，特别是在电影产生之后形成行业竞争时，投资者寻求对其资金回报的法律保护，照片也就具有独创性成为作品而能得到版权保护。❷从中不难看出，促使电影进入著作权法保护范畴的首要原因不是作品独创性问题，而是资金的投入与回报问题。当然，需特别指出的是，让电影进入著作权法保护范畴而非其他法律的真正原因则与作品独创性有关。

（三）电影作品的概念

1908年《伯尔尼公约》柏林文本首次开始保护电影作品。《伯尔尼公约》柏林文本第14条第2款规定"在电影制作中，作者如果通过对表演方式编排或者所表现事件的组合付出了个人和原创性劳动，那么该电影制作应当作为文学或者艺术作品进行保护"。《伯尔尼公约》柏林文本虽然明确保护电影作品，但是并没有对电影作品的概念进行具体界定。在此后历次修订中，《伯尔尼公约》均没有规定电影作品的概念，《伯尔尼公约》将对国际公约进行解释的权利保留给了缔约国和缔约方。也就是说，各个缔约国和缔约方有权自行界定电影作品的概念。

从世界范围看，鉴于电影产业在一国经济发展中的重要作用，电影已成为各国著作权法保护的作品类型之一。不过，由于各国存在文化、法律和社会等背景差异，所以各国立法对于电影作品的界定并不相同。

目前世界上电影产业最为发达的美国在1976年《版权法》第101

---

❶ 参见宋杰.电影与法律现状、规范、理论[M].北京：中国电影出版社，1993：261.
❷ Kathy Bowrey, Who's Writing Copyright's History, European Intellectual Property Review, June, 1996, p.326. 转引自易健雄.技术发展与版权扩张[M].北京：法律出版社，2009：121.

条❶对电影作品进行了界定。从其概念中可以看出，美国版权法中电影作品的概念外延比较广，涵盖一切系列相联且能在播放时产生动感的图像作品，不论这一图像作品有无配音。美国电影作品的概念主要强调两点：第一，电影作品是由系列相联的图像组成；第二，这些系列相联的图像在播放时能够产生动感。由于美国电影作品的概念的外延比较广，使得采用各种技术手段制作并固定在任何载体上的电影作品都可以涵盖其中。

英国现行著作权法体现在1988年颁布的《版权、设计及专利法案》的第一编和第二编。该法案第5B条（1）对"电影"而非"电影作品"进行了界定。❷英国对电影的界定规定有几点值得注意。第一，电影作品是录制品。如上文所述，在英国1956年《版权法》中，电影作品并没有像文学作品、戏剧作品、音乐作品以及艺术作品那样作为原创性作品予以保护，而与通常被视为邻接权客体的录音制品、电台广播、电视广播等列为一类被给予有别于原创性作品的版权保护。换言之，英国1956年《版权法》中保护的电影作品并不考虑其是否具有原创性，即使其缺少原创性，也可以获得著作权法保护。英国1988年《版权、设计及专利法案》虽然不再区分原创性作品和机械制作品，将电影列为受著作权法保护的一个单独的作品类型，但是，在对"电影"进行界定时，仍将"电影"界定为一种"录制品"，而不是像文字作品、音乐作品、戏剧作品那样将其界定为一种作品。这表明，在电影作品的概念上，英国1988年《版权、设计及专利法案》实际在延续英国1956年《版权法》的做法，两者并没有本质上的区别，即均没有原创性的要求。"电影作品是录制品"是英国电影作品概念最为明显的特点。第二，电影是活动图像。在电影最初进入英国著作权法时，电影并没有作为单独的作品类型受到法律保护，而是一度类比摄影作品受到法律保护。这一方面由于电影摄制技术本身由摄影技术发展而来，另一方面电影和摄影作品展现的均是图像。不同之处在于摄影作品是静物照片，而电

---

❶ 美国1976年《版权法》第101条将电影作品界定为"由系列相联的图像组成的作品，这些图像与配音（如有声音）一起连续播放会产生一种动感"。

❷ 英国1988年《版权、设计及专利法案》第5B条（1）规定："本编所称'电影'是指能够通过任何手段再现运动图像的任何媒介上的录制品。"

影作品展现的是活动图像。第三，对电影作品的制作手段和固定的介质没有限定。英国1988年《版权、设计及专利法案》对电影作品是由摄像机拍摄完成，还是由电脑制作完成没有作出任何要求；而且对电影作品固定的介质也没有任何限定。

同属于英美法系国家的印度对于电影作品的制作手段和固定方式也没有进行限定。印度《版权法》第2条第（f）项❶界定的电影作品的概念外延更广，除了包括电影作品本身之外，还包括其他类似电影摄制制作的作品。与美国和英国稍有不同的是，印度的电影作品强调须有伴音，而美国和英国则无此要求。

大陆法系国家在各自的著作权法中大多没有明确界定电影作品的概念，只是在列举著作权法受保护的作品时指明电影作品属于一类作品。其中法国《知识产权法典》L.112-1条指出"有声或者无声的电影"属于受保护的智力作品；德国《著作权法》第2条❷规定和意大利《著作权法》第2条❸都规定"电影著作"或者"无声或者有声的电影艺术作品"属于受著作权法保护的对象。

不过，同属于大陆法系国家的日本对电影作品进行了明确的界定，日本《著作权法》第2条规定："本法所称的电影作品，包括采用类似电影效果的视觉或者视听觉效果的方法表现并且固定在某个载体上的作品。"❹（1）日本电影作品概念的外延与印度、德国类似，均包括以类似电影摄制制作的作品。（2）电影作品既可以是视觉作品，也可以是视听觉作品。（3）日本电影作品须固定在某个载体上，至于固定的方式则没有要求。

纵观各国立法，不难发现，电影作品概念的界定主要包括以下几点：第一，电影作品是一种再现活动图像的作品，这种作品可以有伴音，也可以没有伴音。第二，对于作品的制作方式或制作手段普遍不作要求。只注重制作的结

---

❶ 印度《版权法》第2条第（f）项规定："'电影'指通过以任何方式制作活动形象的过程，即在任何媒介上制作的伴有录音的录像作品；'电影'应被解释为涵盖通过任何类似电影摄制制作的作品，包括录影。"

❷ 德国《著作权法》第2条规定："以类似摄制电影方式制作的著作在内的电影著作。"

❸ 意大利《著作权法》第2条规定：受保护的作品包括"无声或者有声的电影艺术作品"。

❹ 李扬.日本著作权法[M]北京：知识产权出版社，2011: 7.

果是否为活动图像？不关注制作方式或制作手段。第三，电影作品的概念大多将类似电影作品涵盖其中。美国、印度、德国和日本等国均属此类。

电影作品在我国《著作权法》中也属于一类受保护的作品，但是我国《著作权法》并没有明确界定何谓电影作品，而是在我国《著作权法实施条例》第4条❶对电影作品进行了界定。与国外多数国家的开放式界定电影作品不同，我国在界定电影作品时设置了更多的限定性条件。首先，特别强调电影作品必须"摄制"在一定的介质上，这意味着以其他方式固定在介质上的作品不属于受保护的电影作品。这使得非以摄制而以其他方式制作的电影难以作为电影作品受到法律保护，比如一些不需要用摄像机摄制而只需要用电脑制作的动画电影和科幻电影显然不符合我国电影作品概念中"摄制"的要件。如果将电影作品严格限定为"摄制"制作完成，那么通过电脑制作完成的动画电影和科幻电影将被排除在电影作品之外，这似乎与著作权法保护的对象不相符合。众所周知，著作权法保护的对象是作品，而不是技术。申言之，受著作权保护的决定性因素是作品，并不是创作作品的技术。依据著作权一般原理，作品只要在文学、艺术和科学领域内具有独创性，并具有可复制性就可以受到著作权法的保护，至于该作品是如何创作出来的、采用什么技术，这不属于著作权法考虑的范畴。不能否认，技术的发展极大地促进了著作权法的发展，但是不能因为技术对著作权法发展的重要影响，就将技术作为著作权保护的前提条件之一。技术对于电影作品的创作固然重要，但是技术只是促使新的作品形式出现，其本身并不是著作权法保护的对象。著作权法不是技术保护法，保护的不是技术，而是作品。因此，以"摄制"技术作为保护要件缺少法律依据和法律支撑，同时，以"摄制"技术作为保护要件在国外也无类似的立法例。上文中也提到，国外各国立法在界定电影作品时，均没有对制作方式或者制作手段进行限定。对此问题，世界知识产权组织国际局著作权和公共信息司司长克洛德·马克耶在其撰写的《保护文学和艺术作品伯尔尼公约指南》中也指出："不论在哪种情况下，屏幕上所显示的都应该受到同样的保护。"❷也就

---

❶ 《著作权法实施条例》第4条将电影作品界定为"摄制在一定介质上，由一系列有伴音或者无伴音的画面组成，并且借助适当装置放映或者以其他方式传播的作品"。

❷ 保护文学和艺术作品伯尔尼公约指南[M].刘波林,译.北京：中国人民大学出版社，2002: 15.

是说，无论采取哪种方式创作，只要能创作出屏幕上显示的东西，都应该受到同样的保护。受著作权保护的决定性因素是创作出来的结果，而非创作方式。2004年，世界知识产权组织版权司司长约翰·布劳奎斯特在与中国国家版权局版权管理司司长王自强关于"以类似摄制电影方法表现的作品"问题的通信中也指出，"作品本身的价值而不是它是怎样被固定的最为关键，《伯尔尼公约》中不应该作区分技术的观点。"❶ 这一说法再次表明，是作品价值本身而不是创作技术决定着著作权的保护。显然，我国立法对电影作品的界定，并没有围绕电影作品本身的价值，而是更多从技术要求上彰显其独特性，是典型的技术立法，没有抓住问题的实质。实际上，在界定电影作品时，需要把握的核心问题是在作品的表达上，即电影作品之于其他类型作品的不同之处。电影作品作为独立的作品类型，在作品的表达上有哪些独特之处，这才是问题的关键。因此，我国立法在界定电影作品概念时，以"摄制"技术作为保护要件的规定理应删除。综合各国立法、电影作品的特殊表达以及著作权法的一般原理，电影作品的概念可以界定为"由一系列有伴音或者无伴音的活动画面组成的作品"。这个概念的外延比较广，具有极强的包容性，不仅包括电影作品本身，也包括类似电影作品。从电影作品概念的发展趋势上看，为了顺应技术和社会发展的需要，将类似电影作品涵盖在电影作品之中已是国际上通行的做法。

四、从电影作品到视听作品

电影作品的概念有广义和狭义之分。狭义的电影作品仅局限于电影这种特殊表达本身；广义的电影作品则将类似电影作品涵盖其中。目前，大多数国家立法和国际公约采取广义的电影作品概念，其主要是为了解决新技术发展情况下出现的新问题。20世纪30年代，电视新媒体开始出现。第二次世界大战后，电视产业得到发展，虽然彼时电视产业处于起步阶段，但是，电视这种与

---

❶ 约翰布·劳奎斯特：《中国国家版权局版权管理司司长与世界知识产权组织版权司司长关于"以类似摄制电影方法表现的作品"问题的通信》，转引自：刘春田. 中国知识产权评论（第2卷）[M]. 北京：商务印书馆，2006：575.

电影既相似又存在区别的作品形式还是引起了立法者的注意。1948年《伯尔尼公约》（布鲁塞尔文本）及时在电影作品的基础上，将电影作品的范围扩大至"以类似摄制电影方法表现的作品"。在这种情况下，电视可以作为"以类似摄制电影方法表现的作品"受到《伯尔尼公约》的保护。不仅是电视，其他与电影相类似的作品，如录像、卡拉OK等也都被当作"以类似摄制电影方法表现的作品"纳入《伯尔尼公约》的保护范围。"以类似摄制电影方法表现的作品"的内涵非常丰富，具有"涵盖所有可能的方式，包括我们现有思想所不可能想象的新方式"。❶ 由于许多国家是《伯尔尼公约》成员，容易受其立法语言影响，而且"以类似摄制电影方法表现的作品"又是一个极具包容性和灵活性的词汇，为了满足新技术发展变化的需要，许多国家的著作权法纷纷引进了"以类似摄制电影方法表现的作品"概念。

但是这个概念存在两个明显的问题。第一，注重创作的技术性。仅从字面上分析，"以类似摄制电影方法表现的作品"是指在创作方法上采用与摄制电影类似的方法，而不是强调在表达上与电影作品类似。如上文所述，作品创作的方法并非决定作品受著作权保护的因素，作品的表达才是决定性因素，因此，这种强调创作技术的概念明显与著作权保护原理相违背。第二，术语冗长、晦涩。立法语言宜简练与晓白，以求达到节约立法资源和通俗易懂的双重目的。而"以类似摄制电影方法表现的作品"语言用词复杂、晦涩。这一术语用在国际条约还可以理解，因为"国际条约是各国争斗、妥协的结果，故而语言不厌其烦，以含义明晰、无争议为追求"，❷ 但是，如果将其用在国内立法上则不合适，毕竟"国内立法必须兼顾语言的简练与晓白"。❸ 正是基于以上两个原因，国际上出现一种避免使用"以类似摄制电影方法表现的作品"这一术语的趋势，转而使用一个兼具技术中立、简练、晓白和包容性的专业术语——视听作品。

---

❶ 约翰布·劳奎斯特：《中国国家版权局版权管理司司长与世界知识产权组织版权司司长关于"以类似摄制电影方法表现的作品"问题的通信》，转引自：刘春田. 中国知识产权评论第2卷[M]. 北京：商务印书馆, 2006: 574.
❷ 李琛. 论我国著作权立法的新思路[J]. 中国版权，2011(5): 34.
❸ 李琛. 论我国著作权立法的新思路[J]. 中国版权，2011(5): 34.

（一）视听作品的概念

在国际上，与视听作品相对应的单词是"audiovisual works"。其中"audiovisual"被译为"视听的；听觉视觉的"，故而，"audiovisual works"一般被翻译为"视听作品"，一度也被翻译成"音像作品"[《世界知识产权组织表演和录音制品条约》（WPPT）]中的"audiovisual works"的中文即被译为"音像作品"）。但是"从1996年至2012年这10余年时间内，技术发展变化非常快，一些术语也有了新的中文译法。在这期间，国内学术界越来越关注国外《著作权法》中的一类作品名称，英文为Audiovisual Work，所有人都将其翻译为'视听作品'，没有人翻译成'音像作品'。"❶《突尼斯示范法》虽然是世界上第一个使用"视听作品"术语的示范法，但是其并没有界定"视听作品"的概念。

1980年，世界知识产权组织出版了由乔治·博依塔博士编写的《著作权与邻接权法律术语汇编》，其中对"视听作品"进行了界定，认为"视听作品"是指"同时引起听觉和视觉并包括一系列记录在适宜的物质上（视听固定物）的相关图像和伴音，以借助相应装置来表演的作品"。视听作品的实例是带有声音的电影作品和所有以类似摄制电影的方法表现的作品，诸如电视制品或其他任何固定在磁带、磁盘等媒介上带有声音的图像制品。❷ 该定义将视听作品严格限定在同时引起听觉和视觉的作品范围内。显然，只能引起视觉，而没有引起听觉的作品不属于视听作品。这实际上将无声电影之类的作品排除在外。

但是第一个对"视听作品"进行定义的国际条约——《视听作品条约》则认为可以将视听作品的范围延伸至只能引起视觉，而没有引起听觉的作品。《视听作品条约》是为了解决视听录制物的盗版问题，促进视听作品权利交易的法律安全而缔结的一个国际性条约。该条约第2条规定"视听作品"是指"由一系列相关联的被固定着的，带有或者不带有伴音时能够被看到的和如带有伴音时能够听到伴音的图像构成的作品"。这一定义包括了无声电影；也可

---

❶ 邹韧. 解读《视听表演北京条约》——访世界知识产权组织保护音像表演外交会议中国代表团成员王迁[N]. 中国新闻出版报，2012-06-28(6).

❷ 世界知识产权产权组织. 著作权与邻接权法律术语汇编[M]. 刘波林，译. 北京：北京大学出版社，2007: 16.

认为包括了固定在一系列翻转片上的图像,但不包括纯粹的录音,即不伴以图像的录音。❶依此定义,视听作品可以看见,但未必可以听见,即使没有伴音,纯粹可以看见的图像也可以成为视听作品。此外,该定义还特别强调作品的可固定性和图像之间的相关联性,无论是否有伴音,只要是可以看见的一系列相关联的能够被固定着的图像,都可以成为视听作品。

2012年缔结的《视听表演北京条约》延续了《视听作品条约》的做法,认为视听作品既可以有伴音,也可以没有伴音。不过值得注意的是,《视听表演北京条约》特别强调视听作品是活动图像。需要说明的是,《视听表演北京条约》并没有使用"视听作品"术语,而使用了"视听录制品"的概念。这一概念并非来源于"视听作品",而是来源于《世界知识产权组织表演和录音制品条约》中的"录音制品"。《视听表演北京条约》关于"视听录制品"的定义与《世界知识产权组织表演和录音制品条约》第2条第(b)项和第2条第(c)项❷对"录音制品"的定义极为相似。《世界知识产权组织表演和录音制品条约》仅保护以录音制品录制的表演,《视听表演北京条约》不再区分以录音制品录制的表演和以视听录制品录制的表演,对两者都保护。在《世界知识产权组织表演和录音制品条约》的"录音制品"的基础上,《视听表演北京条约》对"视听录制品"进行了定义❸。比较两个定义,不难发现,除了录制的对象从声音变成活动图像之外,其他基本没有变化,这足以表明,"视听录制品"的概念的确来源于"录音制品"。同时,也可以看出,录音制品和视听录制品都是一种录制品,如果说录音制品是由一种除电影作品和其他视听作品所含的录制形式之外的录制形式录制而成的话,那么视听录制品则以电影作品和其他视听作品所含的录制形式录制而成,此种录制品准确的讲是一种物体,一种活动图像的物质载体。这个概念的出现是基于保护视听表演的需要。

---

❶ 世界知识产权组织.视听作品国际登记条约外交会议文件[J]. 日内瓦, 1990: 146-149.
❷ 《世界知识产权组织表演和录音制品条约》第2条第(b)项在定义"录音制品"时指出,"录音制品"系指除以电影作品或其他音像作品所含的录制形式之外,对表演的声音、其他声音、声音表现物所进行的录制。《世界知识产权组织表演和录音制品条约》第2条第(c)项进一步补充,"录制"系指对声音或声音表现物的体现,从中通过某种装置可感觉、复制或传播该声音。
❸ 《视听表演北京条约》第2条第(b)项规定:"'视听录制品'系指活动图像的体现物,不论是否伴有声音或声音表现物,从中通过某种装置可感觉、复制或传播该活动图像。"

第一章 视听作品的演变：从电影到视听作品

《视听表演北京条约》将表演者的表演划分为"尚未录制的表演"和"以视听录制品录制的表演"，并分别规定不同的经济权利。由于视听表演录制与否直接关乎权利的内容，所以是否录制成视听录制品就成为判断录制与否的关键性因素，此时引入视听录制品的概念，并不是为了保护视听录制品，而是为了判断视听表演录制与否并给予相应的权利。因此，"视听作品"与"视听录制品"实际是在两个不同的语境下出现的两个不同的概念，两者属于作品与载体的关系，这一点与1976年美国《版权法》中的录音作品与录音制品的关系比较相似。虽然"视听作品"与"视听录制品"并非同一概念，但是两者之间存在的作品与载体的关系对于通过"视听录制品"的概念来界定"视听作品"仍有一定的参考意义。

在国外立法中，美国最早使用了"视听作品"的术语。1976年美国《版权法》第102条将电影作品及其他视听作品作为一类独立的客体进行保护，并在第101条❶对视听作品进行了界定。在美国《版权法》中，"视听作品"的定义与"电影作品"的定义非常相似，都属于比较宽泛的概念，均是由系列相连的图像构成的作品。稍有差异的是，电影作品要求图像与配音一起连续播放会产生一种动感，而视听作品没有这一要求，只是指出，如有声音，则图像与声音经由某种器械或装置一同播放出来即可，对其载体也没有要求。

与美国相比，1992年法国《知识产权法典》对"视听作品"的定义比较粗糙，只是在该法典第L.112-2条❷列举智力作品的范围时进行了概括性定义。这一定义主要强调两点：第一，没有伴音的硬性要求，无论是否有伴音，均可成为视听作品；第二，须由连续画面组成。

1993年通过的俄罗斯《俄罗斯联邦著作权和邻接权法》第1263条❸对于视

---

❶ 1976年美国《版权法》第101条规定："视听作品指由系列相连的图像构成的作品，这些图像的制作旨在使用器械或装置（如放映机、观察仪或电子设备）与配音（如有声音）一同播放，无论其载体（如胶片或磁带）的性质如何。"

❷ 1992年法国《知识产权法典》第L.112-2条规定："有声或无声的电影作品及其他有连续画面组成的作品，统称视听作品。"

❸ 俄罗斯1993年通过的《俄罗斯联邦著作权和邻接权法》第1263条规定，视听作品是"由一系列定影的彼此相联的（有伴音或者无伴音的）影像组成，借助适当技术装置可供视觉和听觉（有伴音的）感知的作品系为视听作品。视听作品包括电影作品和类似于电影手段表现的一切作品（电视片、录像片及其他类似作品），而不论其首次或者随后的定影方式如何"。

听作品的界定综合了美国和法国的做法。与法国稍有不同，俄罗斯要求构成视听作品的影像必须定影。

1996年修订的西班牙《知识产权法》对于"视听作品"的界定与美国的做法一脉相承。该法第10条规定，电影作品和其他视听作品属于知识产权法保护的对象。该法第86条第1款规定，电影作品和其他视听作品是指经由一系列相关的影像表达的，无论有无合成一体的伴音，旨在通过投影装置或者其他方式向公众传播影像和声音的创作，而不论该作品所体现的物理介质的性质如何。

1998年生效的菲律宾《知识产权法》对于视听作品的定义与法国比较接近，该法第202条第3款规定："视听作品或者定相是指作品包含一系列相连的图像：赋予其他活动的图片，可以使人看到，又或者没有伴音，当有伴音时，并且可以使人听到声音。"[1] 该定义没有规定"固定"要求，也没有强调作品需借助一定技术装置向公众传播。与上述国家相比，巴西《著作权法》在界定视听作品时特别强调一点：录制而成的视听作品须给人们一种活动的印象。[2] 我国台湾地区"著作权法"将作品统称为"著作"，相应地，"视听作品"被称作"视听著作"。该"法"第5条明确将"视听著作"列为受保护的一类著作，但是并没有对"视听著作"进行定义，而是规定由主管机关订定例示内容。我国台湾地区的著作权主管机关——"内政部著作权委员会"于1992年公布的"'著作权法'第5条第1项各款著作权内容例示"第2条规定，"视听著作系指包括电影、录像、碟影、计算机屏幕上显示之影像及其他借机械或设备表现系列影像，不论有无附随声音而能附着于任何媒介物上之著作。"[3] 该定义主要由三部分组成：首先，列举了视听著作的类型；其次，指出有无伴音均可；再次，要求视听著作须能附着于媒介物上。除了第一部分，即列举视听著作的类型之外，其他三部分与美国界定视听作品的做法都比较接近。

总结国际条约和其他国家和地区立法中视听作品的定义，虽然在语言表

---

[1] 菲律宾共和国经济贸易法律选编[M].陈云东，赵元松，王陈立，编译.北京：中国法制出版社，2006：187.

[2] 巴西《著作权法》第5条第（i）项。

[3] 孙国瑞，刘玉芳，孟霞.视听作品的著作权保护研究[J].知识产权，2011（10）：60.

述上各不相同，但是有几点大体是一致的。

第一，视听作品须由相关的影像（或者活动图像）构成。国际条约和其他国家和地区立法在这一点上没有任何争议。这是视听作品定义的核心部分，也是视听作品区别于其他类型作品的主要特点。系列相连的影像（或者活动图像）能够形成动感，与处于静态的图片有本质区别。

第二，除了乔治·博依塔编写的《著作权与邻接权法律术语汇编》在定义视听作品时要求必须有伴音外，上述国际条约和其他国家和地区立法均认为有无伴音均可，这样定义的主要原因意将无声的影像涵盖其中。乔治·博依塔将视听作品的范围严格限定为同时引起听觉和视觉的作品，显然是从字面意义上来解读视听作品。顾名思义，"视听"作品应该同时具备"视"和"听"两个要件。乔治·博依塔认为，无声影像由于没有引起听觉的伴音，不符合视听作品中"听"的要求，因而不能将其视为视听作品。不过，现在无声的影像极少，将其从视听作品中排除出去进行单独定义实无必要，且容易导致立法浪费，因此将视听作品延伸至无声的影像并无不可。

第三，除了法国之外，上述国际条约和其他国家和地区立法均要求视听作品须能固定下来或者附着于媒介物上。视听作品是否必须固定下来？《伯尔尼公约》并没有作硬性要求，而是任凭成员自行规定是否以某种物质形式固定作为保护作品的条件。该公约第2条第2款规定："本联盟成员国的立法可以规定，所有作品或任何特定种类的作品除非以某种物质形式固定下来，否则不受保护。"这意味着"成员国可以就所有作品普遍规定这种固定要求，也可以就一类或数类作品规定这种要求"❶。因此，即使成员国对视听作品没有固定要求，也属于《伯尔尼公约》允许范围。从国际范围来看，普遍规定固定要求的版权法国家也会保护未加固定的作品。例如，美国州一级的普通法会为不符合"固定"要求的作品提供保护，美国的"固定"要求只能限于它的联邦法保护范围。若扩大至美国整个版权保护制度，则还必须承认未加固定的作品在美国也可以受版权保护，只不过是低一级的"州级"保护。❷ 而普遍不作固定要

---

❶ 保护文学和艺术作品伯尔尼公约指南[M]. 刘波林，译. 北京：中国人民大学出版社，2002: 17–18.

❷ 郑成思. 版权法[M]. 北京：中国人民出版社，1997: 83.

41

求的作者权法国家也有"固定"要求的范例。在作者权体系中,"固定"并非著作权保护的前提要件,❶因此,许多作者权法国家没有规定固定要求,但是也有个别作者权法国家,比如塞浦路斯《版权法》第3条(2)款、卢森堡《版权法》第1条即提出了"固定"要求。❷如此看来,"固定"要求并非作者权法国家或者版权法国家专有的规定,无论是规定"固定"要求,还是没有规定"固定"要求,实际都不违反《伯尔尼公约》的规定。因此,"固定"要求并不是视听作品定义中必不可少的要素,是否规定"固定"要求取决于成员国自己的选择。

综上,在界定视听作品时,"须由系列相连的影像(或者活动图像)构成"是必不可少的要素;不要求有伴音;可以规定"固定"要求,也可以不规定"固定"要求。

在我国已有的著作权立法中,视听作品从未作为法律术语出现过,但是经常作为学术用语出现在学者的著述中或者词典中。❸有学者从字面上界定视听作品,认为视听作品是指"有声音,有图像,既能看,又能听的作品,如录像带,有声电影及电视等"❹。该定义认为视听作品须能同时满足"听"和"看"两个要件。有学者则强调视听作品的"固定"要求和对机械装置的依赖进行定义,认为视听作品是指"录制在合适的物质上的(录音录像)作品,此种作品包含一连串相关的图像和配音,能同时吸引人们的视觉和听觉,可借助适当装置进行表演。虽常表现为音乐、戏剧、讲演和其他表现内容,但和这些作品的表演不同,戏剧等作品的表演借助实际舞台的表演吸引人们的视觉和听觉,而视听作品只有借助适当的装置并通过同一种固定形式才能看见和听见,包括有声电影、电视、录像作品、唱片或类似这一方面上的配音图像作

---

❶ See Pascal Kamina, *Film Copyright in the European Union*, 1sted, Cambridge University Press, 2001, p.78.

❷ 参见郑成思.版权法[M].北京:中国人民出版社,1997:83.

❸ 参见郑成思.知识产权法教程[M].法律出版社,北京:1993:38.参见刘春田.知识产权法[M].北京:高等教育出版社,北京大学出版社,2000:74.参见吴汉东,等.知识产权法学[M].2版,北京:北京大学出版社,2002:49.参见曾宪义,林毓辉.国际经济贸易法律大词典[M].北京:华夏出版社,1993:336.参见王利明.新闻侵权法律词典[M].长春:吉林人民出版社,1994:179.

❹ 曾宪义,林毓辉.国际经济贸易法律大词典[M].北京:华夏出版社,1993:336.

品。"❶ 该定义除了强调视听作品须同时满足"听"和"看"两个要件外，还要求视听作品须"录制"在合适的物质上，且能通过适当装置进行表演。与此定义相近，有学者认为视听作品是指"把一连串相关的图像和配音录制在一定的物质上的作品（录音、录像）。这种作品通过适当的装置播放，使人能看到、听到，故称为视听作品。视听作品包括有声电影、电视以及录制在磁带或唱片上的声音和（或）图像作品"❷。该定义与前一定义在语言措辞上没有多大差异，只是在表述顺序上有所变化，值得注意的是这两个定义均将纯粹的录音作品涵盖于视听作品之中。

我国《著作权法》第一次修订之后，有学者综合国内立法和国外立法的规定，认为视听作品是"摄制在一定介质上、由一系列有伴音或无伴音的连续画面组成、借助适当装置播放的作品。"❸ 该定义特别指出视听作品须"摄制"在一定介质上，将创作视听作品的方法限定为"摄制"。此种限定性要求直接借鉴了我国《著作权法实施条例》第4条关于"电影作品的概念"的规定。"著作权法对作品的保护，并不以其创作手段……为转移。"❹ 该定义要求视听作品须"摄制"在一定的介质上，明显将非以"摄制"为创作手段的视听作品排除在外。上文已指出，"摄制"要求属于典型的技术立法，理应删除。不过，该定义有进步的是，不再将视听作品局限为"既能听到，又能看到"的作品，而是将视听作品扩大至无伴音的作品，这不仅符合国际立法的趋势，也符合现实的需要。

2012年3月，中国国家版权局公布了《修改草案第一稿》，与以往立法相比，该修改草案首次在法律文件中使用了"视听作品"的专业术语并对其进行界定。❺ 2012年7月，我国国家版权局在征求社会各界意见的基础上，公布了《修改草案第二稿》。与《修改草案第一稿》相比，《修改草案第二稿》

---

❶ 王利明.新闻侵权法律词典[M].长春：吉林人民出版社，1994：179.
❷ 许力以.中国出版百科全书[M].北京：书海出版社，1997：262.
❸ 李琛.知识产权法关键词[M].北京：法律出版社，2005：82.
❹ 刘春田.知识产权法[M].北京：高等教育出版社，北京大学出版社，2000：45.
❺ 《修改草案第一稿》第3条规定，视听作品是指固定在一定介质上，由一系列有伴音或者无伴音的画面组成，并且借助技术设备放映或者以其他方式传播的作品。该草案强调视听作品须固定在一定的介质上。

在语言措辞上更加简洁，并且去除了"须固定在一定介质上"的要求。《修改草案第二稿》第3条规定："视听作品是指由一系列有伴音或者无伴音的画面组成，并且借助技术设备向公众传播的作品。"该定义具有以下几个特点。第一，不再纠结于"固定"的方式。现行著作权法要求电影作品须"摄制"在一定的介质一直为人所诟病，《修改草案第二稿》直接取消了这种限定性要求，不仅解决了存有争议的问题，而且顺应了技术发展的需要，具有较强的灵活性。毕竟，像新闻简报一类的电视节目类视听作品，不论录制在胶片上还是通过摄像机现场直播，在观众看来都一样。不论在哪种情况下，屏幕上所显示的都应该受到同样的保护。❶ 据此，视听作品即使没有固定在一定的介质上，只要所产生的视（听）觉效果是一样的，就应该得到保护。第二，立法语言简洁。该定义用"借助技术设备向公众传播的作品"取代原有的"借助技术设备放映或者以其他方式传播的作品"，语言更加简练、晓白，概括性更强。第三，包容性极强。该定义使用了"画面"一词，而没有使用惯用的"活动图像"或者"影像"一词，这实际上将呈现静态效果的幻灯片之类的作品涵盖其中。有学者指出，"有个别人认为电影作品还应包括幻灯片。这一点则是大多数国家的版权法所不承认的。幻灯片实际应归入美术作品中（如果它不是绘制的，而是由一幅幅照片构成的，则应归入摄影作品）"。

电影是英语国家首先发明的，它至今还被叫作motion picture，即'活动着的画面'。作为画面不活动的幻灯，是无论如何不应算作'电影作品'的。❷ 在国际上，美国的视听作品包括幻灯片在内。❸ 美国版权法对视听作品和电影作品分别进行了界定，电影作品要求必须"给人以活动的印象"，其他视听作品则没有这种要求。单个的幻灯片可以作为图片作品享有版权保护，但是所有单个幻灯片组合在一起时就可以作为视听作品受到版权保护。❹ 这表明，即使在美国，单个的幻灯片也不能作为视听作品予以保护，只有当幻灯片组合在一

---

❶ 保护文学和艺术作品伯尔尼公约指南[M]. 刘波林，译. 北京：中国人民大学出版社，2002: 15.
❷ 郑成思. 版权法（修订本）[M]. 北京：中国人民大学出版社，1997: 111.
❸ 刘波林，江平，王家福. 民商法学大辞书[M]. 南京：南京大学出版社，1998: 670.
❹ Roger E.Schecher and John R.Thomas, Principles of Copyright Law, West Publishing Corp，2010, pp.78–79.

起时才可能作为视听作品进行保护。

除了美国之外，多数国家认为视听作品只能是一种影像（活动图像），并没有将幻灯片作为视听作品进行保护。有的国家和地区则明确指出，幻灯片属于摄影作品。[1]将幻灯片视为以类似摄影的方式创作的作品。上文分析中也提到，视听作品作为系列相连的影像能够形成动感，与处于静态的图片有本质区别。幻灯片多由文字、图片构成，虽然在展示时会增加特效动态的显示效果，但展示的内容是呈静态的，这一点与视听作品所表现出的动态效果截然相反。最初，视听作品从摄影作品中分离出来正是因为两者之间存在动态效果和静态效果的差异。因此，幻灯片作为仅能呈现静态效果的作品可以作为类似摄影的方法制作的作品以摄影作品的形式受到法律保护，不宜将其纳入视听作品范畴。如此看来，"《修改草案第二稿》"将视听作品界定为"由一系列有伴音或者无伴音的画面组成"多有不妥。

综合国内外视听作品的概念，本着兼具技术中立、简练、晓白和包容性的原则，从作品特定的表达方面考虑，视听作品可以定义为"由一系列彼此相关联的（有伴音或者无伴音的）影像组成，借助适当技术装置可供视觉和听觉（如有伴音的）感知的作品"。

（二）视听作品与相关概念的关系

1. 电影作品：包含抑或等同

在国际上，视听作品被称为"audiovisual works"，而与电影作品相对应的单词是"cinematographic works"。仅从词源上分析，两者并不一样。从部分国家立法来看，两者也非等同关系，而是从属关系。1976年美国《版权法》第102条将电影作品及其他视听作品作为一类独立的客体进行保护。美国《版权法》虽然没有明确表明电影作品从属于视听作品，但是从立法的语言措辞上看，电影作品属于视听作品的一种。

与美国不同，1992年法国制定的《知识产权法典》第L.112-2条明确规定电影作品属于视听作品，视听作品包括电影作品。

西班牙《知识产权法》也明确规定电影作品属于视听作品，该法第86条

---

[1] 见我国台湾地区"著作权法"第5条第1款；《菲律宾知识产权法》第172条第1款第（k）项。

第2款规定，"本条所限定的作品在下文中均被称为视听作品"，其中"本条所限定的作品"指的就是该法第86条第1款所规定的"电影作品和其他视听作品"。

我国台湾地区"著作权法"在界定视听作品时，采用了部分列举法，明确指出视听作品包括电影、录像、碟影、计算机屏幕上显示之影像及其他借机械或设备表现系列影像。换言之，在我国台湾地区，电影作品从属于视听作品。

尽管上述国家和地区立法认为视听作品包括电影作品，电影作品从属于视听作品，但是追溯视听作品被引入著作权法保护范畴的历史，不难发现，视听作品的出现并不是为了取代电影作品这个传统的概念，更多地是为了解决"以类似摄制电影方法表现的作品"这类复杂的概念问题。在视听作品引入立法之初，视听作品等同于"以类似摄制电影方法表现的作品"。在米哈依·菲彻尔撰写的《WIPO管理的版权和相关权条约指南和版权和相关权术语表》中即指出"以类似摄制电影方法表现的作品"与"视听作品"相对应。❶《伯尔尼公约指南》也认为视听作品是与"以类似摄制电影方法表现的作品"相对应的概念，指出"将电视作品和视听作品视同电影作品（只要这些作品以类似摄制电影的方法表现出来）这一做法具有重要意义"。❷也就是说，视听作品引入之初，视听作品是"以类似摄制电影方法表现的作品"的代名词，与电影作品是同等级关系，不是从属关系。

但是，随着技术的发展和各国立法水平的提高，为了解决"以类似摄制电影方法表现的作品"复杂概念问题，有的国家和地区选择使用"视听作品"涵盖电影作品和以类似摄制电影方法表现的作品，比如上文中提到的美国、法国、西班牙和我国台湾地区；有的国家选择扩大解释电影作品的定义，比如，印度《著作权法》第2条第（f）项规定："'电影'应被解释为涵盖通过任何

---

❶ 约翰·布劳奎斯特.中国国家版权局版权管理司司长与世界知识产权组织版权司司长关于"以类似摄制电影方法表现的作品"问题的通信[M].// 刘春田.中国知识产权评论（第2卷）.北京：商务印书馆，2006: 576.

❷ 保护文学和艺术作品伯尔尼公约指南[M].刘波林，译.北京：中国人民大学出版社，2002: 15.

类似电影摄制制作的作品，包括录影"；❶ 德国《著作权法》第2条规定，电影著作包括以类似摄制电影方式制作的著作；日本《著作权法》第2条规定，电影作品"包括采用类似电影效果的视觉或者视听觉效果的方法表现并且固定在某个载体上的作品。"❷

总之，在目前各个国家没有统一使用"视听作品"这一术语的情况下，视听作品与电影作品在不同的语境下存在不同的关系。时至今日，视听作品已不再仅仅指代"以类似摄制电影方法表现的作品"，而演变成一个包容性极强的词汇。除了菲律宾之外❸，凡是引入"视听作品"这一术语的国家，均将电影作品涵盖其中，此时，电影作品与视听作品是包含关系。而在没有引入"视听作品"这一术语仅对电影作品作扩大解释的国家里，电影作品实际等同于视听作品。可以预见的是，随着技术的发展，"以类似摄制电影方法表现的作品"的种类会越来越多，采用扩大解释电影作品定义的方式欲将所有这些种类的作品涵盖其中会越发显得"力不从心"，毫无疑问，以视听作品取代电影作品来解决这一问题将是未来发展的一大趋势。

2. 录像制品：单列抑或并入

录像制品（videogram）究竟是指录影本身抑或录影的载体？这个问题在界定上一直比较混乱。我国著作权方面现行立法将录像制品界定为一种录制品，是邻接权的客体，即录影本身。❹ 在我国，录像可以分为两类：一类是录像作品；另一类是录像制品。录像作品属于作品的一种，可以享受狭义的著作权保护。而录像制品由于在制作过程中达不到"独创性"要求的程度，不能构成作品，只能享受邻接权保护。

从世界范围上看，对录像制品给予邻接权保护的国家并不多，主要有德国和法国。德国按照是否具有创作特征将影片分为电影作品和活动图像。其

---

❶ 十二国著作权法[M].《十二国著作权法》翻译组，译. 北京：清华大学出版社，2011: 224.
❷ 李扬. 日本著作权法[M]. 北京：知识产权出版社，2011: 7.
❸ 《菲律宾知识产权法》第172条第1款第（1）项规定：视听作品和电影作品，和由类似电影制作方法的方法或者制作视听记录的任何方法制作作品. 陈云东，赵元祚，王陈立. 菲律宾共和国经济贸易法律选编[M]. 北京：中国法制出版社，2006: 178.
❹ 根据《著作权法实施条例》第5条第（3）项规定，录像制品，是指电影作品和以类似摄制电影的方法创作的作品以外的任何有伴音或者无伴音的连续相关形象、图像的录制品。

中，电影作品因具有独创性而成为著作权法保护的作品，活动图像则由于缺少创作特征而选择采用邻接权予以保护。关于"活动图像"这一概念，人们可以理解为图片的前后衔接以及图片与声音的衔接，这些衔接并非建立在独创性劳动基础上，比如对体育活动与自然活动的拍摄，对军事行动的拍摄以及非艺术性的色情影片的拍摄或者某个电子游戏。❶ 德国的"活动图像"实际上就是我国的录像制品。德国有录像制品的概念，但是德国的录像制品并非我国的录像制品，两者内涵并不一致。德国的录像制品指的是音像载体，比如电影胶卷、录像磁带等。按照著作权法的一般规定，电影作品并不以固化为前提，因为著作权法典把电影制品看作一种特殊的法律客体并且为电影制作人设置了一项邻接权，以保护他们为电影制作而在组织与经济方面所付出的劳动投入。❷ 在德国，不仅电影制作人可以享有这项邻接权，所有影片制品的制作人都享有这项邻接权。因此，德国的录像制品作为音像载体，是一个更加宽泛的概念，涵盖了所有影片的制品，绝非我国所指的缺少独创性只给予邻接权保护的录像制品。申言之，我国的录像制品与德国的活动图像比较接近，而活动图像制品只是德国录像制品中的一种。法国虽然没有像德国那样单独规定活动图像，但是法国为了保护投资和组织拍摄电影或者录像的制片人的利益，也采用邻接权的方式保护录像制品。不过，法国的录像制品与德国录像制品一样，外延也比较广，不仅包括构成作品的电影的制品，也包括不构成作品的电影的制品。其中，不构成作品的电影与我国的录像制品比较接近。

  从国际公约来看，除了新近缔结的《视听表演北京条约》之外，其他邻接权方面的国际公约均没有提及录像制品问题。即使《视听表演北京条约》涉及录像制品问题，也没有采用"录像制品"这一术语，而选择使用"视听录制品"。值得注意的是，《视听表演北京条约》中的"视听录制品"指的是活动图像的体现物，而非活动图像本身。其实，早在1980年世界知识产权组织出版的《著作权与邻接权法律术语汇编》中，录像制品即被解释为"一种通常用来指具体体现为盒式磁带、磁盘或其他有形媒介的各种视听固定物。"❸

---

❶ [德]M·雷炳德. 著作权法[M]. 张恩民，译. 北京：法律出版社，2005：154.
❷ [德]M·雷炳德. 著作权法[M]. 张恩民，译. 北京：法律出版社，2005：156.
❸ 世界知识产权产权组织. 著作权与邻接权法律术语汇编[M]. 刘波林，译. 北京：北京大学出版社，2007：256.

显而易见，在国外立法以及相关的国际公约中"录像制品"的概念普遍被界定为录影的载体，而我国将录像制品限定为录影本身。虽然我国的录像制品是录影本身，并非国外立法以及有关国际公约中专指的录影的载体，但是两者均采用邻接权的保护模式。针对我国录像制品的邻接权保护模式，曾有学者指出，德国和法国设置录像制作者权的目的主要是为了弥补制片人没有享有视听作品著作权这一制度的不足，我国《著作权法》已经规定视听作品的制片人可以取得著作权，没有必要再为其设置邻接权。即使德国和法国的录像制品也包括没有独创性、不构成视听作品的录像制品，按照独创性的逻辑定义，在实际生活中分辨录像制品与视听作品绝非易事，单设录像制作者权有无必要，值得推敲。❶

须指出的是，如上文所述，德国和法国的录像制品所承载的录影的范围远远大于我国录像制品的范围，不仅包括所谓没有达到"独创性"高度的录影，还包括电影作品以及其他以类似摄制电影的方法创作的作品。而我国的录像制品仅指不能构成"作品"的那部分录影。因此，我国并没有为视听作品的制片人设置邻接权，仅为没有构成"作品"的录像制品提供了邻接权保护。如此以来，问题主要集中在"对于不能构成'作品'的录像制品是否有必要单独设置录像制作者权"。

在我国，不能构成"作品"的录像制品一般指只进行简单录制而没有提供一定的独创性劳动成果的录影。仅从表达上看，录像制品与录像作品没有什么区别，两者都表现为"有伴音或者无伴音的连续相关画面"。两者的差别主要体现在"独创性"方面。包含某些创造性劳动的录影构成录像作品；反之，欠缺某些创造性的录影则不能构成"作品"，只能作为"录像制品"受到保护。"独创性"标准一直是一个比较抽象的概念，在不同的国家，"独创性"的标准也不一样。一般而言，大陆法系国家"独创性"标准普遍要求较高，以德国为例，"独创性"要求作品应当体现作者的个性，打上个性智力的烙印；❷英美法系国家则对"独创性"标准要求不高，英国法院甚至认为，作品只要具备

---

❶ 李琛. 知识产权法关键词[M]. 北京：法律出版社，2005: 82.
❷ 卢海君. 版权客体论[M]. 北京：知识产权出版社，2011: 138.

"技能与劳务标准"就被视为具有"独创性"。因为较高的"独创性"标准，德国和法国将录影分为不同的种类并分别提供不同的保护，而英美法系国家没有那么复杂，对所有的录影一视同仁，给予同样的保护。由于各个国家独创性标准并不一致，导致同一录影在一个国家可以构成"作品"，而在另一国家可能无法构成"作品"。即使在同一个国家，"独创性"特有的抽象标准也很难在录像作品与录像制品之间划出一条清晰的分界线。正因为如此，绝大多数国家选择将录像制品纳入录像作品的范畴，避免进行独创性程度判断。

其实，录像制品在制作中虽然只是简单录制，但是录像的拍摄、剪辑与合成并非全由机器自动制作完成，仍然需要制作人对录像进行选择与编排，而这种个性化的选择与编排本身就具有一定的独创性，也许达不到录像作品的创作高度，但不能完全抹杀其中所包含的独创性。录像制品具有一定的独创性也可以在我国摄影作品的规定上得以佐证。同样是借助器械进行创作，我国的摄影作品只要不是自动摄像机自拍摄的照片和纯复制性质的照片，其他任何由摄影师拍摄的照片，哪怕是随意抓拍的照片都被认为具有独创性，可以构成摄影作品。与录像制品相比，摄影作品这种较低的独创性标准并非因为其拍摄出来的照片呈现静态效果，很大程度上是因为我国并没有为那些缺少独创性的照片提供邻接权保护，这使得我们为了保护这些照片权利人的利益而大大降低了独创性要求。录像制品和摄影作品的这种区别待遇反映出我国《著作法》对两者的独创性采取双重标准。但另一方面也折射出录像制品不是没有符合独创性的可能，如果采用与摄影作品同样的独创性标准，录像制品也一样可以具有独创性。实际上，两者无论在表达上，还是在制作过程中，并没有根本的差异。以是否具有独创性划分录像作品和录像制品不合理，划分本身就不是一种明智的选择。[1] 早有学者一语道破："录像制品和《著作权法》第3条所规定的'录像作品'并无区别，在邻接权中的录音制作者权利中又并列加上一种所谓'录像制作者'的权利，实际是多余了。"[2] 对于录像制品的未来去向，有学者建议将其归入"视听作品"的概念之下，采用视听作品的模式来保护录像

---

[1] 张玉敏，曹博. 录像制品性质初探[J]. 清华法学，2011（1）: 57.
[2] 刘春田. 知识产权法[M]. 北京：高等教育出版社，北京大学出版社，2000: 82.

制品。❶ 上述这一观点在《修改草案第一稿》和《修改草案第二稿》均得以体现：录像制作者权从此从邻接权消失，录像制品被纳入视听作品的范畴。这种立法选择既可以避免进行独创性程度判断，防止将简单问题复杂化，同时注重体系化，实行统一的独创性标准。对于这一举措，有学者担心："如此先进的《视听表演北京条约》都规定了'视听录制品'，《著作权法》修改草案反而删除了'录像制品'，背道而驰？"❷ 其实不然，上文分析中提到，我国的录像制品与国际上的录制品在概念的界定上存有差异，我国的录像制品是录影，而非国际上所指的录影的载体。《视听表演北京条约》中的视听录制品即活动图像的载体。我国录像制品主要分为两类。一类是对表演者表演活动的录制，第二类是对表演活动之外其他事件进行的录制。❸《视听表演北京条约》中视听录制品所展现的活动图像实际就是我国对表演者的表演活动的录制。《视听表演北京条约》是为了保护表演者对其视听表演的权利而缔结的国际性条约，而我国的录像制品是选择邻接权保护抑或著作权保护？这关乎的是录像制作人的利益，并非视听表演者的利益，修改草案将录像制品从邻接权客体中删除，纳入视听作品范畴予以保护提高了对录像著作者的保护水平，但是，表演者的权利丝毫不受任何影响，对于《视听表演北京条约》中的视听录制品，表演者依然可以依据表演者权得到保护。即便修改草案保留录像制品，并且将"录像制品"改为"视听录制品"，相应的录像制作者权（视听制作者权）所保护的也不是表演者的利益，而是录像制作者或者视听制作者的利益。因此，著作权法修改草案删除了"录像制品"并非背道而驰，只是为了充分保护录像制作者的利益而已。

如上文所述，电影作品与视听作品是包含关系，视听作品除了包括电影作品之外，还包括电视作品、录像作品，甚至录像制品。不可否认，电影作品是视听作品中最为复杂和最具有代表性的一类作品，因此，本书探讨的视听作品如无特别说明均指电影作品。

---

❶ 张玉敏，曹博. 录像制品性质初探[J]. 清华法学，2011（1）：61.
❷ 张伟君. 北京条约的影响：著作权法修改是否应删除'录像制品'[J/OL]. [2012-09-17]. http://blog.sina.com.cn/s/blog_4da63f4101015eor.html.
❸ 王迁. 著作权法学[M]. 北京：北京大学出版社，2007: 182.

本章小结

通过追溯视听作品的历史嬗变可以发现,电影能够进入著作权法保护范畴,成为受著作权法保护的对象—电影作品,一方面是基于社会现实需要,为了防止他人剽窃或非法复制电影,以保障投资者的资金投入与回报;另一方面也是因为电影创作本身具有独创性。与摄影作品类似,电影作品的创作需要借助技术手段,但是著作权法毕竟不是保护技术的法律,只是保护作品的法律,因此,在界定电影作品概念时,应本着技术中立原则,忽略创作作品的技术手段,不应将其作为这一概念的构成要素。随着现代技术的发展,电影作品概念的局限性逐渐显现,遵从国际立法趋势,借鉴国际条约和国外立法的专业用语,从立法语言简练和包容性因素考虑,视听作品取代电影作品已属必然。就绝大多数国家(包括我国)而言,视听作品包含电影作品,但是,也有个别国家并未引入"视听作品"这一用语,如此以来,电影作品在这些国家就成为极具包容性的词汇,涵盖了视听作品所包含的全部作品。与许多国家不同,我国将录像分为两类:一类是录像作品,另一类是录像制品,并分别用著作权和著作邻接权两种不同的权利予以保护。我国对摄影作品和录像适用不同的保护标准实是对录像制品权利人的不公平。公平起见,可以将录像制品归于视听作品。

第二章

视听作品的作者：制片者抑或创作者

考察域外立法，不难发现，无论是大陆法系国家还是英美法系国家，均规定作品的原始版权属于作者，遵循原始版权属于作者的一般原则。如此看来，作者身份的确定就成了确定著作权归属的关键因素。一般认为，作品的作者是指创作作品的人，但是，就视听作品而言，视听作品的作者并非总是创作者，在有的国家，则是指制片者。视听作品的作者是创作者抑或制片者不仅关乎视听作品著作权的归属，而且体现一国著作权立法的价值追求。

一、作者身份的产生

自现代著作权制度产生之日起，作者始终处于著作权的核心位置，作品源自作者，作者概念的法律意义是为了明确著作权的归属。❶ 何谓作者？《伯尔尼公约》虽然多次使用"作者"概念，但是并没有界定何谓"作者"。公约成员国对于作者的前提条件须具有原创性普遍达成一致意见，但是对于作者的概念并没有形成共识。《伯尔尼公约》将作者的概念留给各成员国自由界定，选择自己的方式保护作品著作权。但是，公约似乎表明"作者"是自然人。因为《伯尔尼公约》规定著作权保护期限是作者终身加死后50年，这一规定不适合法人。类似地，在第14bis条，《伯尔尼公约》使用短语"电影作品版权所有人"作为对一般原则"文学和艺术作品的作者"的例外。❷《世界版权公约》《与贸易有关的

---

❶ 李琛. 知识产权法关键词[M]. 北京：法律出版社，2005: 76.
❷ Makeen F. Makeen, Authorship/ownership of copyright works under Egyptian authors' rights law, International Review of Intellectual Property and Competition Law, 2007, 38(5), p.573.

知识产权协议》（以下简称"TRIPs"）《世界知识产权组织版权条约》（以下简称WCT）等与《伯尔尼公约》一样也都没有对作者进行界定。《布莱克法律词典》将作者（author）界定为创作（create）表达作品的人，或者雇佣别人创作表达作品的人或者商人。通过这一定义，我们可以看出，作者既可以基于创作产生，也可以基于出资产生。

（一）创作

与其他私权客体的形成不同，作为著作权客体的作品源于作者的创作。作者的创作使得作品具有一定的独创性，由此获得了著作权保护的资格，作者得以成为著作权保护的主体。

从国外立法来看，作者权法国家普遍规定，作者是创作作品的人。❶其中，法国和德国尤其强调除只有创作作品的人可以成为作者，其他自然人或者法人都不能成为作者。法国《知识产权法典》第L.111-1条明确规定，智力作品的作者，仅仅基于创作的事实。❷德国《著作权法》虽然没有像法国那样在立法中明确规定作者只能基于创作的事实，但是，由于德国深受著作权"一元化理论"❸的影响，德国《著作权法》严格执行创作人原则，德国《著作权法》第2条强调："本法所称著作仅指个人的智力创作。"❹实际上这间接表明作者只能基于创作的事实。不仅如此，德国《著作权法》还规定，即使某人按照私法上的服务合同、委托合同、承揽合同的约定作出了某种创造性劳动，也应成为该作品的作者。

从历史方面考察，法国和德国作为作者权法国家的代表性国家之所以规定只有创作作品的人才能成为作者，是由于18世纪受到了高涨的启蒙运动的影

---

❶ 参见德国《著作权法》第7条；日本《著作权法》第2条；《法国知识产权法典》第L.111-1条；巴西《著作权法》第11条；埃及《著作权法》第138条。

❷ 黄晖.法国知识产权法典[M].北京：商务印书馆，1999: 3.

❸ "一元化理论"的集大成者奥易根·乌尔默用他的"树形理论"形象地解释"一元化理论"：著作权法所保护的两大利益群体好比一棵树的树根，正是这些树根构成了（著作权）的统一渊源，各项著作权能就好比这棵树的树杈、树枝，它们的这些树枝、树杈的力量来源正是这两个树根。

❹ 许超.德国著作权法[M]//《十二国著作权法》翻译组.十二国著作权法，北京：清华大学出版社，2011: 147.

响。以法国为例，18世纪末法国大革命前夕，法国著作权私法化的起点更为倾向于对作品的创作者提供权利保障，强化了自然法财产权利的朴素劳动价值观和"天赋人权"的资产阶级革命的权利诉求。❶ 在这种观念指引下，法国立法不仅保护作者的财产权利，而且也开始注重对精神权利的保护，作者的身份地位受到重视。

19世纪，德国和法国又分别深受德国先验唯心主义哲学和法国浪漫主义美学的影响，作者只能基于创作而产生的观念再次得到强化。德国先验唯心主义哲学进路的特点是"赋予人的智力以巨大的强力和力量，并且认为经验实在很大程度上是由人的思想所构设或产生的观念形成的"。这种哲学最为极端的表现形式乃是把人的思想变成"宇宙的唯一支柱"。❷ 在这种哲学思潮的影响下，该哲学流派的代表人物康德、费希特和黑格尔均从"人格之反映"的角度来论述作品的本质，认为"作品体现人格"，作品与人格密切关联，作品被视为直接的思想或情感的外化，作品与作者意图密不可分。❸ 既然如此，为了清楚表明作品的"人格"，作者只能是创作作品的人，没有参加创作或者不具备创作能力的法人或者非法人单位均不能成为作者。

与德国的作品观类似，19世纪的法国也认为"作品体现人格"，其主要原因在于19世纪正处于法国的浪漫主义文学运动高涨时期，德国古典哲学强调的非理性的唯心主义是浪漫派思潮的哲学基础，❹ 法国的浪漫主义美学与德国古典哲学可谓一脉相承。正是两国相同的作品观使两国均规定作者身份的产生只能基于创作。受到法国和德国的影响，其他作者权法国家立法也都遵循着"原创作品的作者仅仅依据其创作的作品享有专有和绝对的无形财产权"或者"知识产权原始权利的获得来自于作为一种特殊的智力努力表达的作品的创作"的思路。相关法律也使用诸如"作者指的是创作艺术、文学或者科学作品的自然人"或者"作品的作者是创作作品的人"或者类似"作者是作品的创作

---

❶ 肖尤丹. 历史视野中的著作权模式确立——权利文化与作者主体[M]. 武汉：华中科技大学出版社，2011: 209.
❷ [美]博登海默. 法理学：法哲学及其方法[M]. 邓正来，译. 北京：中国政法大学出版社，2010: 77.
❸ 李琛. 论知识产权法的体系化[M]. 北京：北京大学出版社，2005: 183.
❹ 李琛. 论知识产权法的体系化[M]. 北京：北京大学出版社，2005: 182.

者"之类的陈述。❶

当然，并非所有的作者权法国家都一致规定只有创作作品的人才能成为作者。如意大利《著作权法》一方面在第6条规定："基于作品的创作尤其是通过智力活动创作作品之人，将原始取得著作权。"❷另一方面却又在第7条规定："组织和指导编辑作品创作之人，视为作者。"意大利著名学者De Sanctis认为，这里并没有排除法人被视为作者的情形。❸日本《著作权法》虽然也规定作者原则上只能是创作作品的自然人，但是也有例外。在从事法人等业务范围的人职务上完成的作品中，其所在法人单位等以自己的名义发表的作品，其作者是该法人（日本《著作权法》第15条第1款）。❹尽管日本《著作权法》规定法人可以成为作者的情形仅限于以法人的名义发表的作品，但是这已经为法人成为作品的作者打开了一个缺口。在这一问题上，与意大利《著作权法》上的不明朗和日本《著作权法》小步走做法不同，2001年卢森堡《著作权法》第21条明确规定，视听作品的制片者是作者之一。至此，作者权法国家典型的"创作人原则"受到了前所未有的挑战。

（二）出资

随着新技术的出现、社会分工越发细化，许多创作工作已经不再可能仅凭一己之力就可以完成，此时，合作与组织的能力、效率的重要性逐渐显现出来。特别是在作品的利用环节，与自然人作者相比，自然人作者所依附的组织的优势更加明显，可以克服自然人作者势单力薄的缺陷，运用自己的影响力把作品进行经济利用或者交给他人进行经济利用并收取相应的报酬而实现作品的经济价值。❺正是考虑到这些因素，一些国家立法将自然人作者所依附的组织视为作者。这些组织可能是受雇的企业、电影制片公司或者报社、杂志社等。

---

❶ Obergfell, Eva Inès, No need for harmonising film copyright in Europe?, The European Legal Forum, Issue 4-2003, p.202.

❷ 费安玲，魏骁，陈汉. 意大利著作权法[M] // 《十二国著作权法》翻译组. 十二国著作权法，北京：清华大学出版社，2011: 280.

❸ De Sanctis, Contratto di edizione, Milano, 1984, p.26.转引自费安玲. 法人作为著作权原始性利益人的理论思考[M] // 费安玲. 私法的理念与制度. 中国政法大学出版社，2005：294.

❹ [日]田村善之. 日本知识产权法（第4版）[M]. 周超，李雨峰，李希同，译. 北京：知识产权出版社，2011: 479.

❺ [德]M·雷炳德. 著作权法[M]. 张恩民，译. 北京：法律出版社，2005: 11.

第二章 视听作品的作者：制片者抑或创作者

1988年英国《版权法》第9条第1款规定，"本编中与作品相关之'作者'，是指创作作品的人"，但是在第2款却特别指出，该人在作品为电影的情况下，应当为制片者与主导演。英国的这个例外规定表明，即使不是实际从事创作作品的人，也会被视为创作作品的人而成为作者。2000年爱尔兰《版权及相关权利法案》第21条与英国立法一样，也将制片者规定为电影作品的作者之一。1999年修订的印度《著作权法》第2条对于每一类作品的作者都进行相应的说明，明确指出电影的作者是指制作者。1976年美国《版权法》没有界定作者的定义，但是在第201条规定版权的归属时对两类特殊作品的作者进行了特别规定，其中作品如果为雇佣作品的，则雇主或委托创作作品的人被视为作品的作者并因此而拥有作品的版权，除非书面的协议另行规定。❶

与作者权法国家不同，版权法国家在确定"作者"的身份时，并没有实行创作人原则，更多考虑的是经济利益原则。这种立法例主要受洛克在1690年《政府论》中提出的劳动财产权理论的影响。依照该理论，创作是智力劳动，作品是智力劳动的成果，被视为纯粹的财产，没有预设作者与作品的关联不可割断，在社会生活中主体可以与其作品发生永久分离，可根据现实需要将非创作人视为作者，真正的创作人却丧失了法律上的作者资格。❷ 如此，在版权法国家，实际存在两类作者：一类是事实上的作者，在版权法国家，事实上的作者未必是法律意义上的作者，有些情况下两者会发生分离，有些情况下两者会合为一体；另一类是法律意义上的作者，这一类作者有可能是真正从事创作的人，也有可能是没有从事创作的人而只负责出资的人。

须指出的是，虽然版权法国家基于经济利益原则考虑，规定在需要由出资方承担所有经费和风险的作品创作中，出资方可以被视为作者，但是并没有完全否认真正创作者的作者身份，英国《版权法》甚至规定电影的创作者——主导演可以与出资方一起成为共同的作者；依据美国《版权法》，美国的雇主或委托创作作品的人虽然被视为作品的作者，但是仍可以依据书面的协议另行约定作者的身份。

需注意的是，1988年英国《版权法》最初曾规定，只有电影制片者可以

---

❶ 李响. 美国版权法：原则、案例及材料[M]. 北京：中国政法大学出版社，2004：96.
❷ 李琛. 论知识产权法的体系化[M]. 北京：北京大学出版社，2005：182，189.

成为电影作品的作者，主导演不能成为作者。不过，之后英国1996年《版权及相关权规则》对于作者的相关规定进行了修改，使得主导演和电影制片者一起成为电影作品的作者。

与英国做法相似，美国《版权法》也有明显偏袒创作者的倾向。美国早在1909年《版权法》中就规定："作者应包括雇佣作品的雇主。"但是1909年美国《版权法》并没有对雇佣作品进行界定，而是将定义雇佣作品的权利留给法院自由裁量。1976年美国《版权法》对雇佣作品进行了明确的界定，与1909年《版权法》相比，1976年《版权法》在两个方面能够明显体现偏袒作者。首先，除了雇员为了履行工作职责创作的作品外，在特别委托或者定制的作品中，只有法律文本中特别列举的9类作品才有可能被认为雇佣作品。这9类作品分别是集体作品的一部分、电影作品或者其他视听作品的一部分、翻译作品、辅助作品、编辑作品、教材、试题、试题答案、地图集。假如作品不属于上述列举的9类作品，就不能构成雇佣作品。其次，即使属于上述列举的9类作品，还要求当事人之间必须签订协议明确表示作品系雇佣作品。❶ 只有同时满足这两个条件，特别委托或者定制的作品才能被认为雇佣作品，缺少一个条件，将不能被认为是雇佣作品，委托人或者定制人将无法被视为作者。这些足以表明，为了平衡创作者和出资者之间的利益关系，版权法国家奉行的经济利益原则开始受到创作人原则的冲击。

与立法者在作者身份的问题上纠结于创作者和出资者不同，版权法国家的法学家们几乎无一例外地认为作者只能是通过大脑从事创作的自然人。澳大利亚的里克森、英国的柯尼什以及美国的尼默尔均表明过这种观点。❷ 针对英国版权法将那些可能是法人的出资者视为作者的规定，英国版权法学者菲利普斯曾明确指出，这种规定将有损于那些真正动脑筋去从事创作的作者所希望得到的保护。❸

版权法国家从最初将作为出资一方的电影制片者或者雇主视为唯一的作

---

❶　Roger E.Schecher, John R.Thomas, *Principles of Copyright Law*, West Publishing Corp, 2010, pp.78-79.
❷　参见郑成思. 版权法[M]. 北京：中国人民出版社，1997: 28.
❸　参见郑成思. 版权法[M]. 北京：中国人民出版社，1997: 29.

者到现在允许实际创作者成为作者，对雇佣作品给予限制以及允许约定作者身份，这些无不体现出版权法国家的立法者对创作者利益的关注。版权法国家的立法者始终遵循着作品原始版权归属作者原则，认为只有具有作者身份，才能拥有版权，想拥有版权就必须先具有作者身份，将作者身份当作获得版权的前提要件。不过，版权法国家的法学家却认为作者身份可以与版权归属相分离，两者之间并没有必然的联系。显然，依据版权法国家法学家的观点，出资者可以基于出资享有版权，但是不能基于出资而拥有作者的身份，作者只能依据创作而产生，不能基于出资而产生。

综上，由于受不同的哲学和美学观念的影响，作者权法国家与版权法国家具有不同的作品观，前者执行创作人原则，认为"作品体现人格"，作者与作品系一一对应关系、不能分离，故作者只能是实际的创作者；后者推崇经济利益原则，作品被视为纯粹的财产，出于保护投资者利益考虑，投资者者可以被视为作者。但是随着社会的发展，作者权法国家与版权法国家之间相互影响、相互渗透。在个别作者权法国家，投资者可以被视为作者，少数版权法国家也承认实际的创作者可以成为视听作品的作者，各个国家的立法者都在试图兼顾创作者和投资者的利益。但是，立法者并没有意识到，正是由于立法者将作者身份与著作权的归属混为一谈，才导致立法者将没有从事创作仅负责出资的人视为作者。固然，作者概念是为分配权利而设，但是作者身份并不完全等同于著作权。对于一些特殊的作品而言，为了保护出资者的利益，作者身份可以与著作权相分离，可以使其拥有著作权，但是没有必要剥夺创作者的作者资格。如果执意将出资者视为作者，只会割断创作者与作品的法律联系，抹杀创作者的创作功劳，作品将变成纯粹的商品，著作权将失去存在的意义，财产权完全可以取而代之。其实，解决这一问题的出路就在于遵从著作权保护基本原理，让创作作品的人成为作者，基于资金投入和回报问题考虑，让投资者成为著作权人或者行使著作权的人。

二、视听作品作者的确定

视听作品是比较复杂的综合艺术作品，参与视听作品创作的人数量众多，涉及多个文学、艺术领域，付出的劳动性质也不尽一致。基于此，视听作品作者的确定一直是困扰各国（尤其是作者权法国家）立法者的一大难题。甚至，《伯尔尼公约》等几大国际公约也都绕开此问题，而将此难题留给各成员国自行解决。如上文所言，作者权法国家普遍实行创作人原则，作者多指那些实际从事作品创作的人，但是，在视听作品的制作中，想要厘清创作性劳动和非创作性劳动并非易事。版权法国家确定视听作品作者范围相对比较容易，出于经济利益原则考虑，作者范围主要限于出资的人。

（一）作者权法国家视听作品作者的确定

1. 确定方式

从世界范围看，作者权法国家视听作品作者确定模式主要有三种：一种是有限列举式，明确列举有限的几类作者，严格限定作者的范围；一种是开放列举式，列举几类主要的作者，但又不排斥其他可以成为作者的主体；还有一种是消极式，对视听作品作者不做特殊规定，遵循一般的创作人原则来确定作者。

（1）有限列举式。

目前，实行有限列举式的国家主要有巴西、埃及、希腊、意大利和俄罗斯等国。这些国家主要确定了视听作品的合作作者。巴西《著作权法》第16条❶对视听作品进行有限列举。埃及《知识产权保护法》第177条规定，视听作品的合作作者如下："1.剧本作者，或者广播节目的智力创作者；2.为使作品适用于视听形式而对已有文学作品改编者；3.对白的作者；4.专门用于该等作品而谱曲的作曲者；5.为完成该等作品而在智力创作方面付出积极行动的导演。作品是对其他现有作品的简化或者演绎的，现有作品的作者应被视为新作品的合作作者。"❷

埃及《知识产权保护法》深受法国《知识产权法典》影响，两者所列举的几类合作作者主体完全一致，稍有不同的是，前者实行有限列举，后者实行

---

❶ 巴西《著作权法》第16条规定："视听作品的合作作者应为电影脚本、文学、音乐或者音乐戏剧剧本的作者以及导演。创作用于制作动画片的图画之人，也应被视为视听作品的合作作者。"

❷ 金海军.埃及知识产权保护法[M] //《十二国著作权法》翻译组.十二国著作权法，北京：清华大学出版社，2011: 44.

开放列举；前者将导演限定为"为完成该等作品而在智力创作方面付出积极行动的导演"，而后者对于导演没有限制。

与其他国家不同的是，意大利《著作权法》第44条❶将艺术导演看作合作作者。与艺术导演相对的概念是助理导演，依据意大利《著作权法》，助理导演不属于视听作品的合作作者。

《俄罗斯联邦民法典》第1263条规定，视听作品的作者包括导演、电影剧本作者和作曲者（即为视听作品创作的（带词或者不带词的）音乐作品的作者）。《俄罗斯联邦民法典》的这条规定有四点值得注意。第一，所列举的是视听作品作者的范围，不是视听作品合作作者的范围。第二，该法典特别将视听作品的作者与视听作品组成部分之作品作者进行严格区分，其中，视听作品组成部分之作品作者包括原有作品的作者（作为电影剧本基础的作品作者及其他作者）和在视听作品制作过程中所创作的作品作者（总摄影师、总美术师及其他作者等）。第三，将导演放在首位。第四，原著作者不属于视听作品作者的范畴。

总结采用有限列举式的视听作品作者确定立法发现，各个国家有限列举的视听作品的作者种类并不完全一致，其中差别较大的地方在于原著作者在一些国家并不属于视听作品作者的范围。有限列举式的优点比较明显，作者的范围一目了然。但是，有限列举式的缺点也同样比较显著，缺少弹性，对于视听作品这种比较复杂的综合性作品而言，参与创作的人很多，有限列举式显然无法将所有参与创作的作者涵盖其中。不过，值得注意的是，有的国家（比如意大利）虽然在立法上对视听作品的作者实行有限式列举法，但在实践中，著作权法中列举的名单并不是完全封闭的，在某些情况下，可能会包含其他人。比如在动画电影中，视听作者可能包括角色的设计者。❷ 西班牙《知识产权法》第87条尽管从法条上看列举了一个视听作品作者的清单，但是这只不过是一种推定，是指该法条列举的那些专业人士被推定为视听作品的作者。因此，任何

---

❶ 意大利《著作权法》第44条规定："原著作者、编剧者、作曲者和艺术导演被看作是电影作品的合作作者。"

❷ Vicenzo Sinisi, Cameron Mccracken, *Lagal Aspects of Cinematograph Film Production and Coproduction in ITALY*, U. Miami Y.B. Int'l Law, 1991, VoL. 1, p.68.

参与这类作品制作的专业人士并且意识到其贡献具有创作性质的人都可以主张获得视听作品合作作者身份的认可。❶

（2）开放列举式。

目前，实行开放列举式的国家主要有法国和日本等国。根据法国《知识产权法典》第L.113-7条❷规定，可以看出，该法典对视听作品作者的列举并不是封闭式的，而是开放式的。在法国，视听作品作者除了已列举的五类作者之外，如果有相反证明，也包括其他完成视听作品智力创作的作者。该法典最引人注目的一点在于将原作作者视为新作作者。

与法国不同，日本《著作权法》第16条❸首先将原著作者排除在视听作品作者的范围之外，对视听作品作者的列举是开放式的，并不以所列举的作者为限，遵循创作人原则，只要对电影作品整体制作作出了独创性贡献，就可以成为电影作品的作者，从该条文推断，制片人、摄影师等都可能成为电影作品的作者。"这些对电影著作的整体形成有创作贡献之人，学说上称为'现代的著作人'（modern author），是相对于'古典的著作人'（classical author）而言的，后者包括电影之原著著作人和电影中所使用素材之著作人。"❹显而易见，原著作者不是"现代的著作人"，因而，原著作者不属于电影作品作者的范畴。

此外，依据日本《著作权法》第16条的规定，如果电影作品属于职务作品，在一定条件下（该职务作品属于从事该法人等所属业务的人在职务上创作的、以该法人等自己的名义发表，且该作品创作时的合同、工作规章没有特殊

---

❶ Jose Antonio Suarez Lozano: The authors of audiovisual works in the Spanish legal system, *Entertainment Law Review*, 1997, 8(7), pp.247-249.

❷ 法国《知识产权法典》第L.113-7条首先概括指出，完成视听作品智力创作的一个或数个自然人为作者。进而又明确规定，如无相反证明，以下所列被推定为合作完成视听作品的作者：剧本作者；改编作者；对白作者；专门为视听作品创作的配词或未配词的乐曲作者；导演。此外，该法条还规定，视听作品源自仍受保护的已有作品或剧本的，原作作者视为新作作者。

❸ 日本《著作权法》第16条规定："电影著作，除去于电影著作中被翻案或被重制之小说、剧本、音乐或其他著作之著作人，以担任制作、导演、导播、摄影、美术等工作而对电影著作的整体形成有创作贡献之人为其著作人。但适用前条规定者，不在此限。"

❹ 三山裕三：《著作权法详说——判例解读16章》（雄松堂、2004年）第128页；加户守行《著作权法逐条讲义〔五订新版〕》（著作权情报中心、2006年）第149-150页；半田正夫、松田政行：《著作权法コンメンタール1》（劲草书房、2009年），第687页。转引自张懿云，陈锦全.视听著作权利保护之研究期末报告[R]. 2011: 95.

规定的情形），即使对电影作品整体制作作出了独创性贡献，也不可能成为电影作品的作者。因为依据日本《著作权法》第15条第1款的规定，这种情形下的职务作品的作者是法人，而不是实际从事创作的人。

如此看来，日本划定视听作品作者范围的顺序应是：首先，判断该视听作品是否属于日本《著作权法》第15条规定的职务作品的情形，如果属于视听作品，仍须明确创作人与该法人之间有无合同或者工作规章有无特别规定，只有在该视听作品不属于职务作品或者既无合同和工作规章特别规定的情况下，该职务创作人才有可能成为视听作品的作者；其次判断该创作人是否为"现代的著作人"，如果属于"现代的著作人"，则该创作人有可能成为视听作品的作者；再次，判断该创作人是否对电影作品整体制作作出了独创性贡献，是确定该创作人为视听作品作者的关键性判断标准，也是极具包容性的判断标准，所有对电影作品整体制作作出独创性贡献的创作人，都可以成为视听作品的作者。

与有限列举式相比，开放列举式具有明显的优势，既可以充分贯彻创作人原则，也可以克服有限列举引发的立法不周延弊端。

（3）消极式。

作者权法国家普遍实行创作人原则，尽管视听作品与其他作品相比比较特殊，但是，有些大陆法系国家并没有特别列明视听作品的作者，而是将其与其他作品作者同等对待，遵循"作者是指创作作品的人"的一般规定。目前，实行消极式的国家和地区主要有德国、丹麦、荷兰、韩国和我国台湾地区等。上文提及，德国实行严格的创作人原则，在德国，只有创作作品的人，才能成为作者。即使对于视听作品这种比较复杂的作品，德国也不例外。不过，毕竟视听作品涉及的权利太多、太复杂，德国《著作权法》还是对电影作品权利的分配作出了特殊规定。通过上述规定，可以推断，下列几类主体不属于德国视听作品作者的范围：第一，为制作电影而被利用的作品的作者，如小说、剧本、电影音乐的作者。❶ 因为，由于独创性方面的联系以及对多个作品进行更改的特征使得人们或者认为所使用的作品拍摄成电影的行为构成演绎行为，或

---

❶ 参见德国《著作权法》第88条第1款、第89条第3款。

者在音乐作品被电影作品使用的情况下，构成作品结合行为。因此，通说认为，不能把此类作品的作者归于电影作品作者的范畴。在法学文献中，人们把这类作品的作者称为原材料作品作者，❶ 而不是电影作品的作者。但是也有学者（比如赫恩宁·博得维希）持不同见解，提出了"摄制电影所使用的作品之双重归属理论"，认为这些原材料作品作者也应当被赋予电影作品合作作者的身份。❷ 第二，虽然参加电影作品制作，但所付出的劳动投入不属于创作行为的那些参与者。比如表演艺术家和那些所拍摄的影片仅被看作属于普通照片的摄影师，也包括仅从技术上协助拍摄电影的各种助理人员。上述两类主体中，第一类主体属于作者，但是通说认为不是视听作品的作者，不过这种说法仍存有争议，毕竟法律没有作出明确规定予以排除；第二类主体由于没有付出创作性劳动，所以不能成为作者，更不能成为视听作品的作者。

韩国与德国的做法比较相似，韩国《著作权法》没有对视听作品的作者作特殊规定，仅对涉及视听作品的权利问题进行专门规定。根据韩国《著作权法》第2条以及第100条的规定，合作创作电影作品的人是电影作品的作者。韩国要求合作作品须由两人以上共同创作，且各自创作部分不能分离使用。按照这一规定，用于制作电影作品的小说、戏剧、艺术作品或音乐作品的作者显然不属于电影作品合作作者。此外，大陆法系国家中的作者毕竟直接决定着著作权的归属，为了明确权利的归属，有必要确定作者的身份。既然法律没有列明作者的范围，就需要法官在个案中进行自由裁量。德国《著作权法》即采取这种个案方法来确定视听作品的作者。除了这种方法之外，德国《著作权法》还辅之以排除法对视听作品的作者进行界定。丹麦、荷兰和韩国等国都属于这种情形。这些国家都没有对视听作品作者作特殊规定，仅规定作者是指创作作品的人，至于谁是视听作品的作者，只能交由法官自由裁量。

我国台湾地区也没有对视听作品作者作出特殊规定，但是允许雇佣作品和出资创作作品约定著作人身份。对于没有约定著作人身份的视听作品也只能按照"著作人指创作著作之人"的规定由法官自由裁量谁是视听作品的作者。

---

❶ [德]M·雷炳德. 著作权法[M]. 张恩民, 译. 北京: 法律出版社, 2005: 177.
❷ [德]M·雷炳德. 著作权法[M]. 张恩民, 译. 北京: 法律出版社, 2005: 155.

与有限列举式和开放列举式相比，消极式具有极强的包容性，可以将所有从事视听作品创作的人涵盖其中，但是明显缺少立法预期性，容易产生一些不确定因素。

2. 作者范围

通过比较上文提到的三种不同的方式确定的视听作品作者，不难发现，视听作品作者大致可以分为两类：一类是在各国立法上基本没有争议的作者；一类是在各国立法上仍存有争议的作者。

（1）基本没有争议的作者。

在目前的作者权法国家中，导演是众多参与视听作品创作的人员中唯一基本没有争议的作者。各国著作权法普遍将导演规定为视听作品的作者。即便受英国版权法影响较大的卢森堡也规定总导演是视听作品的作者。不过，导演作为基本无争议的视听作品作者的身份并非自始如此。

19世纪末，随着电影的出现，电影导演开始进入世人视线。由于早期电影时期电影制作比较简单，电影分工制度尚未开始，导演往往身兼编剧、布景甚至演员于一身，与编剧和演员身份相比，导演对于一部电影的成功影响不大，当时导演的名字很少被人提及，加之当时人们对于电影作为一种艺术门类尚存有争议，人们倾向于将电影视为机器的产品，在这种情况下，导演与其说是从事艺术创作的作者，不如说是制造产品的工匠。尽管当时出现了一些赫赫有名的电影导演，比如法国导演乔治·梅里爱等，但是此时的电影具有明显的"戏剧电影化"特点，乔治·梅里爱在其全盛时代所拍摄的电影《浮士德》《塞维尔的理发师》《浮士德在地狱》《李普》等无不取材于对应的歌剧或者戏剧，甚至连人物出场顺序、场景、服装以及人物举手投足都与其如出一辙。戏剧电影化的一个主要原因是保证影片的销路，为了确保获利，稳妥起见，一些电影制片公司宁愿选择一些已经在剧院上演的最出名的戏剧，甚至抄袭或模仿其他电影公司已获成功的电影，也不愿意冒险进行独创性的创作。戏剧电影化和缺少分工制度使得早期电影时期的导演很难获得作者的身份。

20世纪20年代，电影作为一种艺术日趋成熟，在借鉴传统艺术形式表现手法的基础上，形成了一整套独有的艺术特点，导演开始通过电影表达自己的思想、思维和情感，导演作为作者的身份初步显现。20世纪三四十年代，电影发展步入一个全新的阶段，先是声音进入电影，后来出现有色电影，借助电影独特的蒙太奇创作手段，导演通过电影反映现实生活的能力得到空前提高，电影作为一种独立的艺术的地位从此真正确立，导演原创作者的身份地位逐渐得到法律确认。

1941年意大利《著作权法》第44条即规定艺术导演是电影作品的作者，1936年澳大利亚《版权法案》第38条也规定，作为电影的作者，导演可以享有电影作品的精神权利。尽管在这个时期，有的国家仍然没有将导演视为作者，❶ 但是随着电影工业的蓬勃发展，导演在电影制作中的作用越来越重要，在众多电影创作者中的地位得到迅速提高，仅次于剧作者。❷

第二次世界大战之后，导演在电影制作中更多加入自己的创作技巧和创作原则，欧洲电影呈现出独特的美学特征和拍摄风格。1945~1956年意大利持续11年的新现实主义电影运动主张反对好莱坞的明星制、尽量使用非职业演员的创作方法以及其所倡导的"把摄影机扛到大街上"的纪实性拍摄风格忽视甚至排斥编剧以及表演的作用，极大弱化了编剧和演员对整部电影的主导作用，一定程度上突出和强化了导演的中心作用，成就了诸如德·西卡、维斯康蒂、朱塞佩·德·桑蒂斯等一批著名的导演，导演的作者地位进一步得到巩固。

真正把导演的作者地位推向极致的是法国20世纪50年代末60年代初兴起的"新浪潮"电影运动。"新浪潮"电影的兴起源于巴赞❸ 于1955年创办的杂志《电影手册》。当时，一大批年轻有力的影评人在巴赞的号召和影响下，猛烈抨击法国传统商业电影的平庸和虚假，提倡在电影创作中展现导演的个人风格，提出"电影作者论"，主张导演就是电影的作者，应该在电影中表现作者的心灵，表现作者的个性；❹ 反对好莱坞的电影样式和制片方式，尤其反对好莱坞那种野蛮而霸道的制片人中心制，他们认为，电影重要的是表达，而不是

---

❶ 比如，第二次世界大战之前法国《著作权法》倾向于认为电影制片者（自然人或者法人）是电影作品唯一的作者，1939年法国巴黎上诉法院认为制片者是电影的唯一作者，这个作者可以是法人。

❷ See Pascal Kamina, *Film Copyright in the European Union*, 1sted, Cambridge University Press, 2001, p.155.

❸ 巴赞被称为法国新浪潮电影和左岸派电影以及欧洲现代电影创作的"精神之父"。

❹ 张专.西方电影艺术史略[M].北京：中国广播电视出版社，1999: 191.

制作，电影是表现自我的手段，不是赢利的工具。他们尖锐地批评，那些所谓的"优质电影"❶的导演，不是一个电影作者，只是一个文字图解者，真正的电影创作者应该是导演本人，导演应该是电影的作者，就像作家和小说、画家和绘画作品一样，电影应该是一个人的作品，这个人就是导演。❷法国著名导演戈达尔也曾表达类似的观点，直言："拍电影就是写作。"才华横溢的法国电影制作者和评论家弗朗索瓦·特吕福也坚持认为，导演是这种现代视听语言的新型"作者"，是真正创造影片的人，因此应该给予他主要荣誉。❸

新浪潮电影运动的实践者是一群血气方刚、初露锋芒的年轻人，对于他们而言，传统的严谨的电影制片方法似乎与其格格不入，甚至是其抨击的对象。当他们好不容易作为导演获得一次宝贵的拍片机会，自己掌控摄影机时，他们有意识地选择使用和所谓"优质电影"截然相反的制片方式，强化导演的主导作用，拒绝使用耀眼的明星，选择使用非职业演员，尽量进行实景拍摄，没有庞大的摄制组和拖沓的拍摄进度，淋漓尽致地展现导演的个人风格，使每一部电影都带有导演鲜明的个人印记。以弗朗索瓦·特吕福的影片为例，他的每部影片正如他在"作者电影"理论中所倡导的那样，每一部都渗透了导演的个人感受，每一部都贯穿了导演自身对世界、人生、社会和道德的见解。❹

如果说在20世纪60年代以前，欧洲影片需要冠以某编剧、明星或者制片人的名字以吸引观众注意的话，那么，20世纪60年代以后，欧洲电影导演的名字则成为影片吸引观众的金字招牌。在有些国家，导演终于取代编剧，占据了电影作品作者"盟主"的位置，成为电影制作中超越一切的决定性因素。从此，各国立法纷纷承认了导演在电影作品中不可动摇的作者地位。

德国于1965年颁布的《著作权法案》虽然没有采取详细列举的方式表明导演就是电影作品的作者，但是，德国联邦法院民事判例显示，无论如何，属于电影作品作者的肯定有导演。因为，导演把剧本中仅仅以文字形式作描述的

---

❶ 20世纪50年代法国生产了一种被称为"优质电影"的影片，它的优质，主要得益于法国优秀的文学传统，通常这些影片都取材于一流的文学名著，加以精湛的电影技术和古典优雅的创作风格，代表了电影的法国电影传统。

❷ 张专.西方电影艺术史略[M].北京：中国广播电视出版社，1999: 184–185.

❸ [美]丹尼尔·J.布尔斯廷.电影的产生与奥秘[J].汤永宽，等，译.书摘，1997（12）: 45.

❹ 张专.西方电影艺术史略[M].北京：中国广播电视出版社，1999: 192.

各个剧情转化为图像并且为电影作品的内容赋予了艺术的表象力。❶

1985年葡萄牙《著作权法和相关权利法》列举的电影作品合作作者中，导演被排在首要位置。在1992年欧盟版权统一立法中，租赁权指令要求各成员国国内法必须承认导演的电影作者地位。为了执行这一指令，欧盟各国相继修改国内法，肯定了导演的作者地位。即使受英国法影响较大的卢森堡也规定，总导演可以成为视听作品的作者。而把导演的作者地位推向顶峰的当属希腊。希腊《著作权法》规定，视听作品的作者是导演。❷ 这表明，在希腊，只有导演是视听作品的作者，其他人即使对电影作品制作作出了创作性贡献，也无法成为视听作品的作者，导演不仅成了没有争议的作者，而且是电影作品唯一的作者。法国曾有学者也认为导演是视听作品的唯一作者。❸ 2006年，捷克《著作权法》进行修订，该法仍然规定，视听作品的导演是该作品的导演。❹

目前，在作者权法国家，对于作者，无论是采用列举式，还是采用概括式；无论是采用有限列举式，还是开放列举式，导演都属于基本没有争议的作者。即使像希腊那样认为视听作品的作者只有一个，那么这个作者也是导演。现在，人们已经一致认为，电影是导演的艺术，❺ 导演是电影创作中的核心要素和关键人物，对演员的演出、布景、打光、画面构图、剪辑与配音的整个过程作出主要决定，掌控着电影创作的各个环节和要素，往往决定了电影拍摄手法和影片风格。在强调作品体现作者个性的作者权法国家中，导演主创论下的欧洲电影毫无疑问充分体现了导演个人的风格和特点，与其他作者相比，导演即便不是视听作品唯一的作者，也应该是视听作品中较为重要、甚至最为重要的作者。在法国，"终剪"权属于导演，从影片开始拍摄起，他就对影片拥有控制权。❻ 导演的重要地位由此可见一斑。

值得注意的是，目前，作者权法国家虽然对导演作为视听作品的作者没

---

❶ [德]雷炳德. 著作权法[M]. 张恩民, 译. 北京: 法律出版社, 2005: 200.
❷ 希腊《著作权法》第9条.
❸ [比利时]扬·科贝尔. 伯尔尼公约和国内法关于视听作品著作权归属的规定[G] // 国家版权局. 著作权的管理和行使论文集. 上海: 上海译文出版社, 1995: 314.
❹ 见2006年捷克《著作权法》第63条.
❺ 张专. 西方电影艺术史略[M]. 北京: 中国广播电视出版社, 1999: 188.
❻ [法]洛朗·克勒通. 电影经济学[M]. 刘云舟, 译. 北京: 中国电影出版社, 2008: 87.

有争议，但是对导演成为视听作品作者的要求仍然存有差异。如埃及《知识产权保护法》规定，只有为完成该等作品而在智力创作方面付出积极行动的导演，❶才能成为视听作品的作者。意大利《著作权法》也规定，只有艺术导演可以成为视听作品作者。有的国家，比如卢森堡则规定，只有总导演才是视听作品的作者，助理导演则不能成为视听作品的作者。

（2）仍存有争议的作者。

①编剧。编剧是电影制作专业分工的产物。在卢米埃尔和梅里爱时代，真正的电影编剧尚未出现。后来，随着电影技术和电影艺术的发展和提高，电影制作越来越复杂，摄影师、导演的任务已相当繁重，他们难以包揽和兼任许多职务，需要进行专业分工，编剧随之诞生。早在百代电影工业时期，编剧已经单独分离出来。❷之后，随着有声电影的出现，电影剧本自动跃居首要的地位❸，编剧也随之在电影作品作者中起绝对主导作用。这一点在各国立法中得到体现。1941年的意大利《著作权法》规定编剧者是电影作品的合作作者之一，其地位仅次于原著作者，排在作曲者和艺术导演之前。1957年法国《著作权法》列举了电影作品作者，其中，剧本作者被排在首要位置。这在很大程度上是因为20世纪50年代法国生产的"优质电影"的核心要素是文学名著，导演作用次之，之后，法国的新浪潮电影运动对编剧的作者地位造成很大冲击，也许在电影制作中，编剧的绝对主导地位已被导演所取代，但是在有些国家的立法中，编剧的首要作者身份依然如旧。像法国和意大利这些早先肯定编剧重要作者地位的国家虽然其法律经过多次修订，编剧的作者地位依然跟最初制定的版本一样，没有发生变化。1969年匈牙利《著作权法》规定，专门为电影创作的文学作品的作者、电影导演以及其他所有为电影制作作出了创作性贡献的人应该被视为电影作品的作者。❹明显可以看出，在匈牙利，专门为电影创作文学作品的作者，即编剧，被排在众多电影作品作者之首。

---

❶ 金海军.埃及知识产权保护法[M]//《十二国著作权法》翻译组.十二国著作权法，北京：清华大学出版社，2011：44.
❷ 崔金泰，等.电影史[M].沈阳：辽宁少年儿童出版社，2002：102-103.
❸ [匈牙利]贝拉·拉巴兹.电影美学[M].何力，译.北京：中国电影出版社，1979：264.
❹ 见1969年匈牙利《著作权法》第41条第1款。

在有些国家，编剧的作者地位即使不如导演，但是其视听作品作者的地位是受到立法肯定的。1987年西班牙《知识产权法》规定，脚本与对白的改编和情节的作者是视听作品的作者，这一类作者就是编剧。❶ 1985年葡萄牙《著作权和相关权利法》规定，剧本作者与音乐作品作者一样被认为是电影作品的合作作者，即使电影中使用的其他作品并非为电影而改编创作，改编和剧本的作者仍然被视为电影作品的合作作者。❷ 即使那些没有明确列举视听作品作者的国家，比如丹麦、芬兰和瑞典等作者权法国也都无一例外地认为编剧是视听作品的作者。❸

不过，有的国家对编剧能否作为视听作品的作者却存有较大争议。在德国，对于专门为某个特定的电影而创作电影剧本的编剧，有一种观点提出双重归属理论，认为为制作电影而创作的作品，比如电影剧本、脚本、梗概等与电影音乐一样都是电影作品的一部分，因此，它们的创作者是电影作品的合作作者。❹ 而占主流的观点则认为，在德国的法学文献中，人们把专门为某个特定的电影而创作作品的这类作者称为原材料作品作者，不能把这类作品的作者归入视听作品作者的范畴。为了制作电影而对电影剧本的使用行为在法律上称为电影摄制。电影摄制既是对被使用作品的复制，也是对这些作品的演绎。无论对所使用的作品未加任何改动，还是仅仅作了些轻微改动，都属于演绎的一种，因为，电影摄制行为本身实质上就把所使用的作品从原有的作品类型转化为另一种作品类型，在转化中所需要的与其他类型作品的结合，必须由某种创作性劳动来完成。因此被使用作品之作者权利也存在于电影作品之上。正因为如此，人们实际上并不需要所谓的"摄制电影所使用的作品之双重归属理论"。❺ 德国《著作权法》也倾向于将编剧排除在电影著作者之外。❻

---

❶ 见1987年西班牙《知识产权法》第87条。
❷ 见1985年葡萄牙《著作权和相关权利法》第22条。
❸ Eva Inés Obergfell, No need for harmonising film copyright in Europe?, *European Intellectual Property Law*, Issue 4-2003, p.203.
❹ Eva Inés Obergfell, *No need for harmonising film copyright in Europe?*, European Intellectual Property Law, Issue 4-2003, p.203.
❺ [德]M·雷炳德.著作权法[M].张恩民,译.北京：法律出版社,2005: 154-155.
❻ 德国《著作权法》第89条第3款和第93条第1款的规定表明，编剧属于为制作电影而被利用的著作的作者，而非电影著作的作者。

第二章 视听作品的作者：制片者抑或创作者

与德国类似，日本《著作权法》列举的电影作品的作者也不包括编剧。德国《著作权法》并没有把电影作品的作者群体进行明确列举，所以只能通过其法律规定推定编剧不属于电影作品作者，而日本《著作权法》对于电影作品作者采用开放式列举，明确规定像编剧之类的作者并不属于对电影作品整体制作作出了独创性贡献的人，因此，编剧不是电影作品的作者。1962年，日本为了修正《著作权法》，专门成立著作权制度审议会。对于电影作品的性质，最初审议会内部存在两种观点，一种观点认为电影系共同著作物，就电影而言，并非单一创作所得完成，因此，参与电影制作之人、音乐著作人、导演及制片人四者为电影著作人。而以电影为该等人之共同著作物。❶ 按照这种观点，编剧属于参与电影制作之人，应是电影著作人。另一种观点认为电影系制片人单独之著作物，在电影制作过程中，虽然需要各种各样人艺术的及技术的参与，但系以制片人一贯著作活动而成立之单一著作。❷ 依据此种观点，制片人才是电影作品唯一的作者，编剧显然不是电影作品的作者。之后，审议会再度审议，多数委员肯定电影共同著作物说，但是做了重大修正，其中之一就是将剧本著作人（编剧）及电影音乐著作人排除于电影之共同著作人之外，理由是剧本及音乐于各该电影之外，为独立之著作物，其著作人既就此独立著作物享有著作权，如再以之为电影之著作人，而对电影享有著作权，则此种重复将滋生困扰。❸ 1970年日本《著作权法》采纳了这一审议结果，明确将编剧从电影作者中排除出去。该法自1970年颁布、1971年实施以来至今，虽然经过数次修改，但是关于电影作者问题只字未改，编剧始终未能成为电影作品的作者。

日本和德国将编剧排除在电影作品作者之外的共同理由是电影作品是在剧本的基础上拍摄而成，电影作品与编剧创作的剧本之间是改编（改作）关系，即剧本为原作，而电影作品为原作的二次作品，把作品拍摄成电影的行为使得原材料作品作者的某些权利也存在于电影作品之上，因为电影作品也包含了他们的作品，❹ 编剧既然已就剧本享有著作权，如果再就电影作品享有著作

---

❶ 甘龙强.电影著作权[M].北京：中国电影出版社，1991：25.
❷ 甘龙强.电影著作权[M].北京：中国电影出版社，1991：25-26.
❸ 甘龙强.电影著作权[M].北京：中国电影出版社，1991：26.
❹ [德]M·雷炳德.著作权法[M].张恩民，译.北京：法律出版社，2005：199.

权,将会导致其重复享有著作权,故编剧不是电影作品的作者。除了这一理由之外,德国和日本关于合作作品的概念也是使编剧不能成为电影作品作者的原因之一。电影为综合艺术,参与创作的群体众多,属于合作作品。合作作品一般分为"可以分割使用的合作作品"和"不可分割使用的合作作品"。而在德国和日本,合作作品仅指"不可分割使用的合作作品",只有参与电影创作的人的创作不能被分割使用,那么这些人才可以成为电影作品的合作作者。相较电影作品而言,剧本显然不属于"不可分割使用的合作作品",因此,编剧无法成为电影作品的作者。

当然,并非所有的国家都如德国和日本那样将合作作品仅限定为"不可分割使用的合作作品"。依据现代的荷兰著作权法的规定,合作作品可以分割使用,因此,在多数情况下,编剧和音乐作曲家应该像电影导演那样被当作合作作者。❶

②制片人。作者权法国家普遍采用著作权概念,其著作权法对于作者身份的认定,一般使用诸如"作者意味着创作文学、艺术以及科学作品的自然人"或者"作品的作者是创作作品的人"或者类似"作者是作品的创作者"之类的表述,都遵循着创作者原则。相反,如果自然人或者法人没有参加创作,则不能成为作品的作者。在众多作品中,视听作品属于比较特殊的作品,参与创作人员众多、对技术以及金融资源依赖较大,但是对于视听作品作者身份的认定,绝大多数作者权法国家并无特别规定,与其他作品一样遵循创作者原则,即视听作品作者只能基于创作视听作品这一事实而产生。没有参加视听作品创作的人,无法成为视听作品的作者。在视听作品的制作中,一般而言,制片人是发起制作电影作品并承担责任的人。其职能是集合并运用影片或者视听节目所必须的艺术、技术、人力和金融的资源,并保证摄制的顺利完成,制定一些计划,承担经济活动及创新的困难和风险,并为解决困难和控制风险作出一系列的必要决定。❷ 显然,这些经营管理工作并非著作权法意义上的创作行为,仅是为创作行为提供资源保障而已,据此,制片人难以成为视听作品的作者。

---

❶ See Pascal Kamina, *Film Copyright in the European Union*, 1sted, Cambridge University Press, 2001, p.158.

❷ [法]洛朗·克勒通.电影经济学[M].刘云舟,译.北京:中国电影出版社,2008:85.

第二章 视听作品的作者：制片者抑或创作者

但是，从历史上看，制片人曾经以视听作品作者的身份出现在作者权法国家的判例法中。法国是作者权法国家的代表国家之一，在第二次世界大战之前，法国著作权概念倾向于认为电影制片者（自然人或者法人）是电影作品的唯一作者。这一观念尽管引起了多数法律评论员的反对，但是在20世纪30年代却得到了一些支持，其中一点就是得到了判例法的认可：一些判例考虑到电影制片者与导演和其他创作者之间订有雇佣合同而将作者身份赋予了电影制片者。❶ 1957年，法国制定《文学和艺术产权法》，电影作品被认为是合作作品，且法律规定只有完成电影作品智力创作的自然人才享有该作品的作者资格，这实际上是以法律的形式排除了没有参加视听作品创作的"制片人"的作者资格。当然，对于实际参与电影作品创作的制片人，1957年法国《文学和艺术产权法》也给予认可。该法第17条第2款规定，如果参与电影作品智力创作，制片人可为电影作品的作者或者共同作者。与法国相似，1965年德国《著作权法》、1985年荷兰《著作权法》、丹麦和芬兰在现行《著作权法》颁布之前，都曾认为制片人是电影作品的作者。其理由十分相似：电影作品是由制片人组织发起，在其领导、监督下完成，参与创作的各个作者的个人创作已融为一体，不可能就已完成的整体作品赋予他们中任何一人以单独的权利，电影作品属于集体作品，因此，制片人应该成为电影作品的作者。

时过境迁，从20世纪五六十年代开始，作者权法国家纷纷修订和颁布著作权法，绝大多数的国家摒弃将电影作品看作集体作品的做法，越来越严格执行创作人原则，制片人普遍被不再有视听作品的作者资格。原有的多元化作者制度逐渐被相对单一的创作者制度所取代。比如保加利亚和巴西，历史上曾将制片人列入视听作品作者的范围，但是，后来在修订著作权法时，均实行严格的创作者制度，规定作者只能是创作文学、艺术或者科学作品的自然人，其他没有参与创作的自然人或法人在法律有特别规定的情况下可以享有作者获得保护或者成为著作权人，但是不是作者，故没有从事视听作品创作的制片人不能成为视听作品的作者。

在创作者制度下，并不意味着制片人没有成为作者的可能。有的国家的

---

❶ See Pascal Kamina, *Film Copyright in the European Union*, 1sted, Cambridge University Press, 2001, p.153.

著作权法明文规定，制片人是视听作品的作者。例如，西班牙《知识产权法》第87条将视听作品视为合作作品。在参与创作的情况下，规定导演、制片人可以是合作作者。西班牙有学者也认为，任何参与这类作品（视听作品）制作并且知道其贡献属于创作性质的都能主张成为作品的合作作者。制片人是否包括在所列作者名单中，回答是肯定的，但是有资格问题。因为该法第5条第1款规定作者必须是自然人，这就将通常作为法人的制片人排除在外。然而，事实证明所有欧洲视听作品的制作背后，不仅有公司，还有几乎匿名的制片人，这个自然人通常是真正负责作品的制作的人，同时要承担个人风险，经常出现的不仅有财政问题的风险。可以说没有这些人，视听作品永远不会被搬上银幕。这就是制片人可以主张作者资格的理由。❶在西班牙，制片人可以成为视听作品的作者，前提是他必须是参与视听作品创作的自然人，否则不能成为视听作品的作者。日本也有类似的规定，日本《著作权法》第16条规定，负责制作工作，对电影作品整体制作作出了独创性贡献的人是电影作品的作者。这里主要指参与电影作品整体创作的自然人制片人而言的。

  还有的国家一方面明确规定作者是指创作作品的自然人，另一方面却作特殊规定，法人在一定条件下可以是视听作品的作者。例如，日本《著作权法》第16条肯定了自然人制片人成为电影作品作者的可能性。对于法人为制片人的情形，该法条特别指出，如果适用日本《著作权法》第15条的规定时，列举的作者范围可以不受此限。依据日本《著作权法》第15条的规定，按照法人的提议，从事该法人所属业务的人在职务上创作的、以该法人自己的名义发表的作品，只要该作品创作时的合同、工作规章没有特别规定，则该法人为该作品的作者。这种作品在日本属于职务作品，在电影作品是职务作品的情况下，电影制片人就有可能成为电影作品的作者。与日本类似，韩国《著作权法》第9条规定，受雇人在行使职务过程中以法人名义所发表的作品，除非当事人另有约定，以法人为作者。因此，假如电影作品为受雇人在雇佣关系期间创作完成，且以雇佣人名义所发表，那么该雇佣人应为电影作品的作者。现实中，该

---

❶ Jose Antonio Suarez Lozano, The authors of audiovisual works in the Spanish legal system, *Entertainment Law Review*, 1997, 8(7), p.249.

雇佣人即指制片者，这意味着制片人也可以基于此而成为电影作品的作者。

由上观之，在作者权法国家普遍采取创作者制度的情况下，个别国家的制片人如果想成为视听作品的作者主要基于两种可能：一是参与视听作品创作；二是认为视听作品属于职务作品或者雇佣作品。

除了上述两种可能之外，在作者权法国家中，还有一个国家的制片人不需要附加任何条件，就可以成为视听作品的作者，这个国家就是卢森堡。卢森堡是作者权法国家中的特例。1972年，卢森堡制定版权法时，并没有像其他作者权法国家那样列举视听作品的作者，也没有对视听作品的作者作出界定，仅仅指出电影作品的著作权源于制作者、自然人或者是法人，在通常情况下，如无相反证据，出现在电影作品中，应推定为电影作品的制作者。这种将著作权直接归属于制作者的模式在作者权法国家中别具一格。2001年，卢森堡修订版权法，与1972年版权法明显不同，这次修法明确规定，制片人和总导演是视听作品的作者。

总的说来，在作者权法国家中，认为制片人是视听作品作者的国家毕竟只是少数，且要么要求制片人必须参与创作，要么受版权法国家影响将视听作品当作雇佣作品，像卢森堡那样没有附加任何条件，即认为制片人是视听作品作者的国家极少，而且这也是因为其在历史上直接受到版权法国家之一的英国法影响的结果。多数国家则遵循创作者原则，将没有参与创作的制片人排除在视听作品作者之外。还有的国家甚至忽略制片人的创作劳动，采用有限列举法，将视听作品作者的范围限定为有限的几类作者，这相当于直接否定了制片人作为视听作品作者的身份。

③音乐作品作者。毋庸多言，在一部视听作品中，恰当的插曲和配乐能够较好地配合情节发展、调动场景情绪和发挥烘托气氛的作用，是视听作品中至关重要的一部分。

一般而言，视听作品中使用的音乐作品的作者可以分为两类，一类是专门为制作视听作品而创作的音乐作品的作者；另一类属于在视听作品制作之前已存在的音乐作品的作者。对于这两类音乐作者能否作为视听作品的作者，各个作者权法国家的立法规定也不尽一致。主要有以下三种模式。

第一，消极否定式。这种做法表现为既没有明确肯定音乐作者视听作品作者的身份，也没有明文否定这一身份，但是通过法律及实务做法可以推断音乐作品作者并非视听作品作者。采取这种做法的国家主要有德国、韩国、丹麦、瑞典和芬兰等。德国《著作权法》对视听作品的作者并没有作出特殊规定，但是根据德国《著作权法》第89条第1款以及第3款的规定，可以推断出为制作视听作品而使用的音乐作品的作者并不属于视听作品作者，这里既包括专门为制作视听作品而创作的音乐作品作者，也包括在视听作品制作之前已经存在的音乐作品的作者。其理由是在音乐作品被电影作品使用的情况下，属于作品结合行为。❶ 德国实务界和理论界多数排斥双重归属理论，认为对这类作品的作者法律已经赋予演绎权，没有必要进行重复保护。与德国稍有差异，丹麦、瑞典和芬兰等国并没有单独设置一个章节专门规定视听作品问题。与德国相似的是，他们也没有在其著作权法条款中具体确定谁是视听作品的作者，更没有提供一个某些个体被推定为视听作品作者的名单，而是将视听作品作者资格与其他作品的作者资格同等对待。如果将视听作品看作合作作品，那么依据这几个国家的著作权法的规定，合作作品的作者并不包括那些个人创作可以构成独立作品的人，这实际上将音乐作品作者排除在视听作品合作作者之外。

采用消极否定式的国家普遍将合作作品限定为不可分割使用的合作作品。尽管如此，仍有学者依据双重归属理论提出音乐作品的作者其他摄制电影所使用的作品一样也应当被赋予电影作品合作作者的身份。❷

第二，明文否定式。采取这种立法模式的国家通过法律明确排除了音乐作品作者的视听作品作者资格。日本《著作权法》第16条采用开放列举式推定了几类电影作品作者，同时明确规定电影作品中被改编或者复制的音乐作品作者不属于电影作品作者范围之内，不分专门为视听作品创作的音乐作品作者和已经存在的音乐作品作者，均不享有电影作品作者的资格。日本的古典著作人分为原著之著作人和素材之著作人，其中音乐作品作者属于电影制作中使用的素材著作人之一。将素材之权利人自电影著作之著作人中排除，是因为这些素材权利人并未参与电影著作之创作行为之故。❸ 日本《著作权法》规定只有对

---

❶ 参见[德]M·雷炳德. 著作权法[M]. 张恩民, 译. 北京：法律出版社, 2005: 198.
❷ 参见[德]M·雷炳德. 著作权法[M]. 张恩民, 译. 北京：法律出版社, 2005: 155.
❸ 张懿云, 陈锦全. 视听著作权利保护之研究期末报告[R]. 2011: 108.

第二章　视听作品的作者：制片者抑或创作者

电影作品整体制作作出了独创性贡献的人，才能被认为是电影作品的作者，而电影作品中使用的音乐作品作者被认为没有参与电影作品整体制作，即使为制作电影而创作的音乐作品的作者，作为用于电影的作品的作者也只能享有电影化权，也不能成为电影作品的共同作者。❶

第三，特指肯定式。采取这种立法模式的国家普遍认为只有专门为制作视听作品而创作的音乐作品的作者才属于视听作品作者，而在视听作品制作之前已存在的音乐作品的作者则不在视听作品作者之列。这些国家主要有法国、西班牙、葡萄牙、比利时、巴西等。西班牙《知识产权法》（2011修订版）第87条和葡萄牙《著作权法和相关权利法》第22条通过穷尽列举的方式列举的作者名单中包括音乐作品作者，但特别指出，音乐作品，不论是否带词，特指为视听作品创作的音乐作品的作者是视听作品的作者。法国《知识产权法典》第L. 113-7（2）条和比利时《著作权法》第14条第（2）项采用开放列举式推定视听作品作者中包括音乐作品作者，但是特指专门为视听作品创作的带词或者不带词的作曲者。巴西《著作权法》第177条也有类似的规定。

采用特指肯定式的国家对于合作作品的界定一般都比较宽泛，认为合作作品既包括可分割使用的合作作品，也包括不可分割使用的合作作品。

除了上述三种模式之外，有的国家虽然肯定了音乐作品作者属于视听作品作者，但是并没有像特指肯定式国家那样特别指出音乐作品作者仅限于为专门为制作视听作品而创作的音乐作品作者。那么，在视听作品制作之前已存在的音乐作品的作者是否可以因为其作品被制作视听作品使用而成为视听作品的作者？比如，意大利《著作权法》第44条列举的视听作品作者中包括作曲者，且没有特指专门为制作视听作品而创作的音乐作品作者，加之，意大利《著作权法》也没有将合作作品限定为不可分割使用的合作作品，是否可以据此认为不能排除在视听作品制作之前已存在的音乐作品的作者有成为视听作品作者的可能性？答案是否定的，因为合作作品最基本的要求是既要"合"，又须"作"，"合"而不"作"，或者"作"而不"合"，都不能构成合作作品。

---

❶ [日]半田正文，纹谷畅男. 著作权法50讲[M]. 魏启学，译. 北京：法律出版社，1990: 92.

在视听作品制作之前已存在的音乐作品作者与参与视听作品制作的作者之间缺少应有的"合"之前提，因此，无法成为视听作品的合作作者。与意大利做法类似的国家还有菲律宾。菲律宾《知识产权法》第178条第5款规定音乐作品创作者（没有特指专门为制作视听作品而创作的音乐作品作者）可凭借作者身份享有视听作品的著作权，同时也采用比较宽泛的合作作品的概念，依据同样的合作作品理论，可认为菲律宾的在视听作品制作之前已存在的音乐作品作者也不能享有视听作品的作者资格。据此，可以得出，即使法律在列举视听作品作者范围时没有特别将音乐作品作者限定为专门为制作视听作品而创作的音乐作品作者，也不能就此认为视听作品作者可以包括在制作视听作品前已存在的音乐作品作者，毕竟作为合作作品应该以"合"为前提。

④其他参与视听作品创作人员。与其他类型作品相比，视听作品有一个突出的特点就是参与作品创作人员众多。在视听作品创作中，除了上述几类人员参与创作之外，还有其他众多的参与创作人员，比如摄影师、剪辑师、录音师、美术师、服装道具管理、音响师、动画设计师、灯光师、照明师、场务、布景、造型师、化妆师、特技效果人员、数码合成师等。上述人员中，有些人员的工作艺术性较强，比如美术师、动画设计师、特技效果人员和布景等；有些人员的工作则技术性更强一些，比如摄影师、剪辑师、灯光师、音响师、照明师、造型师、化妆师、场务等。电影是一种日益技术化的、工业化的艺术。无论参与视听作品创作的工作呈现艺术性还是技术性，在作者权法国家，作出了独创性贡献是成为视听作品作者的前提要件。一些艺术性劳动或者技术性劳动如果具有独创性贡献，就会被认为是智力创作劳动，而享受著作权保护，反之，则被排除在著作权保护范畴之外。但是从各国立法、司法以及学界的观点看，各国的独创性贡献标准并不一致。同样的视听作品参与人员从事同样的工作，在不同的国家里，有的人员会被看作视听作品的作者，有的人员则不被视为视听作品的作者。

比如摄影师，法国对于视听作品的作者采取开放式列举方法，除了法国《知识产权法典》列举的几类视听作品作者之外，其他对视听作品创作作出了独创性贡献的人员也可以被确定为视听作品的合作作者。但是与明文列举的几类作者不同的是，其他人员如果想被确定为合作作者，他们必须对要求提供证明。司法判例对此采取相当谨慎的态度。其中，主摄影师（巴黎，1988.11.2，Dall.Inf.Rap.1983，91科隆贝特案例报告）、舞台摄影师（案例：1988.3.1，RIDA，1989，103）、画家（尽管是专门为该电影作品绘制油画的画家）（案例：1988.11.3，RIDA，1989，99）被明确判决不能视为合作作者。但应该承认，在某些情况下，考虑到对作品所作的重要贡献，那些通常只完成一种技术性工作的人员也可以成为实际的合作作者（如电影《象人》中的主要角色的化装创作者；电影《外星人》或《星际大战》中的特殊效果的创作者）。❶

需说明的是，主摄影师、舞台摄影师和画家虽然没有被确认为视听作品的合作作者，却是各自所创作的摄影作品或者美术作品的作者。1994年，法国最高法院就Claude SCHWARTZ史瓦兹控诉ED17公司案作出判决，鉴于影棚摄影师之工作在于选择电影片段、获取镜头。而对于此项工作之完成，无论是器材之使用或哪一片断堪称为剧照，则全凭摄影师之主观意思，导演与制片人则完全不加干涉，因此，产生之剧照，自当视为摄影师之原始著作，摄影师自得对他人重制其著作之行为收取费用，如此方符合"智慧财产权法典"保护著作人之规定。❷

丹麦、芬兰和瑞典等国虽然没有像法国那样明文列举视听作品的作者，但是与法国类似，电影摄影师在推定作者或者列举原则的版权制度中没能享有电影版权。❸

与法国不同，德国对于视听作品作者资格的确认采取个案方法，即由个案出发而依创作人原则确定作者身份，按照德国法律能够成为视听作品作者的人很少，但是，德国的视听作品合作作者允许包括电影摄影师。❹ 只要他拍摄的东西被认为属于美术作品并且该摄影师对图像的衔接进行了参与的话，❺ 电

---

❶ [比利时]扬·科贝尔.伯尔尼公约和国内法关于视听作品著作权归属的规定[G] // 国家版权局.著作权的管理和行使论文集.上海：上海译文出版社，1995: 315.

❷ 王秦铨.法国著作权法令暨判决之研究[M].台北："内政部"，1996: 591.

❸ Eva Inés Obergfell, No need for harmonising film copyright in Europe?, *European Intellectual Property Law*, Issue 4-2003, p.203.

❹ John M. Kernochan: Ownership and Control of Intellectual Property Rights in Audiovisual Works: Contracts and Practice, *Columbia-vla journal of Law & the Arts*, 1996, p.361.

❺ 参见[德]M·雷炳德.著作权法[M].张恩民，译.北京：法律出版社，2005: 200.

影摄影师也属于视听作品的作者。

在日本，摄影师是制作电影的技术人员，一般不列入作者之中。但是，如其摄影成为影像作品时，可以列入作者之中。❶ 日本《著作权法》第16条明确规定，在视听作品制作中，负责摄影工作、对视听作品整体制作作出了独创性贡献的电影摄影师，可以享有视听作品的作者资格。

西班牙《知识产权法》第87条列举的三类视听作品作者中虽然没有包含电影摄影师，但是西班牙1992年9月7日颁布的《关于共同制作电影作品的部长令》第4条规定："不言自明，创作人员是指作者（现有作品的作者、编剧、改编者、导演和作曲者），包括主要的汇编程序师、摄影指导和布景指挥。"这里的摄影指导即指电影摄影师。让人好奇的是，这个"富有创造力的人"除了法律规定的之外，不仅包括现有作品的作者，这些人从事创作活动，也包括三类被认为仅仅是技术人员的人。❷ 在Jose Antonio Suarez Lozano看来，电影摄影师仅仅只是技术人员，并非"富有创造力的人"，因而不应该具有作者资格，但是西班牙1992年颁布的《关于共同制作电影作品的部长令》则认为电影摄影师属于视听作品作者之列。

与电影摄影师类似，音响师和剪辑师的工作也具有较强的技术性，各个国家对于他们的视听作品作者资格也持有不同的态度。丹麦、芬兰和瑞典等国不承认音响师的视听作品作者资格。德国对于作者的确定虽然实行严格创作人原则，但是如果剪辑师在剪接的过程中在许多摄影的选择方面赋予了电影作品具体的声音图像衔接，他也属于电影作品的作者；同样的还有在声响的制作方面付出了独创性劳动的电影音响师。❸ 在德国，是否作出了独创性劳动是确定视听作品作者资格的唯一前提要件，至于作出的劳动具有艺术性还是技术性则在所不问。不可否认，当一部电影由剪辑师把全部镜头减去一半或相当大一部分时，或打乱镜头摄制时的顺序、重新安排结构时，影片中确实增添了剪辑师的创作性劳动，他也确实应被视为电影的作者之一。❹

---

❶ [日]半田正文，纹谷畅男. 著作权法50讲[M]. 魏启学，译. 北京：法律出版社，1990: 97.
❷ Jose Antonio Suarez Lozano, The authors of audiovisual works in the Spanish legal system, *Entertainment Law Review*, 1997, 8(7), pp.248-249.
❸ 参见[德]M·雷炳德. 著作权法[M]. 张恩民，译. 北京：法律出版社，2005: 200.
❹ 郑成思. 版权法（修订版）[M]. 北京：中国人民大学出版社，1997: 299.

在其他参与视听作品创作过程中，除了摄影师、剪辑师和音响师之外，还有录音师、美术师、服装道具管理、动画设计师、灯光师、照明师、场务、布景、造型师、化妆师、特技效果人员、数码合成师等。在作者权法国家中，各个国家不只对摄影师、剪辑师和音响师的作者资格态度不一，对其他参与视听作品创作人员也持有不同的态度，这些人员的劳动在视听作品制作中固然十分重要，但是有些人员的劳动纯属技术性工作或者辅助工作，缺少艺术创作成分，只能被视为纯粹的技术人员或者辅助性工作人员，不能成为视听作品的作者。因此，付出的劳动是否具有艺术独创性是决定视听作品作者身份的首要条件，与劳动本身具有技术性抑或艺术性无关。当然，由于每个国家的独创性标准不一样，即便从事同样的工作，在不同的国家视听作品作者的身份也可能有差别，恰如上文中论及的编剧、音乐作品作者、演员等视听作品主要参与视听作品创作人员一样。

通过上文，不难发现，在作者权法国家中，视听作品作者的确定是一件极其复杂的事情。首先，确定的方式复杂，没有哪一种确定的方式能得到普遍的认可，哪一种确定方式都有不少追随国；其次，确定的作者范围出入较大，即使同为作者权法国家，普遍实行创作人原则，确定的作者范围仍然有很大差别。

（二）版权法国家视听作品作者的确定

与作者权法国家相比，版权法国家对于视听作品作者的确定显得简单得多，无论采取哪种确定方式，确定的作者范围都比较小。主要原因在于版权法国家多从经济利益原则出发，投资者基于出资可以被视为作者。

1．确定的方式

（1）定义式。

在版权法国家中，采用定义的方式确定视听作品作者的国家主要有英国、印度和南非、爱尔兰等国。

印度《版权法》第2条规定，"作者，就电影或者录音而言，是指制作者"[1]。南非《版权法》第1条第（ⅳ）项规定，电影作者，是指筹备制作影

---

[1] 相靖.印度著作权法[M] // 《十二国著作权法》翻译组.十二国著作权法，北京：清华大学出版社，2011: 224.

片的人。❶

英国《版权法》第9条第1款规定，作者是指创作作品的人，该条第2款第（ab）项规定，就电影而言，制片者与总导演被认为是作品的作者。

与英国一样，爱尔兰《版权法》第21条规定，作者是指创作作品的人，就电影而言，作者是导演和总导演。

新西兰《版权法》第5条第2款第（b）项规定，为电影制作承担必要安排的人被认为是创作作品的作者。

从历史上看，印度、南非、新西兰和爱尔兰等国的版权法均受英国1956年《版权法》的影响，直到1992年，欧共体（今欧盟）颁布《知识产权领域版权的出租权、借阅权和一些其他相关权指令》（以下简称《租借权指令》），该指令第2条第2款一方面肯定总导演应被视为电影的作者或者视听作品作者之一，另一方面规定给予成员国自由选择权，成员国有权规定其他的合作作者。该指令有限制地肯定了总导演的电影作者身份。1993年，欧共体颁布了《协调版权和相关权保护期指令》❷（以下简称《保护期指令》），进一步肯定了总导演的作者地位。《租借权指令》和《保护期指令》分别要求成员国应于1994年7月1日和1995年7月1日贯彻执行这些规定。为此，英国和爱尔兰作为欧共体成员国纷纷修订国内立法，将视听作品总导演增列为视听作品的作者之一，制片者不再是视听作品唯一的作者。而其他采用定义式确定作者的国家仍然维持制片者是视听作品唯一作者的规定。

（2）回避式。

在作者权法国家中，作者的确定是一件极其复杂的事情，但是在版权法国家中，这种复杂问题变得简单化，版权法国家中"重点放在对作品的保护"的价值取向和立法追求使其绕开作者身份确定问题，直接规定作品版权的归属。美国和加拿大等国的版权法中不仅没有关于视听作品作者身份确定的特别规定，甚至没有关于一般作品作者的定义，仅规定了作品版权的归属。这些国家作品的原始版权一般属于作品的作者，如果系雇佣作品，雇主取代作品的作

---

❶ 谭玥. 南非版权法[M] // 《十二国著作权法》翻译组. 十二国著作权法，北京：清华大学出版社，2011: 470.

❷ 《保护期指令》第2条第1款规定，在任何情况下，电影或者视听作品的总导演应该被视为其作者或者作者之一，成员国有权指定其他的合作作者。

者享有版权。稍有区别的是,美国《版权法》明确肯定了雇主的作者身份,依据1976年美国《版权法》第201条第(b)项规定,雇佣作品的雇主可以被视为作者,当美国的电影制作属于雇佣作品的情形时,制片者可以凭借雇佣作品雇主的身份被视为作者。加拿大仅规定了版权的归属,没有雇主被视为作者的规定,完全回避"谁是视听作品作者"问题。

2. 作者范围

(1) 制片者。

在版权法国家中,除了澳大利亚和加拿大等国由于完全回避视听作品作者问题而导致无法确定制片者是视听作品作者之外,其他版权法国家均肯定了制片者视听作品作者的身份,包括美国将制片者视为作者的情形。

英国和美国是版权法国家中较早发展电影工业的国家。早期电影制作公司像是设备加工厂,电影制作者和发明者更关注如何通过电影制作出售其电影放映设备,制作电影不是目的,只是手段。此时,电影似乎不是艺术作品,而是纯粹的商品,制片者制作电影与其说是艺术创作,不如说是生产商品。特别是好莱坞从一开始就没有忘记它的企业身份,自始至终,它都以商业运作的方式来完成它对电影的制作。❶ 制片人买小说、戏剧和剧本就像买原材料一样去制造一部电影。电影制片人将作家看作技术员。直到美国1932年《行业准则》颁发之前,在演职人员名单中,编剧通常与布景师和电工列在一起。❷ 制片者对电影的制作拥有绝对的控制权,何时制作、制作什么均由制片者来决定。随着电影成为一门独立的艺术,逐渐成为著作权法保护的对象,谁是电影艺术作品的作者成了立法者不能不考虑的问题。从英美版权法发展以及电影工业发展的历史看,制片者成为电影作品的作者是自然而然的事情。

早在19世纪,英国普通法上有将雇员在受雇期间为完成工作任务而创作的作品的版权判归雇主的先例❸。虽然该先例没有明确雇主的作者身份,

---

❶ 张专.西方电影艺术史略[M].北京:中国广播电视出版社,1999: 42.
❷ See Peter Decherney, *Hollywood's Copyright Wars: from Edison to the internet*, Columbia University Press, 2012, p.89.
❸ Roberts v. Myers, 20 F. Cass.898, 899(C. C. D. Mass. 1860). 转引自,孙新强.关于著作权法修订的几点理论思考[M]//梁慧星.民商法论丛(第19卷).香港:金桥文化出版(香港)有限公司,2001: 293-294.

但是为雇主成为作者提供了一定的法律基础。受英国普通法影响,美国联邦最高法院于1903年在布莱斯汀诉唐纳森平板印刷公司(Bleistein v.Donaldson Lithographing Co.)案中确立了"雇佣作品原则",而后该原则被写进1909年美国《版权法》。该法第26条明确规定:"就雇佣作品而言,'作者'这一术语应包括雇主。"❶ 1976年美国《版权法》指明,雇佣作品的雇主可以被视为作者。美国的电影作品多属于雇佣作品,因此,依据1976年《版权法》,制片者作为电影作品的雇主可以被视为作者。英国长期以来保留19世纪普通法上雇佣作品版权归属于雇主的先例,回避确定电影作品的作者。1956年英国《版权法》仅规定电影的版权归属于"为制作电影承担必要安排的制作者",并没有规定电影的作者是谁。直至1988年,英国《版权法》第9条第2款第(a)项才规定,在作品为电影的情况下,作者是指为制作电影承担必要安排的人。1996年,英国颁布《版权和相关权实施细则》,将1988年版权法第9条第2款第(a)项修订为第(aa)项和第(ab)项,其中第(ab)项规定,在作品为电影的情况下,作品的作者是制片者与总导演。

与美国稍有区别的是,在英国,制片者是作者。而在美国,只有制片者是雇用作品的雇主,才可以被视为作者,在这种情形下,制片者仅仅只是被"视为"作者而已,不像英国那样就"是"作者。受英国《版权法》影响,爱尔兰、新西兰、南非和印度等国均认可了制片者视听作品作者的身份。当然,也有一些国家,如加拿大和澳大利亚等国至今仅规定,制片者如果属于雇佣作品雇主,可以享有作品的原始版权,但是并没有明确制片者的作者身份。

(2)导演。

在版权法国家,导演在电影制作中的地位并非一成不变。在早期电影时期,导演一度处于主导地位,拥有绝对的权威,不仅负责电影的前期准备和拍摄工作,还兼顾电影的后续发行事宜。当时赫赫有名的查理·卓别林和大卫·格里菲斯不仅担负导演工作,同时肩负制片工作。此时,导演自己也没有

---

❶ 参见孙新强.关于著作权法修订的几点理论思考[M]. // 载梁慧星.民商法论丛(第19卷).香港:金桥文化出版(香港)有限公司,2001: 293—294.

第二章　视听作品的作者：制片者抑或创作者

意识到其艺术创作者的身份，英国的电影作品作为独立的作品类型并没有进入版权法保护范畴，1912年美国《版权法》虽然肯定了电影作品的作品类型，但是电影作品权利人的权利并没有受到重视，因此，这一时期，导演的作者地位没有在版权法中得到体现。

到了经典好莱坞时期，导演的主导地位受到制片者的颠覆性挑战。制片者开始取代导演主宰电影制作的全过程。制片厂的老板和编剧、导演们签约、批准影片的预算，管理各种报表，租借其他劳务人员。他还可能拥有剧本的最后决定权以及通过审看毛片的方式监督影片的拍摄进程，以及影片的剪辑等。至于这一时期的导演，与其说是评论界意义上的电影作者，不如说是一个游离于外围的角色。在美国的制片厂制度下，导演一般不可能直接参与到剧本的编写和后期的剪辑之中。❶ 导演很难有自己的艺术追求和艺术个性，正如雷内·克莱尔所说："穿长筒靴的开路先锋们，他们的地位已经被戴眼镜的金融家所代替了……美国影片上虽然还有导演和编剧的名字，但他们已经成了一种应景的点缀品。"❷ 这一时期，制片者拥有的绝对支配地位使得版权法难以关注导演的作者身份。

20世纪60年代之后，导演的地位又开始发生变化。20世纪50年代末60年初兴起的"新浪潮"电影运动所倡导的"电影作者论"对好莱坞电影的制片人中心制产生极大的冲击。之后，英国电影导演彼得·沃伦在"电影作者论"上，提出了"结构作者论"，指出每位导演的作品背后必然隐藏着难以察知的主题，认为导演就是强调这一主题的作者。这些理论虽然没有从根本上动摇英、美等国电影制片人在制作电影过程中的权威地位，但是，不可否认的是，导演在电影创作中的核心作用再度显现出来。此后，各国导演协会和组织要求成为版权法保护的视听作品作者的呼声越来越高，并得到了一些回应。

欧共体（今欧盟）相继通过的《租借权指令》和《保护期指令》确立了

---

❶ 参见[澳]理查德·麦特白. 好莱坞电影——美国电影工业发展史[M]. 吴菁，何建平，刘辉，译. 北京：华夏出版社，2011：125，126，128.

❷ 张专. 西方电影艺术史略[M]. 北京：中国广播电视出版社，1999：103-104.

总导演❶的作者身份。英国作为欧盟成员国曾强烈反对给予导演作者身份，但是未能如愿。为执行欧盟指令，英国于1996年颁布《版权和相关权实施细则》，肯定了总导演的作者身份。同样，爱尔兰于2000年通过《版权与相关权法案》，规定总导演是视听作品的合作作者之一。新西兰《版权法》虽然没有明确导演作为视听作品作者的身份，但是该法第94条第1款第（b）项规定："作为版权作品的电影的导演有表明自己是作品导演的权利。"澳大利亚《版权法》第189条规定，视听作品的"作者"（author）就是视听作品的"制作者"（maker）。2000年，澳大利亚《版权法（精神权利）修正法案》指出，电影制作者包括电影导演、电影制片者和电影剧作家。其中，具备制作者身份的导演只能是主要导演，不包括辅助导演、副导演、现场导演、助理导演或者其他任何形式的导演。

值得注意的是，美国尽管是世界电影强国，也有一些诸如斯皮尔伯格般拥有绝对权威地位的著名导演，但是，遗憾的是，美国《版权法》至今没有明确导演的视听作品作者的身份，导演至今依然不是美国《版权法》中视听作品的作者，被视为视听作品作者的依旧是拥有雇用作品雇主身份的制片者。固然，在美国，导演在视听作品非属于雇佣作品的情况下，或许可以享有合作作者的身份，但是，这与英国《版权法》明确将总导演确定为作者仍有明显区别，前者需要证明其合作创作者的身份，而后者则无须证明其作者的身份，只要其担任总导演职务，法律就推定其为视听作品的作者。

（3）其他作者。

就版权法国家的现行版权立法而言，除了制片者和导演可以是视听作品的作者外，其他人也可能成为视听作品的作者。

在英国，依据1988年《版权法》，电影作品是一种与录音制品类似的独立的作品，电影作品的作者是制片者和总导演。但是，依据判例

---

❶ 英国《版权法》并没有界定"导演"的概念，但是在Laddie Prescott & Victoria（第四版）中，"主要导演"被认为是"有可能对制作电影有创作控制的人"。See Enrico Bonadio and Lorraine Lowell Neale, Joint ownership of films in the absence of express terms, *Journal of Intellectual Property Law & Practice*, May 14, 2012.

法[1]，电影作品却可以作为戏剧作品受到版权法保护，而戏剧作品的作者是指创作戏剧作品的人，不一定只有制片者和总导演，编剧、剪辑、摄影师和主要演员等人员只要从事视听作品大的创作劳动，就有可能成为视听作品的作者。在此种情况下，作品作者的范围如同作者权法国家视听作品的范围一样，以是否从事独创性劳动作为判断作者身份的前提要件。

在美国，1976年《版权法》并没有特别规定视听作品的作者，也没有界定作者的概念，但是从其对于版权归属的规定看，美国作品的作者可以分为三类，分别为独著作者（sole authorship）、合作作者（joint or co-authorship）和雇佣作者[2]（employer authorship of works made for hire），视听作品的作者也可分为这三类作者。虽然视听作品多数属于雇佣作品，但是并不能排除在部分情况下作品系合作创作甚至独著完成，此时，视听作品的作者就不再是雇主，而是合作创作者或者独著作者，这些人可能包括导演、编剧、剪辑、摄影等创作群体。

加拿大《版权法》也没有特别规定视听作品的作者，该法第5条第1款第（a）项规定，任何作品，无论出版与否，包括电影作品，其作者是在制作作品时条约国公民或者国民，或者常住人员。与美国《版权法》稍有区别的是，加拿大《版权法》认为视听作品的作者与其他作品的作者并无差异，视听作品的制片者可以凭借雇佣作品雇主的身份成为版权的第一所有人，但并没有被视为视听作品的作者。这意味着，加拿大视听作品的作者和视听作品的版权是相分离的，其作者范围并不仅限于制片者或者导演，其他从事视听作品创作的人员也可以是视听作品的作者。

值得注意的是，2000年澳大利亚《版权法（精神权利）修正法案》（见

---

[1] 在2000年的Norowzian v. Arks一案中，上诉法院裁决认为依据1988年版权法的立法目的，一部电影的内容可以作为戏剧作品受到版权保护，上诉法院的Nourse法官将戏剧作品界定为"有情节的、有无对白和音乐，都可以在观众面前表演的作品"，电影可以是有情节的作品：电影能在观众面前表演，因此可以成为戏剧作品。Nourse法官提出，电影应该作为原创性的戏剧作品受到版权保护。此案开启1988年英国《版权法》之后电影双轨保护的先例，之后，一方面，电影作为录制品可以受到版权法保护；另一方面，符合戏剧作品独创性要求的电影作品可以作为戏剧作品受到保护。

[2] 李响. 美国版权法：原则、案例及材料[M]. 北京：中国政法大学出版社，2004: 83.

澳大利亚《版权法》第189条❶）特别将电影剧作家列入视听作品制作者（澳大利亚的作者即指制作者）范围之内。不过，该法案也指出，如果有多人参与脚本或者剧本写作，那么仅指主要电影剧作家。

（三）国际公约以及地区条约对视听作品作者的规定

在保护版权的国际公约中，《伯尔尼公约》的影响力最为广泛。不过，《伯尔尼公约》公约提到"作者对其……作品享有的权利"，但并没有专门给"作者"下定义，❷ 更没有特别界定视听作品的作者。至于谁是《伯尔尼公约》中所指的电影艺术创作者则由各成员国自行决定。

保护知识产权另一比较有影响的国际条约是TRTPs。TRIPs要求所有成员都要承担《伯尔尼公约》的义务，而《伯尔尼公约》对于视听作品的作者并无特殊规定，TRIPs本身对于视听作品的作者也没有特殊规定，因此，依据TRIPs的规定。无法确定谁是视听作品的作者。

与《伯尔尼公约》和TRIPs一样，WCT也没有规定谁是视听作品的作者。

与上述国际公约不同，欧共体（今欧盟）分别于1992年和1993年先后颁布了《租借权指令》和《保护期指令》，这两个指令均对视听作品的作者作出了特别规定，指出成员国应将电影或者视听作品的总导演视为其作者或者列为作者之一，此外，成员国还有权指定其他的合作作者。当然，欧盟作为一个地区性的国际组织，上述两个指令只限于欧盟成员国内有效，因此，欧盟的成员国无论是版权法国家，还是作者权法国家均肯定了视听作品导演的作者身份。至于其他参与视听作品创作的人，依据指令要求，可由成员国自行指定。

三、我国视听作品的作者及立法完善

我国现行《著作权法》对于视听作品作者并没有专门予以规定，而是在特别规定视听作品著作权的归属时，涉及了视听作品的作者。《著作权法》

---

❶ 2000年澳大利亚版权法颁布了关于精神权利方面的修正案，该修正案的内容体现在版权法第189条的修改。

❷ 保护文学和艺术作品伯尔尼公约指南[M]. 刘波林，译. 北京：中国人民大学出版社，2002: 15.

第15条❶规定的立法模式与一些版权法国家关于作品保护的做法更为接近。比如，对于确定视听作品作者采取回避式的美国和加拿大，就只规定了版权的归属，没有确定视听作品的作者。不过，与这些国家不同的是，我国《著作权法》并没有完全采用版权法国家的回避式，还融合了作者权法国家注重作者身份的做法。虽然没有专门确定视听作品的作者，但是，在规定视听作品著作权归属时，特别提及了视听作品作者的权利，间接确定了视听作品的作者范围。

2011年，我国《著作权法》第三次修改工作全面启动。2012年3月，国家版权局公布《修改草案第一稿》。《修改草案第一稿》提及的视听作品的作者范围与现行《著作权法》相比，没有任何变化。2012年7月，国家版权局又公布了《修改草案第二稿》。与现行《著作权法》相比，《修改草案第二稿》提及的视听作品的作者范围稍有不同，即增加了"原作作者"，并将其放置首位。2012年10月，新闻出版总署以及版权局举办的关于《著作权法》修订工作第二次领导小组会议，会议上公布了《修改草案第三稿》（即后来国家版权局报请国务院审议的《中华人民共和国著作权法（修订草案送审稿）》）。《修改草案第三稿》第19条第2款规定，"电影、电视剧等视听作品的作者包括导演、编剧以及专门为视听作品创作的音乐作品的作者等"。《修改草案第三稿》采用作者权法国家确定视听作品作者的模式，从列举的几类视听作品作者看，直接借鉴了俄罗斯列举的作者范围，又在俄罗斯模式的基础上，克服有限列举式固有的局限性，采用开放列举式，重新调整了视听作品作者的范围，删除了《修改草案第二稿》增加的"原作作者"和现行《著作权法》以及《修改草案第一稿》均有的"摄影师"，将音乐作品的作者限定为专门为视听作品创作的音乐作品作者。《修改草案第三稿》摒弃现行《著作权法》《修改草案第一稿》和《修改草案第二稿》采用作品中心主义的做法，不再通过规定视听作品作者权利的方式间接确定视听作品的作者范围，而是选择不分主次，将作品和作者放在同等的位置，像许多作者权法国家那样直接确定视听作品作者的身份。

---

❶ 根据我国《著作权法》第15条第1款的规定，电影作品和以类似摄制电影的方法创作的作品的著作权由制片者享有，但编剧、导演、摄影、作词、作曲等作者享有署名权，并有权按照与制片者签订的合同获得报酬。

与我国现行《著作权法》《修改草案第一稿》《修改草案第二稿》相比，《修改草案第三稿》以作者为中心、直接确定视听作品作者的做法更为可取。首先，我国著作权立法体系与作者权法国家更为接近，采用作者权法国家的立法模式不存在理论上和逻辑上的障碍。我国著作权立法始终坚持"作者就是创作作品的人"的"创作人原则"，即便我们有法人被视为作者的例外情形，但是视听作品的作者从来都是实际的创作者，而非没有参与创作劳动的法人。其次，视听作品与其他作品有明显区别，参与创作人员众多且从事的创作劳动方式多种多样，对于一些"创作"特质明显且普遍争议较小的人员可以通过列举方式直接被确定为作者，免除其证明作者身份之累。最后，直接确定视听作者的做法体现出对创作人员创作劳动的充分尊重和对作者利益的充分维护，符合我国著作权法倡导的鼓励作品创作的宗旨。"作者和作品是源与流的关系，离开了作者，就无从谈作品"，❶只有把作者权益保护放在首要位置，才能激发作者创作的积极性。作者身份的确认是作者权益保护的前提，如果作者身份得不到确认，作者权益保护就无从谈起。

《修改草案第三稿》列举的几类作者中，包括导演。导演无论在作者权法国家还是版权法国家中属于基本无争议的一类作者。导演以其艺术表现力将剧本中以语言表述的各个场面变成影像，将影像变成视听作品，在视听作品创作中，导演起着最重要的作用。❷将导演列为我国视听作品的作者的理由不言自明且符合国际立法趋势。需说明的是，导演有广义和狭义之分，狭义的导演仅指"在戏剧演出或电视片、影片制作中对艺术创造负全责的人"❸，即实际从事视听作品创作的人。广义的导演除了包括狭义的导演之外，还包括副导演和助理导演。副导演主要是组织每个镜头拍摄现场的秩序，在导演的指导之下，协助导演完成视听作品的艺术创作和拍摄工作。助理导演则主要是协助导演做案头工作，配合副导演处理各种事务性工作和拍摄现场的调度工作。副导演和助理导演的主要工作是在导演的指导下，配合和协助导演工作，其工作本身不具有独创性，故不属于创作劳动。因此，能够成为视听作品作者的

---

❶ 李明山. 中国当代版权史[M]. 北京: 知识产权出版社, 2007: 208.
❷ 参见[日]半田正夫, 纹谷畅男. 著作权法50讲[M]. 魏启学, 译. 北京: 法律出版社, 1990: 94.
❸ 夏征农, 等. 辞海[M]. 上海: 上海辞书出版社, 2002: 381.

导演仅指狭义上的导演，不包括副导演和助理导演，除非其证明付出了创作劳动。

　　编剧在多数作者权法国家中被确定为视听作品的作者，但是，在有些作者权法国家（如德国和日本）中，编剧并不是视听作品的作者，理由有二。其一，编剧创作的剧本被视为视听作品所使用之原著作品（德国将其看作原材料作品），编剧被看作为"古典著作人"，而非"现代著作人"。剧本为独立作品，其作者既然是此独立作品作者，如再赋予其视听作品作者身份，则容易滋生重复困扰。故编剧不宜作为视听作品作者。其二，德国和日本的合作作品仅指"不可分割使用的合作作品"，剧本属于可分割使用的作品，故创作剧本的编剧不能作为视听作品的合作作者。针对理由之一，赞同者认为："认电影之性质属共同著作物，于是，由于剧本著作人之创作成果（即剧本），既与电影本身有分别利用之可能，如仍以剧本著作人为电影之著作人，理论上即有不合，故将其排除于电影之著作人范围之外。"❶ 编剧被称为作家，"有电影化权，对于根据其可将作品拍成电影的许可而制作的电影作品，与电影作品的作者享有同一种类的权利，有复制权、上映权、发行权、播放权等"❷。"对于一项个人智力成果不可能存在两个著作权保护。"❸ 反对者则运用"摄制电影所使用的作品之双重归属理论"提出，为拍摄电影而所使用的作品具有双重性质，既作为拍摄电影之前独立存在的作品，也在电影拍摄之后成为电影作品的一部分。❹ 因此，编剧既是剧本作者，也是电影作品的合作作者。况且，电影剧本既然系专为电影拍摄而创作，如将电影剧本作者排除在电影作品作者之外，实在与一般观念不相符合。❺ 可以看出，赞同者认为既然编剧已经

---

❶ [日]半田正夫：《著作权法概说》，一粒社1974年版，第70页。转引自，甘龙强. 电影著作权[M]. 北京：中国电影出版社，1991: 36.

❷ [日]半田正夫，纹谷畅男. 著作权法50讲[M]. 魏启学，译. 北京：法律出版社，1990: 96.

❸ Schack Urheber- und Urhebervertragsrecht, Mohr Siebeck Verlag, 2010, 5. Auflage, S. 168. 转引自德国著作权法[M]. 范长军，译. 北京：知识产权出版社，2013: 125.

❹ Katzenberger: in Schricker (Hrsg), Kommentar zum Urheberrecht, C. H. Beck Verlag, 2006, 3. Auflage, vor §88 Rn. 65ff, 69. 转引自，德国著作权法[M]. 范长军，译. 北京：知识产权出版社，2013年版124-125.

❺ 参见[日]水田耕一：《无体财产权和现代商业》，商事法务研究会，1979年版，第36页。转引自，甘龙强. 电影著作权[M]. 北京：中国电影出版社，1991: 36.

享有同视听作品作者相同的权利，如果再赋予编剧视听作品作者身份实属多余；反对者则认为编剧如果不在视听作品作者之列，与情理不符，编剧同时享有双重作者身份未尝不可。其实，从德国和日本两国的立法中不难发现，虽然这两个国家均将编剧排除在视听作品作者之外，但是编剧所能享有的权利与视听作品作者享有的权利并没有差别。剧本一旦经过许可被制作成视听作品，剧本之作者权利即存在于视听作品之上（参照德国《著作权法》第88条第1款的表述），或者编剧作为原作品作者享有和视听作品作者同样的著作权（参照日本《著作权法》第28条的有关表述）。在这种情况下，即使编剧没有被赋予视听作品作者的身份，编剧的权利也并没有受到太大影响，编剧已经享受到了视听作者能够享有的权利，而且在德国和日本，编剧之所以不能作为视听作品作者另一个重要原因在于上述理由二。这两个国家的著作权法均将合作作品限定为不可分割使用的合作作品，而剧本属于可分割使用的作品，因此，编剧不能成为视听作品的合作作者。上述两个原因决定编剧不在视听作品作者之列。但是，如果一国著作权法并没有赋予编剧以视听作品作者所能享有的权利，且合作作品并没有限定为不可分割使用的合作作品，那么就有必要将编剧列为视听作品作者，以保障其权利不因被制作成视听作品而受到影响。我国《著作权法》并没有类似于德国和日本两国著作权法所赋予的编剧可以拥有视听作品作者所能拥有的权利，且我国的合作作品包括可以分割使用的作品，在这种情况下，《修改草案第三稿》将编剧列为视听作品作者实属必要，且不存在制度上的障碍。

  至于专门为视听作品创作的音乐作品的作者可否作为视听作品作者，从国外立法看，有些国家明文肯定了其作为视听作品作者的身份，这些国家对于合作作品的界定一般都比较宽泛，既包括不可分割使用的合作作品，也包括不可分割使用的合作作品，因此，将其列入视听作品作者范围。有的国家则明文否定，比如日本，其理由之一是该权利人并没有参与视听作品的整体创作行为；理由之二是合作作品仅限不可分割使用的合作作品。日本《著作权法》规定只有对视听作品整体制作作出了独创性贡献的人，才能成为视听作品的作者。而专门为视听作品创作的音乐作品作者只创作了音乐作品，并没有对视听作品的整体制作作出独创性贡献，况且，音乐作品属于可分割使用的作品，日本的合作作品仅限为不可分使用的合作作品，故音乐作品作者不能成为视听作品的合作作者。有些国家虽然没有明文否定，但是通过法条可以推断出其不是视听作品的作者。其理由是合作作品仅限不可分割使用的合作作品，合作作品的作者并不包括那些个人创作可以构成独立作品的人，而专门为视听作品创作的音乐作品可构成独立作品，故其作者被排除在视听作品这种合作作品作者范围之外。概而言之，国外认可专门为视听作品创作的音乐作品作者为视听作品作者身份的国家多采用比较宽泛的合作作品概念，而不认可其视听作品作者身份的国家则普遍将合作作品限定为不可分割使用的合作作品。日本否定音乐作品作者的视听作品作者身份的理由之一很大程度上也是因为理由之二。其实每一个参与创作视听作品的人都只创作了其职责所在的那一部分内容，被日本《著作权法》所认可的视听作品作者与音乐作品作者相比最大的不同在于前者创作的内容无法构成独立的作品、无法分割使用，而后者构成了独立作品、可以分割使用。而我国采用比较宽泛的合作作品概念，故可将专门为视听作品创作的音乐作品作者列为视听作品作者。

《修改草案第三稿》对于视听作品作者采用开放列举式，除了明确列举的几类作者之外，其他人只要对视听作品作出了独创性贡献，也可以成为视听作品作者。值得注意的是，现行《著作权法》《修改草案第一稿》以及《修改草案第二稿》均提及的摄影师却没有出现在视听作品作者之列。虽然从世界范围看，将摄影师明确列为视听作品作者的国家并不多，但是向来严格执行"创作人原则"的德国却认为视听作品合作作者允许包括摄影师，一贯遵循"创作人原则"的日本也认为摄影师对于视听作品的整体制作作出了独创性贡献，是视听作品的合作作者。这说明摄影师具备成为视听作品作者的独创性贡献要件。《修改草案第三稿》将摄影师排除在视听作品作者之外的确令人不解，有否认视听作品中技术性较强的一类人的独创性贡献之嫌，毕竟在现行《著作权法》中提及的几类视听作品的创作参与人中，摄影师可谓视听作品制作中付出技术性创作劳动的代表。固然，立法语言应力求简洁凝练，但是在立法中采用列举式应兼顾代表性、选择性，以求立法严谨、周延，故宜将摄影师列为视听作品作者。

作者概念的法律意义是为了明确著作权的归属❶，但是，在谁是作品"作者"的问题上，几大保护版权的国际公约均将此问题交由各成员国自行决定。基于不同的法律传统和价值追求，作者权法国家与版权法国家在此问题上出现了严重的分歧。作者权法国家受到法国的浪漫主义美学与德国古典哲学影响，认为"作品体现人格"，普遍遵守"创作人原则"，规定只有从事作品创作劳动的人才是作者。与作者权法国家不同，版权法国家受洛克的劳动财产权理论的影响，认为作品就是一种财产，作者与作品的关联并非不可割断，普遍遵循"经济利益原则"，规定向创作人提供工资报酬和创作所需之物质技术条件的雇主是作者，为此，创设"视为作者原则"，也称"雇佣作品原则"。

视听作品是作品中比较特殊的一类作品，对于绝大多数的视听作品而言，仅凭一己之力难以创作完成，必须依靠投资者者的策动和组织，需要大量的资本支持。由于资本的注入，作品中所蕴含的利益除了创作者的利益之外，还包括投资者的利益。由于资本的注入，创作者在作品创作中不能不受到投资者对利益追求的影响。作者权法国家视著作权为创作的"天赋人权"，遵循着"创作人原则"，故视听作品的作者只能是创作者；而版权法国家强调作品的财产性，版权概念的初衷在于鼓励人们对精神产品的生产和出版进行投资，❷遵循"经济利益原则"，故投资者应被视为视听作品的作者。

在作者权法国家中，视听作品作者的确定比较复杂，有限列举式、开放列举式和消极式各有利弊；版权法国家视听作品作者的确定相对比较简单，但是随着导演在许多版权法国家成为视听作品的作者，其他视听作品的创作者要求成为视听作品作者的强烈愿望将使得版权法国家对于视听作品作者的确定开始变得复杂起来。从总体趋势上看，两种不同的版权制度国家在相互影响，视听作品的作者范围也随之发生变化。

由于相关的国际公约并没有规定谁是视听作品的作者，而是将此权利留给各国自己决定。因此，各国可以选择适用何种模式。我国现行《著作权法》受到版权法国家和作者权法国家的双重影响，通过规定视听作品著作权归属的模式间接列举了视听作品的作者。《修改草案第一稿》和《修改草案第二稿》

---

❶ 参见李琛. 论知识产权法的体系化[M]. 北京：北京大学出版社，2005: 180.
❷ 参见李永明. 知识产权法[M]. 杭州：浙江大学出版社，2003: 86.

依然维持了现行著作权法的立法模式,而《修改草案第三稿》风格突变,采用了作者权法国家开放列举视听作品作者模式,结合国外立法、我国的合作作品制度以及作者利益保护考虑,将导演、编剧以及专门为视听作品创作的音乐作品作者列为视听作品作者不仅合理,而且必要。不过,《修改草案第三稿》将摄影师排除在视听作品作者范围之外则多有不妥。

本章小结

从世界范围看，作者身份的产生主要基于两种情况：一种是创作；另一种是投资。作者权法国家受启蒙运动、德国先验唯心主义哲学和法国浪漫主义美学的影响，普遍遵循"创作人原则"，认为作者只能是从事创作作品的人。而版权法国家版权法国家受洛克劳动财产权理论的影响，在确定"作者"的身份时，更多考虑经济利益原则，一些没有从事创作而只负责出资的人也可以成为作者。相比之下，版权法国家比较容易确定视听作品的作者。视听作品作者的确定则一直是困扰作者权法国家的一大立法难题。作者权法国家视听作品作者确定模式主要有三种：有限列举式、开放列举式和消极式。与有限列举式和消极式相比，开放列举式具有明显的优势，既可以充分贯彻创作人原则，也可以克服有限列举式引发的立法不周延弊端。由于我国立法传统与作者权法国家更为接近，且我国的合作作品包括可以分割使用的合作作品，同时考虑立法的代表性、选择性，故我国《著作权法》第三次修订时，可以借鉴作者权法国家的开放列举式的视听作品作者确定模式，将导演、编剧、摄影师和专门为视听作品创作的音乐作品作者明确列为视听作品作者代表。

第三章

视听作品著作权的归属：作品保护抑或作者至上

版权法国家和作者权法国家分别代表世界上两种不同的版权制度——"普通法版权"和"民法作者权",这两种版权制度各自有不同的价值取向和立法追求,"普通法版权"重点放在对作品的保护,而"民法作者权"将作者放在首位。❶因此,"普通法版权"关注的是作品的权利主体是谁,如何通过对作品的保护来实现投资者经济利益最大化;而"民法作者权"则主要围绕着作品从何而来,谁才是作品的作者,如何保障作者的利益得到实现来进行研究的。不同的价值取向和立法追求决定着视听作品著作权归属于不同的主体。

一、作者权法国家视听作品著作权的归属

（一）一般归属于创作者

与其他类型作品一样,作者权法国家对于视听作品著作权的归属普遍遵循"作者原始取得著作权原则"。当然,由于各个国家视听作品作者确定的方式及范围并不一样,因而导致各个国家具体的视听作品著作权人也不完全一致。

巴西、埃及、希腊、意大利和俄罗斯对于视听作品作者的确定采用有限列举式,那么,这些国家视听作品著作权就归属于所列举的几类作者,这种著作权归属模式属于法定式。不过,如上文提及,在有的国家（如意大利）的司法实践中,著作权法中列举的视

---

❶ Gillian Davies, The convergence of copyright and authors' rights – reality or chimera?, *International Review of Intellectual Property and Competition Law*, 1995, 26(6), p.965.

听作品作者名单并不是完全封闭的，在某些情况下，可能会包含其他人。在这种情况下，视听作品著作权就不再是归属于所列举的几类作者，其他人也可能享有视听作品著作权。与其他国家将视听作品视为合作作品不同的是，希腊将视听作品视为导演一人创作的作品，著作权仅归属于导演。需要特别指出的是，依据巴西《著作权法》的规定，视听作品的合作作者可以拥有视听作品的著作人身权和著作权财产权，但是著作人身权仅交由导演行使。

对视听作品作者实行开放列举式的国家主要有法国和日本等，日本视听作品著作权的归属比较特殊，将在下文详述，在此不再赘述。法国视听作品作者的范围是开放式的，不以列举几类作者为限，只要有相反证明，其他人也可以成为视听作品的作者，并享有著作权。法国对于视听作品著作权的归属采取的是法定式为主，个案确定式为辅。

德国、丹麦、荷兰和韩国等国对于视听作品作者并没有作出特别规定，遵循着"创作人原则"，由法官在个案中进行判断。相应地，这些国家视听作品著作权的归属采取的主要是个案确定式。除此方式之外，有的国家还会辅之以排除式，比如德国。依据德国《著作权法》第89条第3款以及第93条第1款可以反推出为制作视听作品而所使用的作品如小说、剧本及音乐作品的作者不是视听作品作者，故不能享有视听作品的著作权。有的国家还会辅之以法定式，比如韩国，该国《著作权法》第100条第1款规定："与电影作品制作者协议合作创作电影作品的人享有电影作品的著作权。"此外，韩国《著作权法》还规定："雇员在履行职务中产生的作品以法人等的名义发表的，则法人等视为作者。"❶ 这一方面肯定了协议创作人应享有视听作品著作权，但是另一方面又采纳了"视为作者原则"，肯定了法人享有视听作品著作权的可能性。

对于绝大多数作者权法国家而言，作者放在首位，在确定著作权归属时首先考虑的是作者的利益，他们始终遵循这样的原则："作者意味着创作艺术、文学或者科学作品的自然人或者作品的作者是创作作品的人，原创作品的作者仅仅依据其创作的作品享有专有和绝对的无形财产权或者知识财产最初的

---

❶ 韩国著作权法[M] // 《十二国著作权法》翻译组. 十二国著作权法, 北京：清华大学出版社，2011: 530.

权利来自知识努力的一种特殊表达作品的创作。"❶ 视听作品著作权的归属亦然，只有创作视听作品的人才能享有著作权。

(二) 归属于制片者是例外

"作者原始取得著作权原则"是作者权法国家确定作品著作权归属的一般原则。但是，视听作品与一般的合作作品毕竟有很大差异。首先，视听作品创作人员阵容庞大，包括导演、编剧、摄影师、作曲者、作词者等，如果按照合作作品确定著作权的归属，视听作品著作权将归属于阵容如此庞大的创作群体。一般而言，合作作品著作权的行使须经众人协商一致，让阵容如此庞大的创作群体达成一致意见难乎其难，必将严重阻碍视听作品著作权的行使。其次，视听作品的制作需要投入巨额资金、承担极大的市场风险。如果一方面制作的风险巨大，另一方面权利的行使异常困难，投资者就不愿意进行视听作品投资创作。❷ 对于一些意欲遵循"创作人原则"的作者权法国家来说，无法像版权法国家那样普遍采取"视为作者原则"将进行投资的制片者视为作者，于是就选择另外一种方便制片者行使著作权的途径——将著作权直接赋予制片者。法律一方面明确规定视听作品的作者是创作者，另一方面又规定视听作品著作权归属于制片者。日本即采取此模式。

日本并非严格执行"创作人原则"的作者权法国家，在作品属于职务作品情形时，法人即被视为作者，这说明日本并不排斥"视为作者原则"。但是，如果电影作品不属于职务作品，那么电影作品的作者确定原则只能是"创作人原则"。日本《著作权法》第16条明确规定，除了适用第15条职务作品规定之外，电影作品的作者只能是那些电影作品整体制作作出了独创性贡献的人。但是，在一部电影制作中，毕竟由电影制作者先进行电影构思，然后，为实现自己的构思而组织艺术家和技术人员，请求其参加该电影的制作并投入巨额资金。制作时，电影制作者参与各个阶段的工作，评价参加电影制作的人的贡献，对电影的制作有最终决定权，并在制作过程中进行指挥，将自己的构思

---

❶ Obergfell, Eva Inès, No need for harmonising film copyright in Europe? *The European Legal Forum*, Issue 4-2003, p.202.

❷ 参见李琛.知识产权法关键词[M].北京：法律出版社，2005: 82.

变成电影。在这种情况下，"不给制作者任何权利是不行的。企业家保证作品构思的实现，肩负着第七种艺术的未来，应当尽最大努力使之取得主导权，并消除其所承担的风险。但是，维护其利益时，不一定非要使之取得作者资格"。可以考虑在电影作品完成时，将电影作品的版权归电影制片者所有。❶ 据此，日本《著作权法》第29条第1款规定："电影作品（适用第15条第1款、本条第2款或者第3款的电影作品除外）的著作权，如果其作者向电影作品制作者承诺参加该电影作品的制作，则属于电影作品制作者。" ❷

不仅如此，日本《著作权法》还将电影作品分为一般电影作品、播放组织专门为播放技术手段制作的电影作品和有限播放组织专门作为播放技术手段制作的电影作品。依据日本《著作权法》第29条第1款规定，一般电影作品的所有的著作财产权都归制作者，而按照日本《著作权法》第29条第2款和第3款的规定，只有部分著作财产权归作为电影制作者的播放组织或者有限播放组织所有。日本《著作权法》之所以如此规定，主要理由在于日本《著作权法》的立法者认为播放组织、有限播放组织为了播放而制作的电视连续剧等电影作品不同于一般电影作品，通常不存在转用的利用形态。不过，该种规定已经受到了许多日本学者的批评。❸ 尽管如此，与其他作者权法国家相比，日本著作权法将视听作品的原始著作权直接赋予制片者而非创作者的做法显然属于另类。

与日本《著作权法》做法不同，菲律宾《知识产权法》对于视听作品著作权归属的规定涵盖范围较广，该法第178条规定，视听作品的著作权属于制片人、编剧、音乐作曲人、导演和所改编作品的作者。然而，如无创作者之间的相反或其他规定，制片人有权以任何形式行使该作品展示所需要的著作权，除了不能对包含在作品中的音乐作品（有文字或者没有文字）的表演收取表演许可费用的权利。可以看出，菲律宾《知识产权法》对于视听作品著作权归属的规定综合了日本和其他作者权法国家的做法，既没有将视听作品著作权仅赋予制片者，也没有选择其他作者权法国家将视听作品著作权仅赋予创作者的做法，而是规定由制片者和创作者共同享有将视听作品著作权。不仅如此，菲律

---

❶ 参见[日]半田正文，纹谷畅男.著作权法50讲[M].魏启学，译.北京：法律出版社，1990：95.
❷ 参见日本著作权法[M].李杨，译.北京：知识产权出版社，2011：22.
❸ 参见日本著作权法[M].李杨，译.北京：知识产权出版社，2011：22.

宾《知识产权法》为了解决视听作品著作权主体多而带来的著作权行使难问题，又将行使视听作品著作权的权利仅仅交给了制片者。这种将著作权人与著作权行使主体相分离的做法也是许多作者权法国家解决视听作品著作权行使难的主要做法，不同的是，其他作者权法国家多恪守"创作人原则"，规定作者只能是创作者，制片者没有参加创作，故不能成为作者。而菲律宾对于作者范围的确定没有严格执行"创作人原则"，因此没有参加创作的制片者也可以成为作者。但是菲律宾执行的是"作者原始取得著作权原则"，将著作权归属于作者所有，制片者是作者，所以制片者可以享有著作权。

与菲律宾的做法相似，卢森堡在视听作品作者的确定上也没有完全采取"创作人原则"，规定视听作品的作者是制片者和主要导演，在视听作品著作权的归属上执行的也是"作者原始取得著作权原则"，因而，制片者可以享有著作权。

总体而言，由于作者权法国家普遍遵循"创作人原则"和"作者原始取得著作权原则"，所以，视听作品著作权绝大多数归创作者享有。日本对于视听作品作者的确定原则上遵循了"创作人原则"（视听作品为职务作品时适用"视为作者原则"），但是在视听作品著作权的归属上却没有执行"作者原始取得著作权原则"，将著作权直接赋予制片者的做法极为少见。菲律宾和卢森堡在作者的确定上虽然没有遵循"创作人原则"，但是在视听作品著作权的归属上却执行了"作者原则原始取得著作权原则"，使得制片者得以取得视听作品的著作权，此举在作者权法国家中也属少见。

（三）不同著作权归属下创作者和制片者利益保护

对于许多作品而言，仅凭作者一人的劳动或许可以创作完成。但是，对于绝大多数视听作品（特别是电影作品）而言，如果没有制片者的策动和组织，没有制片者投入资本和承担风险，就很难创作完成。在视听作品创作中，创作者和制片者的作用难分主次，一部创作成本动辄上亿的电影创作，如果没有制片者的资本投入，恰如"巧妇难为无米之炊"；如果仅有制片者的资本投入，却无创作群体，制片者就面临"有米却无巧妇"的尴尬。因此，各国著作权法在确定视听作品著作权归属时会兼顾创作者和制片者的利益。如果将视听作品整体著作权赋予创作者，就会考虑制片者所应享有的权利；如果将视听作品整体著作权赋予制片者，则会兼顾创作者的利益。

1. 著作权属于创作者情况下制片者的利益保护

在作者权法国家中，保护视听作品制片者利益的做法主要有两种，一种是以意大利为代表的法定转让制度，按照该制度，视听作品的经济权利不可驳回地推定转让给了制片者；另一种是以比利时和法国为代表的推定转让制度，依据该制度，视听作品的经济权利可驳回地推定转让给了制片者。❶

意大利《著作权法》将视听作品看作合作作品，原著作者、编剧、作曲者以及艺术导演被看作视听作品的合作作者。对于合作作品的著作权，意大利《著作权法》第10条规定，由全体合作作者共同享有。这意味着原著作者、编剧、作曲者以及艺术导演共同享有视听作品著作权。同时，为了提高著作权行使的效率和保护制片者的投资利益，意大利《著作权法》第45条特别规定："电影作品的经济权利归组织电影作品制作的人行使。"不过，意大利毕竟属于作者权法国家，其所实行的"民法作者权"版权制度决定着其将作者放在首位，因此，对于制片者利益的保护要受到对于作者利益保护的限制，意大利《著作权法》第46条即将制片者行使经济使用权仅限于对电影的放映；如无相反约定，未经电影作品作者同意，制片人不得将该电影作品改编或者翻译后上映。此外，意大利《著作权法》还规定了视听作品作者获得额外报酬的权利，比如电影插曲、配乐的词曲作者对公映的电影有权额外获得报酬（此权利无相反约定例外）。如无相反约定，电影作品的原著作者、编剧、艺术导演未按电影公映收入的一定比例获得报酬的，有权在公映收入达到与制片人约定的数额时获得额外报酬（此权利可以作相反约定）。不仅如此，即便发行权和出租权转让给了制片人或者制片者，视听作品作者还可以从任何经济性使用视听作品的方式中获得公平的报酬（意大利《著作权法》第46条第2附条）。而且，在不妨碍制片人行使权利的情况下，电影作品的文学部分和音乐部分的作者可以用任何方式对该部分进行复制或者使用（意大利《著作权法》第49条）。❷

---

❶ Dr. Makeen F. Makeen, The Protection of Cinematographic Works under the Copyright Laws of EGYPT and LEBANON, *Journal of the Copyright Society of the U.S.A.* 2008, Winter/Spring, p.248.

❷ 费安玲，魏骁，陈汉. 意大利著作权法[M] // 《十二国著作权法》翻译组. 十二国著作权法，北京：清华大学出版社, 2011: 290-291.

可以看出，意大利《著作权法》的法定转让制度转让的只是视听作品的放映权，其他权利仍然保留在作者手中，其中有的权利（如意大利《著作权法》第46条的改编权和翻译权）制片者可以通过约定方式从作者手中获得，有的权利（如意大利《著作权法》第46条第2附条的发行权、第18条第2附条第5款的出租权）制片者可以通过转让方式获得；有的权利则不能转让或者约定权利归属，比如作者的署名权和词曲作者对于公映电影的获得报酬权；有的权利（如意大利《著作权法》第47条的修改权）虽然归属于作者，但是制片者仍可以享有一定的权利（必要的改动以适应电影的需要）。

与意大利类似曾经采用法定转让制度的国家还有卢森堡。1972年，卢森堡制定版权法，在没有规定视听作品作者的情况下，直接规定将视听作品的版权归属于制作者。1997年，卢森堡为了履行欧共体（今欧盟）《租借权指令》和《保护期指令》的要求，重新修订了版权法，规定电影作品或者视听作品的版权应归属于主要导演和制片者所有。2001年，卢森堡再次修订版权法，一方面将制片人和总导演确定为视听作品的作者；另一方面将法定转让制度修改为推定转让制度，在其版权法第24条规定："除另有规定外，视听作品的作者和其他创作者（音乐作品创作者除外）将所有视听使用权推定交给制片者所有，其中包括如添加字幕或者配音等必要的操作权。"

与意大利以及2001年之前的卢森堡不同，法国、德国、比利时、西班牙等国为了保障制片者的利益，在将视听作品著作权归属于作者的情况下，将视听作品的经济权利可驳回地推定转让（许可）给了制片者。

由于德国视听作品的作者并不包括视听作品中被使用作品的作者，因此，德国视听作品使用权推定许可给制片者的制度分为两种情形，一种是针对视听作品中被使用的作品的作者的推定许可；另一种是针对视听作品作者的推定许可。对于前者，主要体现在德国《著作权法》第88条，依据该法条第1款规定，通过电影改编合同、电影剧本或者把音乐改编入电影的合同所授予的把作品改编成电影的许可权，在合同约定不明的情况下，被视为已经包括了某种综合性的排他性使用权的许可。这一综合的排他性权利包括在使用作品的时候不改动原作品、为电影制作的目的对原作品进行演绎或者改编的权利；以及运用现有的使用方式对电影作品、电影作品的译制品以及演绎后的电影作品进行使用的权利。

与法国推定转让将音乐作曲者排除在外类似的是，在德国，如果作者已经把自己的相关权利先行授予了著作权集体管理组织，就不再适用上述推定许可。❶ 德国《著作权法》第88条第2款同时限定这一综合的排他性权利并不包括将该作品再次摄制电影的权利。对于后者，主要体现在德国《著作权法》第89条第1款，该法条规定，在合同约定不明的情况下，法律推定那些在电影制作方面有义务参与的人（对于那些在电影作品上取得了著作权的人）得将自己在电影作品上的使用权、翻译权以及其他以电影形式利用的改编权等排他性权利授予电影制作人，他可以以法律明文规定的所有的使用方式对上述权利进行使用。❷ 与针对视听作品中被使用的作品的作者的推定许可不同的是，对于针对视听作品作者的推定许可，德国《著作权法》第89条第2款特别指出，即使电影作品作者已经将上述使用权授予第三人行使，仍然继续有权将电影作品的各项使用权有限或者无限地授予制片者行使。推定许可一般发生在没有约定许可的情况下，无论是推定许可还是约定许可都会涉及创作者的薪酬谈判问题。随着时代的发展，制片者越来越强势，与之相反，创作者越来越弱势。2002年，德国为了保证创作者在与制片者签订著作权合同时权利能够得到保障，颁布了《提高作者缔约地位法案》，该法案第32条第1款规定，作为对转让利用权的回报，作者有权得到合同规定的薪酬，在没有确定具体数额的情况下，作者有权获得适当的薪酬；在已经确定具体数额的情况下，如果数额不适当，作者有权修订该合同，利用人有义务与作者商定适当的薪酬。❸ 该法案第32条第2款、第4款同时解释了"适当薪酬"❹ 的含义。这些强制性规定旨在保障在薪酬谈判中处于弱势地位的作者的利益。

---

❶ 参见[德]M·雷炳德. 著作权法[M]. 张恩民, 译. 北京：法律出版社, 2005: 201-202.

❷ 参见[德]M·雷炳德. 著作权法[M]. 张恩民, 译. 北京：法律出版社, 2005: 203.

❸ See Wilhelm Nordemann, A Revolution of Copyright in Germany, 49 J. *Copyright Society of the U.S.A.*. 1041 2001-2002, p.1043.

❹ "适当的薪酬"是指：（1）该薪酬按照一般所谓的普通薪酬标准确定的或者由公会与雇主或者制片者签订集体合同；（2）在缺少这种规则或者合同的情况下，必须在考虑到转让权利的种类和程度、使用的期限以及其他相关情况下按照公平使用支付薪酬。See Wilhelm Nordemann, A Revolution of Copyright in Germany, 49 J. Copyright Society of the U.S.A. 1041 2001-2002, p.1043.

第三章　视听作品著作权的归属：作品保护抑或作者至上

　　同时，为了保证制片者顺利行使上述推定许可的权利，德国《著作权法》第90条对于作品作者著作权加以一系列限制，比如德国《著作权法》第34条关于使用权转让、第35条关于其他使用权的转让以及第41条因不行使权利和第42条因观念改变而产生的收回权的限制，一旦电影拍摄工作开始，作者的这些权利即受到限制。不仅作者的经济权利受到限制，作者的人格权利也受到一定程度的限制。德国《著作权法》第93条规定，电影作品和为制作电影而使用的作品的作者只有其作品或者贡献遭受粗暴歪曲或者其他粗暴损害的情况下才可以行使禁止权。这意味着一般的人格权侵犯并不属于禁止范围之内。在德国，制片者除了通过推定许可制度从视听作品作者手中获取使用视听作品所必要的各项权利之外，还可以通过德国《著作权法》第94条设置的邻接权制度取得复制、发行和为公开上映、广播电视播放或者公开提供录有视听作品的图像制品或者音像制品的独占权。当然，这一邻接权仅仅适用于影片载体，并没有涵盖视听作品本身。因此，对于针对视听作品本身的侵权行为（比如未经许可的再次摄制行为或者剽窃行为），制片者无法运用邻接权予以对抗，必须得到作者们所享有的权利的支持。❶

　　与德国推定许可制度稍有不同的是，法国采取推定转让制度保障制片者的利益，造成这种差异的原因在于德国《著作权法》秉承一元论的理念，不允许进行著作权转让，而法国在一定条件下作者可以转让其著作财产权。法国《知识产权法典》第L.132-24条❷规定了推定转让制度，法国的推定转让并不适用于音乐作曲者，其原因在于在大多数情况下，他们已将其音乐作品的复制和表演权转让给了法国音乐表演权协会（SACEM）❸，在这种情况下，音乐作曲者已不具备与制片者签订相关的视听作品制作合同的权利主体资格。需注意的是，视听作品独占使用权转让并不包括作品平面及舞台权利的转让，这两个权利仍然保留在作者手中。对于作者而言，获得报酬的方式并不是一次性支

---

❶　参见[德]M·雷炳德.著作权法[M].张恩民，译.北京：法律出版社，2005：525.
❷　法国《知识产权法典》第L.132-24条规定："在无相反的约定及不影响法律赋予作者权利的情况下，制作者同配词或者未配词的作曲者之外的视听作品作者签订合同，即导致视听作品独占使用权转让给制作者。"
❸　See Pascal Kamina, *Film Copyright in the European Union*, 1sted, Cambridge University Press, 2001, p.184.

付，而是按每一使用方式付给，制片者须一年至少一次向作者及合作作者提交一份来自作品每一使用方式的收入报告。❶

除了法国之外，其他如西班牙、芬兰、希腊、丹麦和葡萄牙等欧洲国家也受法国影响采取推定转让制度，以保障在视听作品著作权归属于创作者情况下制片者的投资利益。

2. 著作权归属于制片者情况下创作者的利益保护

日本、卢森堡和菲律宾是作者权法国家中为数不多的将视听作品著作权直接归属于制片者的国家。20世纪60年代，日本在修订《著作权法》的过程中对于电影作品著作权归属问题曾有争议。有些人曾建议采取推定转让制度，即电影作品著作权应归属于合作作者所有，如果合作作者与电影制片者无特别约定，则推定电影作品著作权转让于电影制片者。但是立法者最终没有采纳这一建议，转而规定由制片者原始取得电影作品著作权，其理由是："共同著作人之范围即不予特定，如再维持推定著作权转让之规定，则可能有范围不确定之多数著作人保留各种权利（指著作人与制片人有特约保留其权利，而不适用转让之推定），如是则第三人欲利用电影时，应取得如何之许可，始称充足，即不易认清，是有碍电影利用之流畅圆通。"❷ 不可否认，将视听作品著作权归于制片者可以极大提高利用视听作品的效率，促进作品传播，提高作品收益。但是，同时不可忽视的是制片者与创作者之间一荣俱荣、一损俱损的关系。为此，如果将视听作品著作权归于制片者，就不能不考虑创作者的利益保护。

日本虽然是作者权法国家，但是，就视听作品保护而言，日本对于制片者利益的保护更甚于对创作者利益的保护，甚至有重制片者利益保护而轻创作者利益保护之嫌，主要体现在以下几个方面。第一，视听作品作者享有的权利有限。根据日本《著作权法》的规定，视听作品作者仅享有著作人格权，不享有著作财产权，此权利由制片者享有。第二，视听作品作者所享有的有限权利仍受限制。①只有在视听作品不属于职务作品的情况下，视听作品作者才能

---

❶ 黄晖. 法国知识产权法典[M]. 北京：商务印书馆，1999: 32–33.
❷ 甘龙强. 电影著作权[M]. 北京：中国电影出版社，1991: 27.

第三章　视听作品著作权的归属：作品保护抑或作者至上

享有著作人格权。如果视听作品属于职务作品，那么依据日本著作权法第15条的规定，实际的创作者将被剥夺成为作者的资格，相关的法人等将取代创作者成为该视听作品的作者，进而享有相应地著作人格权。②为了利于制片者行使视听作品著作权，创作者实际失去了部分人格权控制。日本著作权人格权包括发表权、姓名表示权和保护作品完整权。依据日本《著作权法》第18条第2款第（3）项规定，按照《著作权法》第29条规定视听作品的著作权归于制片者时，在制片者行使著作财产权而公开上映该视听作品时，推定作者同意公开发表该视听作品。第三，在视听作品著作权归于制片者的情况下，视听作品作者能够享有的权利除了人格权之外，就只有最初在参与视听作品制作之前与制片者约定就创作劳动一次性获得报酬的机会而已。此权利在法律中并没有提及，须经合同约定。除此之外，如果视听作品日后存在二次利用的情形，创作者也无权主张二次获酬。唯一例外的是，在日本《著作权法》第16条列举的几类创作者中，只对身为"对电影著作的整体形成有创作性贡献之人"之一的导演，日本实务上有追加报酬制度，在社团法人日本电影制作人联盟（以下简称为映联）和日本电影导演协会之间，签订有电影二次利用支付追加报酬备忘录，惟此备忘录对映联和导演协会以外的会员并无拘束力。这意味着，在视听作品作者中，只有电影导演有机会享受此追加报酬制度，至于其他作者实务上并无此种制度存在。这应该还是实务上认同电影导演对电影著作之创作贡献最大之故。❶

　　需要指出的是，日本对视听作品作者的范围划定比较特殊，有现代著作人和古典著作人之分，其中现代著作人可以成为视听作品作者，而古典著作人不能成为视听作品作者。古典著作人又分原著作者和电影使用素材作者，原著作者采用广义的概念，包括剧本作者，即日本认为剧本与电影的关系是原著与二次作品的关系。对于原著作者的权利，日本《著作权法》第28条规定："二次作品原作品的作者，对二次作品的使用，享有和二次作品作者同样的、本小节规定的著作权。"❷申言之，当原作品被二次作品使用后，二次作品作者

---

❶ 参见张懿云，陈锦全.视听著作权利保护之研究期末报告[R].2011: 106.
❷ 参见日本著作权法[M].李杨，译.北京：知识产权出版社，2011: 21.

111

享有哪些著作权,二次作品原作品的作者就可以享有哪些著作权。以电影作品与其改编的小说为例,小说属于原著,电影作品就属于对原著进行拍摄而形成的二次作品。比如,小说作者本不享有上映权,但是当小说作为原著作品被拍摄成电影作品之后,该小说作者就可以享有作为小说作者不能享有而电影作品作者可以享有的权利。虽然在实务中,电影制片者在向原著作者取得改编著作权授权时,会一并取得电影作品上映授权,但是这是原著作者可以主张权利的依据。至于电影使用素材作者,其享有的权利范围要小于原著作者可以享有的权利。解释上应该是只要被收录之素材享有该电影著作之利用形态之权利时,素材著作人即得主张该权利。❶ 换言之,当素材作者享有的权利恰好也是电影作品作者享有的权利时,该素材被电影作品使用后,素材作者才可以主张该权利。明显地,相比较原著作者而言,素材作者所能享受的权利保护要少一些,"这应该是基于身为二次著作之电影著作主要的价值都是来自原著,而素材仅为电影著作的一部分,此种基本性质与贡献上之差异所致。"❷

不可否认,从立法上看,日本确有重制片者利益保护而轻创作者利益保护之嫌,至少在视听作品作者中占有重要地位的导演的财产利益保护并没有在立法上有所体现,只体现在实务上,其他视听作品作者的财产利益在实务中都没有涉及。值得一提的是,日本立法对于原著作者利益保护比较重视,而且在视听作品创作中地位比较重要的编剧属于原著作者,不同于许多国家将编剧确定为视听作品作者。

如上述所述,菲律宾视听作品著作权属于制片者和创作者共同享有,同时,为了利于行使视听作品著作权,菲律宾《知识产权法》第178条第5款特别规定除非这些创作者另有约定,制片者除了不能收取视听作品中音乐作品的表演许可费,可以以任何方式在表现该作品的必需范围内行使该作品的著作权。正是因为创作者是著作权人,所以菲律宾《知识产权法》并没有对创作者的利益保护作出特别规定,只能由制片者和创作者通过协议解决。

至于卢森堡,由于其受英国《版权法》影响较大,其具体制度与英国

---

❶ 参见张懿云,陈锦全.视听著作权利保护之研究期末报告[R]. 2011: 108-109.
❷ 参见张懿云,陈锦全.视听著作权利保护之研究期末报告[R]. 2011: 108.

《版权法》颇为相似,在此不予赘述。

总的说来,在视听作品著作权归属于创作者的作者权法国家中,无论是以意大利为代表的法定转让制度,还是以法国和德国为代表的推定转让或者许可制度的目的均是利于制片者行使视听作品著作权,以保障制片者的投资利益,但是视听作品毕竟是由创作者创作完成的,受"创作人原则"和"作者原始取得著作权原则"的双重影响,创作者可以享有视听作品著作权,只是为了促进视听作品传播,将行使著作权的权利交于制片者。而在视听作品著作权归属于制片者的作者权法国家中,将著作权直接归属于制片者本身即是为了提高利用视听作品的效率,不过作者权法国家的本质决定了视听作品的著作权人格权仍然保留在创作者手中,且创作者基于创作劳动仍有权获得财产收益。不可否认,对于视听作品这种在制片者组织和策动下众创作者参与创作的作品而言,作者权法国家所采取的"民法作者权"著作权制度受到极大的挑战,意欲维持"将作者放在首位,作者至上"的做法已变得越发艰难,有的国家(比如日本)对于制片者利益的保护甚至已经超越了创作者,作者权法国家与版权法国家之间曾经不可逾越的鸿沟变得越来越模糊。

二、版权法国家视听作品著作权的归属

(一)激励投资,将视听作品著作权归属于制片者

与作者权法国家更加关注作者利益明显不同的是,版权法国家更加关注作品的版权归属主体。版权法国家确定作品的版权归属主体一般从经济利益原则出发,主要倾向于那些对作品承担商业风险的主体,而不是从事作品创作的主体。

美国虽然将视听作品列为一类独立的作品,却没有特别规定视听作品著作权的归属,而是适用一般的著作权归属规则。美国《版权法》第201条第(a)项规定,作品的原始版权属于作品的作者或者作者们。合作作品的作者为作品版权的共同所有人。该条第(b)项规定,在雇佣作品的情况下,雇主或委托方被视为作者并享有版权中的一切权利,除非双方当事人以书面文件明

确作出了相反约定。❶ 依据美国《版权法》第201条确定的著作权归属规则，如果视听作品系个人独立创作，则该个人作为作者享有视听作品著作权。如果视听作品系作者合作创作完成，且不存在受雇佣或者受委托的情形，则合作作者共同享有视听作品著作权。如果视听作品系雇佣作品，则雇主或者委托方在无相反约定的情况下享有视听作品著作权。

在美国，视听作品特别是其中的电影作品绝大多数属于雇佣作品，因此，美国视听作品著作权主要归属于雇主或者委托方，即制片者。美国这种制度设计实际上源于美国《宪法》确立的版权制度的目标。美国《宪法》指出，设立版权制度是为了"促进科学的进步"（在这句话中，科学仍然保留18世纪知识或者文化的含义）。为了服务这一目标，《版权法》在作品进入公共领域并自由获得之前给予创作者有限的垄断。从某种意义上讲，版权是由立法者和法院设计的一个巧妙的讨价还价。基于作者和艺术家的表达，立法者给予其有限的垄断权，以鼓励他们创作更多的文化和知识。然而，一旦有限的期间结束，作品就进入公有领域，变成公共财产。

不过，随着电影的发明以及电影工业的发展，作者资格的定义受到新的挑战。虽然美国《宪法》的制定者使用比较狭窄的术语"作者"，但是作者概念一直在变，《版权法》已经将其扩大到保护更为广泛的创作者组织，超出了我们能够想象得到的作者概念。"作者"已不再是一个孤独的作家坐在沙发上的形象，电影剪辑师、制片人和摄影师都是电影或者电视剧潜在的作者或者合作作者。透视美国《版权法》，作者和艺术家对于他们的作品并不拥有任何自然的和不可剥夺的联系，他们仅仅享有国会授予的权利。美国《版权法》的许多条款都在促使创作者和版权分离，加强版权的人为性和短暂性。❷ 美国引入"雇佣作品"制度，使得制片者可以享有版权，而不是由创作者享有版权，即在促使创作者和版权分离。这种分离是以制片者为代表的投资者为组织和发行作品投入资本与风险，要求获得明晰著作权保护的结果，更是为了实现美国《宪法》确立版权制度的目标。

---

❶ 参见李明德. 美国知识产权法[M]. 北京：法律出版社，2003: 195.
❷ See Peter Decherney, *Hollywood's Copyright Wars: from Edison to the internet*, Columbia University Press, 2012, p.3、6、111.

第三章 视听作品著作权的归属：作品保护抑或作者至上

与美国不同，英国视听作品的概念比较复杂，一种是成文法上的概念，是一种与录音制品类似的独立的作品；另一种是判例法上的概念，可以与戏剧作品受到同样的保护。不过，这种概念上的差异仅仅导致视听作品的作者范围有所不同，而著作权归属的原则并没有多大差别，都遵循"作品的作者享有作品的原始版权""雇佣作品的原始版权则归属于雇主"的著作权归属一般原则。1952年，英国格里高利委员会提议将所有电影视为"特殊类型的作品"并给予特殊的版权保护。该委员会认为电影版权明显的和逻辑上的主体是负责制作电影的人。这个人可以是公司，也可以是个人。1938年和1948年的英国《电影法》将"制作者"（maker）界定为"为电影制作担负必要安排的人"。1956年，英国制定《版权法》，该法第13条第1款明确将电影版权赋予"制作者"（maker），第13条第10款将"制作者"解释为"为电影制作担负必要安排的人"。❶ 1988年英国《版权法》并没有像1956年英国《版权法》那样将电影版权明确归属于"制作者"，而是在第9条规定电影的作者是"为电影制作担负必要安排的人"；在第11条规定，作者享有原始版权。"为电影制作担负必要安排的人"是电影的作者，故其享有电影版权。至于"为电影制作担负必要安排的人"包括哪些人，1988年英国《版权法》并未说明。

20世纪90年代，由于欧共体（今欧盟）于1992年和1993年先后颁布了《租借权指令》和《保护期指令》，要求各成员国必须将视听作品的主要导演确定为作者之一。在这种情形下，为了贯彻欧共体（今欧盟）指令，英国于1996年修改了《版权法》，规定制片者和主要导演是视听作品的合作作者，共同享有版权。在视听作品属于合作作品的情况下，作品版权行使须取得合作作者的一致同意，对于视听作品这种比较复杂的作品而言，为了利于版权的行使，避免发生版权行使分歧，制片者一般通过两种方式取得视听作品的版权，不与主要导演分享版权。一种方式是法定取得，依据英国《版权法》第11条确立的"雇佣作品"原则，如果制片者与主要导演系雇佣关系，视听作品是作为雇员的主要导演在雇佣过程中完成的，那么，制片者作为雇主则是该视听作品

---

❶ See DR Matthew Rimmer, *The Copyright Amendment (Film Directors' Rights) Bill 2005: A Submission to the Senate* Legal and Constitutional Committee, http://works.bepress.com/matthew_rimmer/59.

版权的原始所有人，主要导演作为雇员不再享有视听作品著作权。另一种方式是合同取得。依据英国《版权法》，视听作品属于合作作品，制片者和主要导演共同享有版权。未经合作作品中的一方版权人许可，其他版权人不能行使版权，就像一个案件中的当事人一样，是一个不愉快的锁定状况，这意味着，就相关权利利用而言，是一个严重的阻碍，可能导致无用的诉讼和不受欢迎的"双输"局面。❶ 为了避免此情况出现，在实践中，制片者和主要导演一般会在视听作品制作前约定版权的归属，制片者可以通过合同方式从主要导演手中取得视听作品著作权。

需说明的是，制片者无论是通过法定取得还是通过合同取得视听作品版权，都不能剥夺主要导演作为视听作品作者的身份。从这一点上，也可以看出英国与美国在"雇佣作品"制度上的差异。在美国的"雇佣作品"制度下，如果当事双方没有以书面文件作出明确相反约定，那么雇员不是作者，雇主才是作者。而依据英国的"雇佣作品"制度，作为雇员的主要导演是视听作品的作者之一，雇主只是雇佣作品版权的原始所有，并非作者。

除此之外，从成文法上看，英国雇佣作品的内涵与美国也有所区别。美国《版权法》明确规定雇佣作品包括部分特别定制或者委托创作品，而英国《版权法》的雇佣作品仅限于双方存在雇佣关系，而委托创作的作品不属于雇佣作品。在英国1998年的 Robin Ray v. Classic FM❷ 案中，Lightman法官即根据英国《版权法》规定，指出"受托方在缺少明示或者默认相反表示的情况下有权保留版权，事实上基于受托方接受委托创作作品而将版权给予委托方的理由并不充分"，"服务合同关系不是雇佣关系"，所以作为被告的Classic FM一方无法以雇主的身份享有委托创作的作品著作权，故判决Robin Ray胜诉。不

---

❶ See Enrico Bonadio and Lorraine Lowell Neale, Joint ownership of films in the absence of express terms, *Journal of Intellectual Property Law & Practice*, May 14, 2012.

❷ Robin Ray v. Classic FM [1998] FSR 622：Robin Ray是英国著名的古典音乐专家，受Classic FM委托将几千首歌曲汇编整理成一个播放列表，以方便Classic FM挑选适当的歌曲进行播放。后来Classic FM将该播放列表许可给海外广播电台，于是Robin Ray以侵犯其版权为由将其起诉至法院。

过，在随后1999年的Pasterfield v. Denham❶案中，法院则裁定委托方确实获得了版权受益权，因为受托方已经获得相应的报酬并且知晓其作品创作用途。该案确立的原则被后来2005年的R. Griggs Group Limited v Evans❷案所采纳，审理该案的法院裁定Evans已经因为这件作品获得了适当的报酬。为了便于原告主张最终收益，从交易效率上讲，该标识的所有权利必须归于广告公司，一个令人信服的理由是原告获得所有的权利对于保护其购买的标识很有必要，更何况Evans设计的标识很大程度上还是基于原告已有的标识。2012年的Slater v Wimmer❸案中再次重申了1999年Pasterfield v Denham案确立的委托人可以基于委托获得版权的原则。不过，此案中的制片者并没有如愿获得视听作品版权，其主要原因在于制片者并没有向导演支付创作报酬，制片者和导演之间并没有形成典型的委托关系，故制片者不能享有版权。如此看来，从成文法上看，英国的雇佣作品并不包括委托作品，但是在司法实践中，英国法院对于委托作品著作权的归属采取的原则与雇佣作品原则比较类似，即在无明确约定版权归属的情况下，委托作品著作权一般归属于支付报酬一方。

受英国《版权法》影响，1968年澳大利亚《版权法》也将视听作品著作权归属于"制作者"（maker）（澳大利亚1968年《版权法》第98条），并将"制作者"也界定为"为电影制作担负必要安排的人"（澳大利亚1968年《版权法》第22条第4款第（b）项），其立法理由一是《伯尔尼公约》（布鲁塞尔文本）第13条第4款体现的电影制作者（maker）是原始版权所有人的原则；二是为了保护企业投资，而不是为了保护作者或者文学、戏剧、音乐和艺术作

---

❶ Pasterfield v. Denham (1999) FSR 168：在这个案件中，普利茅斯市议会委托一设计公司设计宣传单张及小册子以推广该市著名的旅游景点。使用了几年之后，议会又委托第二家设计公司在第一家设计公司设计的基础了进行更新设计，据此，第一家设计公司起诉议会侵犯其著作权。

❷ R. Griggs Group Limited v. Evans (2005) EWCA (Civ) 11：该案原告是"Doc Martens"鞋的制造商，曾经委托一个广告公司将其原有的"Dr Martens"和"airWair"商标进行重新组合设计。该广告公司将这一工作又委托给Evans。Evans是广告公司聘用的自由设计师，按照每小时15美元的标准收取报酬。之后，Evans却将设计好的新标识的版权转让给澳大利亚的一家鞋业公司。

❸ Slater v. Wimmer [2012] EWPCC：Wimmer是丹麦的金融家和冒险家，委托年轻的电影记录片制作者Slater记录下其串联跳伞越过珠穆朗玛峰的过程。Wimmer支付了Slater旅程涉及的所有费用，但是没有就拍摄记录片单独支付报酬，且双方没有约定纪录片的版权归属。后来，未经Slater许可，Wimmer将Slater拍摄的镜头收录在丹麦记录片"Wimmer越过珠穆朗玛"中，并在丹麦电视台进行播放。

品固有的独创劳动的表达。这一制度设计倾向于将电影作品视作独立的作品类型，制片者是电影作品唯一的版权人并享有所有的经济权利。澳大利亚著名制片人杰夫·布朗即主张考虑到企业所承担的风险而将版权分配给制片者是适当的：澳大利亚版权制度从根本上就是保护那些在电影或者电视项目上承担商业风险的人。这可以确保经济发展，激励工业投资最大化。制片者几乎承担了所有的商业风险，而导演基本没有承担什么风险。通常，导演只是制片者的"雇员"。换言之，无论他们的合同是怎样规定，是雇佣关系还是提供服务，导演最终都遵从项目制片者的指挥。❶ 依据2000年《版权法（精神权利）修正法案》（见澳大利亚《版权法》第189条），制片者可以是个人，如果有两个或者两个以上的制片者，那么能作为制作者的只能是主要制片者，不能是辅助制片者、执行制片者、副制片者、现场制片者、助理制片者或者其他任何形式的制片者。只有个人可以享有精神权利，假如制片者是法人团体，那么电影的精神权利仅归属于电影导演和电影剧作家。2005年，澳大利亚修订版权法，通过《电影导演权利法》，规定在一定条件下，导演可以与其他制片者一起分享视听作品版权，即享有经济权利。

（二）缓解矛盾，让导演分享视听作品版权

对于版权法国家而言，从激励投资出发，将视听作品著作权归于制片者。但是，随着时代的发展，主张赋予导演视听作品著作权的呼声越来越高。20世纪90年代，欧共体（今欧盟）《租借权指令》和《保护期指令》相继出台，英国迫于履行成员国义务的压力，无奈承认了导演视听作品作者的身份并赋予其视听作品版权，导演才得以与制片者共享视听作品版权。英国的这一修法行为直接影响到其他版权法国家。

爱尔兰受其影响于2000年赋予导演视听作品版权。澳大利亚虽然不需要像英国那样为了履行国际性公约义务而无奈修改国内法，但是，英国修法还是对澳大利亚触动很大，国内实务界和理论界纷纷从不同的角度强烈要求赋予导演视听作品版权。澳大利亚著名导演斯科特·希克斯直言："导演是一项创

---

❶ See DR Matthew Rimmer, The Copyright Amendment (Film Directors'Rights) Bill 2005: A Submission to the Senate Legal and Constitutional Committee，http://works.bepress.com/matthew_rimmer/59.

作性劳动，能够产生知识产权，导演理应同其他创作者一样获得授权。"他认为澳大利亚由于没有承认导演的创作性贡献而将面临变成国际笑话的危险。❶ Rudolph Carmenaty主张，作为电影的创作者，是导演决定了电影的外观与信息。❷ 因此，导演有权获得电影的经济权利和精神权利。2000年，澳大利亚出台《版权法（精神权利）修正法案》赋予导演精神权利（见修订后的澳大利亚《版权法》第189条），规定电影的作者就是电影制作者，包括电影导演、电影制片者和电影剧作家，共同享有视听作品的精神权利。Ian David将该法案称为"普通法国家中举世瞩目的立法"，代表澳大利亚作家和创作者新时代的到来❸。但是，该法案并没有提及导演的经济权利。对此问题，澳大利亚各方提出了不同意见。澳大利亚电影制片者协会认为既然制片者承担视听作品制作风险，那么制片者就是视听作品的唯一版权人。再者，如果让导演分享视听作品版权，会对产品融资带来不利影响，因为对于任何产品而言，如果想吸引投资，就必须保证将产品的所有权利集中在一人手中且比较容易转让。❹ 澳大利亚导演协会（ASDA）则认为，导演是视听作品的主要创作者，应该被看作视听作品的制造者，和制片者一起贡献视听作品版权。澳大利亚司法部长Philip Ruddock认为，导演可以与制片者共享版权，但是，为了不影响重要的电影工业以及制片者现有的对其未来成功至关重要的收入来源，只能给予导演有限版权（限于电视转播版税）❺。2005年，澳大利亚立法机构综合考量各方提议之后颁布了《版权法（电影导演权利）修正法案》，规定在作品不属于委托创作的情况下，视听作品里的每一位导演都是制作者，可以享有视听作品版权；如果视听作品是导演在雇佣合同期间创作完成的，那么雇主将取代导演成为制作者享有视听作品版权，版权所有人享有的版权仅包括转播免费广播的电影的权

---

❶ See DR Matthew Rimmer, The Copyright Amendment (Film Directors'Rights) Bill 2005: A Submission to the Senate Legal and Constitutional Committee, http://works.bepress.com/matthew_rimmer/59.

❷ See Anne Barron, The Legal Properties of Film, Modern Law Review, 2004, Vol. 67 (2), pp 177-208 at 196.

❸ See Staff Reporter, Artists to Win Rights, The Sydney Morning Herald, 10 December 1999, p.15.

❹ See DR Matthew Rimmer, The Copyright Amendment (Film Directors'Rights) Bill 2005: A Submission to the Senate Legal and Constitutional Committee, http://works.bepress.com/matthew_rimmer/59.

❺ See DR Matthew Rimmer, The Copyright Amendment (Film Directors'Rights) Bill 2005: A Submission to the Senate Legal and Constitutional Committee, http://works.bepress.com/matthew_rimmer/59.

利（见澳大利亚《版权法》第98条）。

在版权法国家，立法者赋予导演视听作品版权基本属于被动为之，要么基于外在推动力（如英国），要么由于内在推动力（如澳大利亚）。不过，并非所有的版权法国家都规定导演可以与制片者分享视听作品版权，其中，美国和加拿大等国的导演无此权，新西兰的导演仅仅享有在作为版权作品的电影上表明其导演身份的权利（见新西兰《版权法》第94条第1款第（b）项）。

随着越来越多的国家选择赋予导演视听作品版权，一些没有赋予导演视听作品版权国家的利益团体开始积极呼吁立法者修法。2003年10月30日，加拿大导演协会的导演事务经理Arden Ryshpan在加拿大议会常务委员会会议上指出，诸多理由表明，承认导演的作者身份对于工业发展具有非常重要的意义。比如，国际私人复制或者转播版税征收系统分为作者和制片者两种。由于国内立法不承认导演作者，不能享有版权，因而使得导演协会涉及外国导演征收版税的工作变得很复杂。同时，对本国的导演也很不公平。如果加拿大将来能承认导演的作者身份，就能确保他们能够获得相应的报酬。新西兰电影导演协会呼吁立法者修法赋予导演视听作品版权："导演是视听作品的创作者。导演理应分享视听作品在经济上的成功……不仅如此，导演还有权就作品的二次使用获得经济回报。"❶ 不可否认，无论立法者是主动修法，还是被动修法，赋予导演视听作品版权正逐渐成为许多版权法国家修法的方向。

（三）遵循"作者取得原始版权原则"和"雇佣作品原则"

自1710年英国制定《安娜法令》以来，版权法在其发展、演变过程中积淀和形成了一些基本原则，如"作者原始取得版权原则""视为作者原则"等。由于这些法理原则反映了著作权的本质特点和内在逻辑，因而为此后制定著作权法的世界各国相继采纳和遵循。❷ 尽管版权法国家普遍注重作品保护、激励投资、追求经济效益，但是在版权归属上，无论是确定视听作品作者的版

---

❶ See DR Matthew Rimmer, The Copyright Amendment (Film Directors' Rights) Bill 2005: A Submission to the Senate Legal and Constitutional Committee, http://works.bepress.com/matthew_rimmer/59.

❷ 孙新强. 关于著作权法修订的几点理论思考[M] // 梁慧星. 民商法论丛（第19卷）. 香港：金桥文化出版（香港）有限公司, 2001: 304.

权法国家，还是没有确定视听作品作者的版权法国家均遵循"作者原始取得版权原则"。

美国和加拿大两国的版权法既没有确定视听作品的作者，也没有界定作者的概念，但是两国版权法均规定："作品的作者是版权的第一所有人。"英国和澳大利亚确定了视听作品的作者，虽然两国确定的作者范围稍有差异[1]，但是，在视听作品版权的归属上均遵循"作者原始取得版权原则"，将视听作品版权归属于作者。从形式上看，版权法国家与作者权法国家在视听作品版权归属遵循的原则上并无差异。实质上，两者在视听作品版权归属上还是存在很大差别的，造成差异的原因来自于两者对视听作品作者确定适用不同的原则。

如上文所述，作者权法国家在作者的确定上普遍遵循"创作人原则"，故原则上只有参加视听作品创作的人是作者，制片者如果没有参与创作，只是负责投资，无法被确定为视听作品的作者。而版权法国家对于视听作品作者的确定普遍执行"经济利益原则"，本着激励投资的理念，可以将本没有参与视听作品创作的制片者通过"视为作者原则"确定为作者。因此，尽管从形式上看，版权法国家与作者权法国家都遵循"作者原始取得版权原则"，但由于两者确定的作者并不一致，因而导致两者在视听作品版权归属实质上存在根本的区别。虽然有的版权法国家基于各种内在或者外在原因将实际参与创作的导演、甚至编剧确定为作者，但是，这些国家往往又借助"雇佣作品原则"或者对委托作品版权作出特殊规定想方设法将视听作品版权从导演或者编剧手中集中到制片者一人手中。比如，英国和澳大利亚的导演虽然被赋予了视听作品版权，但是，如果该导演是雇员或者与受他人委托创作作品，那么，雇主或者委托人将独享版权，导演不再享有版权。导演只有在视听作品不属于雇佣作品或者委托作品的情况下才享有版权，而在这种情况下，实践中制片者往往通过合同转让方式从导演手中拿走版权。其实，修法之后真正受益的就是这些既不是雇员也没有受他人委托的导演，因为手中的版权可以增强他们与制片者讨价还价的资本。现实是，版权法国家的绝大多数导演，要么是雇员，要么受他人委

---

[1] 英国视听作品的作者是制片者和主要导演；澳大利亚视听作品的作者是制作者，其中制作者包括制片者、导演和剧作家。

托[1]，尽管法律赋予导演视听作品版权，但是法律设置的一个又一个例外使得他们获得视听作品版权成为一个遥不可及的梦。毕竟，版权法的目的并不是为了奖励作者的劳动，也不是为了保障什么天赋的人权，而在于经济上刺激作者和出版商们，或者说提供一种物质利益上的诱惑，以促进科技及文艺创作领域的繁荣。如果说作者权法国家倾向于把著作权看作一种具有自然属性的道德权利，因而著作权的专属性应当附着在作者身上，那么，版权法国家则更多把版权看成是一种可流通可交易的财产权利，故此版权的专属性理当附着于作品之上。[2] 版权法国家对视听作品版权归属的规定固然遵循了反映著作权（版权）本质特点和内在逻辑的法理原则，但是，这些国家从来没有脱离其注重作品保护、激励投资、追求经济利益的基本导向。

（四）版权法国家中创作者的利益保护

与作者权法国家著作权法重点在于保护创作者的权利不同，版权法国家的版权法强调保护投资者商业利用其投资作品的权利。特别是对于视听作品这种需要高投入的作品而言，为了激励投资，保障投资利益，版权法国家会选择将视听作品版权归属于制片者（投资者），在版权法国家这种重作品保护、轻作者保护的制度之下，创作者利益已经被制片者利益挤占得所剩无几。

导演是众多创作者中最受版权法国家重视的一类创作者，虽然并非所有的版权法国家都承认导演是视听作品作者，却是获得最多版权法国家认可作者身份的创作者。即便如此，导演所能享受的版权利益保护也十分有限。在英国、爱尔兰和澳大利亚等国，导演（在英国和爱尔兰仅指主要导演）可以享有版权。如上文所述，在这些国家中，并非所有的导演都可以享有版权，如果视听作品系雇佣作品或者委托作品，那么，在无相反约定的情况下，只有雇主或者委托人可以享有版权，导演将无法享有版权，只能通过雇佣合同或者委托合同获得一定的报酬。显然，这些国家版权法在制度设计上倾向于让制片者而不

---

[1] 澳大利亚《版权法》第98条明确规定，如果电影系委托作品，在无相反约定的情况下，则委托人为版权所有人；英国《版权法》没有明确委托作品版权归属，但是有将委托人视为版权人的判例；美国《版权法》将部分有书面约定为雇佣作品的委托作品看作雇佣作品，在这种情况下，雇主是版权人。

[2] 李响.美国版权法：原则、案例及材料[M].北京：中国政法大学出版社，2004：11-12.

是导演获得版权。如果视听作品既不是雇佣作品，也不是委托作品，那么，将由制片者与导演通过合同约定版权归属。这固然体现了合同自由，但是，处于绝对强势地位的制片者与处于相对弱势地位的导演合同自由的结果往往更多体现强者的意思表示，制片者会通过形式上的合同自由将版权集中到自己手中。

为了确保处于弱势地位的创作者的利益不因地位实际不对等的合同自由而受到影响，欧共体（今欧盟）的《租借权指令》第4条规定，如果作者将影片拷贝的出租权转让给制片者，那么作者仍然保留因为出租而获得公平报酬（equitable remuneration）的权利；对于这一权利，作者不能放弃（wave）；可以将此权利委托给集体管理组织行使。

为了履行欧共体（今欧盟）指令的要求，英国于1996年通过其《版权及邻接权规则》修改其1988年《版权法》，该《版权法》第93B条规定，当作者（文学、戏剧、音乐和美术作品的作者，以及主要导演）将电影的出租权转让给制片者之后，他仍然保留因为出租而获得报酬的权利；作者不能转让（assigne）此权利，除非为了他的利益而让集体管理组织行使此权利；然而，此权利可以作为个人财产或者动产通过遗嘱或者执行法律转让，并可以由权利受让人进一步转让。2000年，爱尔兰修改《版权法》，该《版权法》第125条也有类似的规定："作者不能放弃（wave）且不能转让（assigne）依据本条授予的公平报酬权，除非为了他的利益而让集体管理组织行使此权利。该公平报酬权可以作为个人财产或者动产通过遗嘱或者执行法律的方式进行转让，可以由任何获得此权的人以包括转让的方式进一步传播。"

澳大利亚不是欧盟成员国，不像英国和爱尔兰那样必须受《租借权指令》的约束。因此，在导演利益保护上，澳大利亚《版权法》与欧盟成员国有很大差别。2005年，澳大利亚颁布《版权法（电影导演权利）修正法案》，规定在导演可能成为版权人的情况下，仅仅享有转播免费广播电影的权利，并没有赋予类似英国或者爱尔兰导演所享有的不可转让的获得公平报酬权。这意味着导演可以将其享有的版权转让给任何人，包括制片者。

参与视听作品创作的人员中，除了导演之外，还有编剧、音乐作品作者等。但是版权法国家普遍遵循经济利益原则确定视听作品作者，因此，版权法国家视听作品的作者通常是制片者，而非创作者，导演作为创作者成为部分版权法国家视听作品的作者实属无奈之举，或为了履行国际条约义务，或为了满足国内利益团体的诉求。即便这些版权法国家承认了导演的作者身份，但是并没有打算将其他创作者确定为视听作品的作者[1]。对于这些没有被确定为视听作品作者的创作者而言，只能通过合同来保障其合法权益。通过合同方式保护自身合法权益的还包括那些基于各种原因（非雇佣作品且非委托作品）拥有个人版权的导演。为了避免在与处于强势地位的制片者签订合同时利益受到影响，这些创作者通常会加入相应的行业公会，由行业公会与制片者进行协商，签订集体协议。例如，美国的编剧公会（Writers Guild of America）和导演公会（Directors Guild of America）等。当然，不排除个别非常有影响力、有实力的创作者会选择通过与制片者签订个人协议，商定获得报酬的方式（一次性或者分成）和数额等。

三、国际公约关于视听作品著作权的归属

如上文所述，国际上保护著作权的国家公约主要有《伯尔尼公约》、TRIPs和WCT。其中，TRIPs和WCT均为适应社会发展和技术更新在遵守《伯尔尼公约》的基础所作的补充或者后续规定。在TRIPs和WCT中，均未提及视听作品著作权归属问题。只有《伯尔尼公约》第14条之二第2款第（a）项有所提及，请求保护国法律有权规定电影作品著作权的归属，即著作权人可能是享有原始权利的制片者，或者是通过法定转让取得权利的制片者，还可能是电影的各个艺术创作者。[2]因此，《伯尔尼公约》对于视听作品著作权的归属并没有作出统一的硬性规定，仅仅提供了一些供成员国选择的方案，完全交由成员国自行抉择。因此，各成员国无论怎么设计视听作品著作权的归属都不违反《伯尔尼公约》的规定。

---

[1] 澳大利亚除外，因为澳大利亚《版权法》第189条认为制作者包括剧作家，制作者是视听作品的作者，据此，剧作家是视听作品的作者。

[2] 《伯尔尼公约》第14.2条之二第2款第（a）项规定："电影作品著作权的归属应该由请求保护国法律规定。"参见保护文学和艺术作品伯尔尼公约指南[M].刘波林，译.北京：中国人民大学出版社，2002: 68.

与上述国际公约不同，欧共体（今欧盟）颁布的《租借权指令》和《保护期指令》均对视听作品的作者作出了特别规定，指出应将视听作品的总导演视为其作者或者作者之一，此外，成员国有权指定其他的合作作者。这意味，依据"作者取得原始著作权原则"，欧盟成员国至少应当保障总导演享有视听作品著作权。至于其他人可否享有视听作品著作权，则由成员国自行决定。

四、我国视听作品著作权的归属

（一）现行法的归属模式

我国视听作品著作权的归属体现在《著作权法》第15条第1款和第2款❶。从世界范围看，我国《著作权法》第15条将视听作品著作权直接归属于作者之外的制片者的模式既不是版权法国家的归属模式，也不是作者权法国家传统的归属模式。

（1）版权法国家视听作品版权的归属普遍遵循"作者取得原始版权原则"，将视听作品版权归属于作者。虽然版权法国家作者的内涵与作者权法国家不太一样，但是，版权法国家并没有将视听作品版权直接归属于制片者，而是先将制片者通过"雇佣作品"原则视为视听作品作者，之后，制片者才凭借"作者"身份享有原始版权。在版权法国家中，视听作品版权的归属模式主要有英国模式和美国模式。英国模式是将视听作品版权归属于作者，作者是指制片者和主要导演，在雇佣作品情形下，雇主享有视听作品版权。美国模式对视听作品的版权归属没有特别规定，与其他作品版权的归属原则一样，一般情况下原始版权归属于作者（这里是指创作者），作品为雇佣作品的，雇主或委托方将被视为作者，享有版权中的一切权利。无论是在美国模式下，还是在英国模式下，视听作品版权都没有直接归属于制片者，而是归属于作者或者被视为作者的雇主或者委托方。

---

❶ 中国《著作权法》第15条第1款规定："电影作品和以类似摄制电影的方法创作的作品的著作权由制片者享有，但编剧、导演、摄影、作词、作曲等作者享有署名权，并有权按照与制片者签订的合同获得报酬。"第2款规定："电影作品和以类似摄制电影的方法创作的作品中的剧本、音乐等可以单独使用的作品的作者有权单独行使其著作权。"

（2）版权法国家允许约定版权归属。虽然英国模式和美国模式通过"雇佣作品原则"让制片者可以享有视听作品版权，但是，均有但书规定，允许当事方（创作者和制片者）通过书面文件对版权归属作出相反约定。只有在无相反约定的情况下，视听作品原始版权才归属于作者（制片者）。

（3）作者权法国家普遍将视听作品著作权归属于创作者。作者权法国家视听作品著作权归属模式有意大利模式、德国模式、法国模式和日本模式。除日本模式外，其他几种模式均将视听作品原始著作权归属于创作者。意大利模式的特点是将创作者享有的视听作品著作权法定转让给制片者，没有协商余地，但是法定转让的著作权仅限于电影的放映权。德国模式是指在作者和制片者约定不明的情况下，推定创作者将视听作品著作权独占许可给制片者行使。法国模式与德国模式比较像，制作者一旦同视听作品作者签订合同（配词或者未配词的作曲者除外），在无相反的约定及不影响法律赋予作者权利的情况下，视听作品独占使用权将转让给制作者。日本模式将除职务作品之外的视听作品著作权（财产权）直接归属于制片者，视听作品的著作权人身权仍然归属于创作者。我国视听作品著作权归属模式不是意大利模式，因为意大利模式法定转让给制片者的权利仅限于电影的放映权；也不是德国模式或者法国模式，因为这两种模式是在无相反约定或者约定不明的情况下推定著作权行使的归属。

相比较而言，我国视听作品著作权归属模式融合了意大利模式和日本模式。日本是世界上比较少见的规定由制片者而不是创作者享有视听作品著作权的国家，在这一点上，我国与日本的做法比较相像。不同的是，日本采用推定转让的方式使制片者享有著作权，而我国是通过法定方式直接让制片者享有视听作品著作权。在作者权法国家中，意大利采取法定转让方式让制片者获得行使视听作品经济权利的权利。我国与意大利都采取"法定"的方式。有所区别的是，意大利实行法定转让的方式，而我国采取的是法律直接规定的方式，且意大利法定转让的权利仅限于播放权，而我国法律规定由制片者享有的著作权是全部著作财产权。

（二）现行归属模式的发展

2012年3月，国家版权局公布了《修改草案第一稿》。《修改草案第一稿》第16条❶对视听作品著作权的归属作出了修订。与现行《著作权法》第15条相比，《修改草案第一稿》最大的变化是增加了"如当事人无相反书面约定"的内容。此变化明显是借鉴了版权法国家以及大部分作者权法国家著作权法中体现的契约自由、意思自治原则的做法。无论是版权法国家中的英国模式和美国模式，还是作者权法国家中的德国模式以及法国模式，都允许当事方对视听作品版权的归属进行约定。

2012年7月，国家版权局又公布了《修改草案第二稿》，该草案第17条❷对视听作品著作权的归属再次作出了修改。和《修改草案第一稿》和现行法相比，《修改草案第二稿》在视听作品著作权的归属上取消了《修改草案第一稿》增加的约定排除规定，又回到了现行法的规定。

2012年10月，国家版权局在内部会议上公布了《修改草案第三稿》。在经过一番纠结之后，❸《修改草案第三稿》不仅纠正了《修改草案第二稿》的回归，而且比《修改草案第一稿》更进一步，规定视听作品著作权有约定依约定，没有约定或者约定不明的，著作财产权将由制片者享有。虽然许多国家版权立法中体现了契约自由、意思自治原则，但是，在视听作品版权的归属上，版权法国家一般规定视听作品如果属于雇佣作品，则由雇主享有，除非雇佣合同另有约定或者作出相反约定；作者权法国家一般也规定，如果相反约定，视听作品著作权推定由制片者行使。换言之，无论是版权法国家，还是作者权法国家，在版权法中虽然体现了契约自由或者意思自治原则，但是版权法的重点是放在视听作品著作权的归属上，而不是放在意思自由上的。而我国《修改草案第三稿》的内容明显重点强调意思自由，其次才考虑视听作品著作权的归属。

从《修改草案第一稿》到《修改草案第三稿》，不难看出，在视听作品

---

❶ 《修改草案第一稿》第16条规定："如当事人无相反书面约定，视听作品著作权由制片者享有，但编剧、导演、摄影、作词、作曲等作者享有署名权。"

❷ 《修改草案第二稿》第17条规定："视听作品的著作权由制片者享有，但原作作者、编剧、导演、摄影、作词、作曲等作者享有署名权。"

❸ 《修改草案第三稿》第19条规定："电影、电视剧等视听作品的著作权中的财产权和利益分享由制片者和作者约定。没有约定或约定不明的，著作权中的财产权由制片者享有，但作者享有署名权和分享收益的权利。"

著作权的归属上，如果说《修改草案第一稿》是小修，《修改草案第二稿》是回归，那么《修改草案第三稿》就是大修。但是，无论怎么变化，将视听作品著作权归属于制片者这一点始终没有变动。

（三）确定视听作品著作权归属的理论基础

1. 劳动财产权理论

劳动财产权理论系洛克在其1690年出版的《政府论》中提出来的。在著作权制度出现之初，学者们曾运用洛克的劳动财产权理论作为论证著作权制度合理性的哲学基础。洛克曾在《政府论》中指出，在橡树下拾得橡实或者从树上摘下苹果，"拾得"或者"摘下"是劳动，正是这种劳动使得拾得的橡实或者摘下的苹果同公共的东西区别开来，使其成为他们的私有财产。[1]依据洛克的劳动财产权理论，不难得出这样一种结论：劳动创造价值，劳动是财产权产生的基础，谁劳动，谁就拥有劳动的果实。创作是一种劳动，即智力劳动，作者通过智力劳动创作出作品，是智力劳动将作品与公共领域的东西区别开来，作者创作了作品，因此，作者就可以享有对作品的财产权。洛克的劳动财产权理论实际体现了公平的理念。谁劳动，谁就有权获得劳动的果实，谁创作了作品，谁就有权获得创作的成果。如果"让一个人创作作品，却让另外一个人占有创作的果实，这显然是不公平的。"[2]因此，从公平角度出发，只有创作作品的人才有权享有著作权。尤其对于传统作品而言，创作者从创作构思到创作完成全系创作者自己完成，创作作品的人如果不能享有著作权，谁还有资格享有著作权？

但是，随着时间的推移，技术的发展，作品的种类和参与作品创作的主体也越来越多，作品的范围已不限于传统意义上的文字、音乐、戏剧、舞蹈、曲艺和摄影作品等，参与作品创作的主体也不再是过去那种让人想起来一个孤独的作家坐在沙发上的形象。对于视听作品这类"大作品"而言，整个制作过程复杂且系统，首先需要制片者组织、策动并提供足够的资金，视听作品才能

---

[1] 参见[英]洛克.政府论（下篇）[M].叶启芳，瞿菊农，译.北京：商务印书馆，1964: 19-31.

[2] Ricketson, Staniforth：*The Law of Intellectual Property: Copyright, Designs and Confidential Information*, The Law Book Company, Sydney, 2002, p.15.

得以启动创作；其次需要创作者投入大量的创作性劳动。在视听作品创作中，创作什么，由谁创作，制片者都可能会参与决策。如果没有制片者组织、策动，视听作品创作也许无法开始；如果没有制片者投入足够的资金，视听作品创作也无法继续；如果没有创作者进行创作劳动，视听作品将无从产生。因此，在视听作品创作中，制片者和创作者都具有不可或缺的作用。当视听作品创作完成之后，如果让制片者独享著作权，则无异于让一个人创作作品，却让另外一个人占有创作的果实，这显然是不公平的；但是，如果让创作者独享著作权，对于既投入资金又承担商业风险的制片者而言，同样也是不公平的。更何况，制片者提供资金和组织能力的目的绝不是为了做慈善，而是为了获得创作成果。因此，从公平角度考虑，制片者应该享有著作权。于是，一些国家引进了"雇佣作品"制度，将雇主视为作者，使其享有著作权。洛克的劳动财产权理论即被用作雇主享有著作权的理论依据。洛克在《政府论》中形象比喻："我的马所吃的草或者我的仆人所割的草皮毋需任何人的同意或让与，都是我的财产。"❶ 这实际上等于表明雇员创作的作品可以为雇主所有。当然，也有学者对运用洛克的劳动财产权理论来诠释著作权问题提出质疑，毕竟洛克在《政府论》中谈及的财产均为有体财产，并未涉及无体财产，更没有提到著作权或者知识产权。面对质疑，有学者则认为运用洛克的劳动财产权理论解说著作权比解说有体财产更加合适。洛克曾为自己的财产权论证预设了一个重要的前提要件：须能保证其他人也可以共有同样好的、足够的东西。❷ 正是这一预设条件为运用洛克的劳动财产权理论来解说有体财产权问题设置了重大障碍。因为，任何有形物一旦被一个人或特定的一群人使用，就难以再给其他人留下"足够的同样好的东西"，这显然与洛克自己预设的前提不符。但是，如果运用该理论来解说著作权，则不会存在如此困境。处于共有领域的信息资源具有共享性，是作者创作作品的基础。任何人使用这些信息资源都不会妨碍或者阻断其他人的使用，不会因为作者将智力成果据为己有而受到影响，依然可以"留有足够的同样好的东西给其他人所共有"，因此，与有形财产权相比，著

---

❶ 参见[英]洛克.政府论（下篇）[M].叶启芳，瞿菊农，译.北京：商务印书馆，1964: 20.
❷ 参见[英]洛克.政府论（下篇）[M].叶启芳，瞿菊农，译.北京：商务印书馆，1964: 19.

作权（知识产权）其实更适合运用洛克劳动财产权理论来揭示其正当性。❶ 英国法深受洛克劳动财产权理论影响，将著作权视为纯粹的财产权。此观点后来影响其他英美法系国家和地区，形成了一个独立的版权体系。❷ 在以财产权制度构建的版权体系中，作品作为一种劳动成果，被视为纯粹的财产，与其他财产相比并无地位的差别，没有高贵与低贱之分。作为财产，作品成为版权法保护的中心，作品的权利归属依照财产的本性而设计，著作权归属于付出智力劳动的人，但该著作权允许自由转让，雇主可以取代雇员取得原始著作权。

2. 人格理论

人格理论兴起于19世纪。黑格尔一脉是人格理论的集成者，他们认为财产权的目的在于为单个的人提供一种行为的自我实践、个性表达、尊重与认识的唯一或者特别有力的机制。❸ 黑格尔将财产与人格联系在一起，认为人欲成为真正的自我，须与外部的某件东西发生财产关系，❹ 促使财产关系发生的方式就是财产权。作者创作作品，要成为真正的自我，前提条件须控制作品。作品是人格的体现，能够实现作者个人的禀赋，作者权利意味着内在的人格权利。既然作品关及人格，作者自然有权控制其作品的利用，这种控制权就是财产权，因此可以说，著作财产权的源泉是作者的人格权，或者说著作权的本性就是人格权❺。

人格理论是法国和德国著作权保护的理论基础，在此基础上形成了一个独立的法系——作者权体系。在作者权体系中，作者地位至上，是著作权法保护的核心，作品不再是纯粹的财产，同时蕴含着人格的要素。当作品同时具备财产要素和人格要素时，作品便与创作作品的作者紧密相连，无法分离，只有作者可以取得原始著作权。因为作品蕴含着人格要素，所以，著作权特别是其中的著作人格权不能转让。在坚持"一元论"的德国，认为著作权人身权和著作权财产权密不可分，既然著作人身权不能转让，那么因此，与之合为一体的

---

❶ 参见郑成思. 知识产权应用法学与基本理论[M]. 北京: 人民出版社，2005: 3-4.
❷ 参见李琛. 论知识产权法的体系化[M]. 北京: 北京大学出版社，2005: 180.
❸ 参见李雨峰. 著作权的宪法之维[M]. 北京: 法律出版社，2012: 7.
❹ 易继明，李辉凤. 财产权及其哲学基础[J]. 政法论坛，2000: 9(3).
❺ 参见李琛. 论知识产权法的体系化[M]. 北京: 北京大学出版社，2005: 181-182.

著作财产权也不能转让，他人只能通过合同或者推定许可的方式获得使用权。

3. 激励理论

与劳动财产权理论和人格理论一样，激励理论也曾被用来解说著作权制度的正当性。激励理论认为，著作权法作为一种制度工具，其功能在于通过合理的权利配置来激励信息的生产与传播。激励理论的核心问题是权利配置，具体到视听作品著作权的归属上，激励理论指导立法者将著作权配置给谁。可以说，著作权激励机制作为一种权利配置方式，旨在将著作权赋予最能发挥客体效用的主体。❶

在著作权立法的历史上，关于激励理论的运用曾有不同的理解：是激励创作抑或激励投资。在激励理论看来，著作权是一种鼓励创作的人们为实现经济增长文化发展的国家手段，其据以确立的信仰是：如果法律专门保护个人的智力创作成果，必将激发更多创作者从事创作劳动，社会终将因此受益。❷ 激励理论其实是建立在功利主义伦理学基础之上的，即"经济人"的假设。根据这一假设，如果版权人获得收益，受此种利益驱动，出于对自身经济利益最大化的追求，版权人将会把获得的收益再次投入到新的创作中去，进而促使版权人继续从事新的创作。❸

世界上第一部著作权法《安妮法令》是《为鼓励知识创作授予作者及购买者就其已印刷成册的图书在一定时期内之权利的法》的简称，从其名称即可看出这是一部旨在鼓励知识创作的法律。美国《宪法》第1条第8款的版权条款❹也有类似的规定。该条款表达了通过给予创作者一定期限的专有权保障，使其获得经济上的回报，鼓励创作者从事创作，以实现科学和实用技艺的进步。

不过，尽管著作权法在表达上突出鼓励创作，但是，这并不意味着著作

---

❶ 参见熊晖. 著作权激励机制的法律构造[M]. 北京：中国人民大学出版社，2011：22.
❷ 参见李雨峰. 著作权的宪法之维[M]. 北京：法律出版社，2012：8.
❸ 参见高荣林. 版权理论的伦理德行分析[M] // 王立民，黄武双. 知识产权法研究（第7卷）. 北京：北京大学出版社，2009：19.
❹ 美国《宪法》第1条第8款的版权条款规定："国会有权……为促进科学和实用技艺的进步，对于创作者和发明家的作品和发明给予一定期限内的专有权保障。"

权法就会区别对待创作者和其他利益团体。因为我们今天所适用的著作权制度实质上是由著作权产投资者利益集团通过主导立法所形成的，必然会更多地体现投资者利益集团的利益需求。其实，鼓励创作一直是投资者主导立法的一种遮掩，激励机制的真正目的是在著作权法中确立财产权的优势地位，通过信息的产权化和著作财产权的配置来实现投资利益的最大化。事实上，著作权激励机制乃是通过权利配置来激励对信息生产与传播的投资，而非激励生产与传播本身。不可否认，正是对投资的激励，使得著作权逐渐向传统财产权靠拢，最终得以成为财产权制度中的一员。❶ 版权法国家可以将出资创作作品的雇主视为作者并赋予版权，而不是将版权赋予从事作品创作的自然人无不体现版权制度激励投资的追求。但是，著作权毕竟是作者对其创作的作品享有的权利，通过授予创作者一定权利模式来激励创作本身更容易获得正当性的理解。❷ 这意味着，即使著作权激励机制事实上是激励投资，激励投资也只能成为一种手段，而激励创作才是最终目的。

其实，激励投资与激励创作并不是完全对立的关系。在产业经营模式下，作品创作只有符合市场供求关系，巨大的创作与传播成本才能得以消解，权利人才能获得收益，进而实现鼓励创作的目的。如果由投资者享有著作权，将在很大程度上降低创作者与投资者之间的交易成本，提高信息资源的利用效率。也许，从主观上来看，创作者的利益并不被投资者关心，但在客观上两者的关系却是一损俱损、一荣俱荣。不可否认，由于交易成本降低，创作者与投资者双方的收益将最终随之增加。❸ 也许影响立法者的利益集团的初衷是想以激励创作之名，行激励投资之实，毕竟，纯粹的激励投资难以获得著作权制度正当性的理解。但是，不得不承认，激励创作与激励投资并不是非此即彼的关系，两者其实可以并行不悖。意识到这一点，在确定著作权归属时，就不会在激励投资和激励创作之间游移不定，进行二选一的艰难抉择。也不会因为激励投资所具有的浓烈的功利主义色彩而予以排斥，因为创造著作权本身也是一种

---

❶ 参见熊晖.著作权激励机制的法律构造[M].北京：中国人民大学出版社，2011：23-24.
❷ 参见李雨峰.著作权的宪法之维[M].北京：法律出版社，2012：25.
❸ 参见熊晖.著作权激励机制的法律构造[M].北京：中国人民大学出版社，2011：59-60.

功利主义的思考。❶ "没有收获的预期，就无人劳力播种"，❷ 激励原则指导下的激励机制旨在通过既有规则影响人们对行为结果的预期，没有人会拒绝对利益的追求，在利益驱动之下，加大对创作的投入就成了自然而然的事情。

（四）我国视听作品著作权归属及立法选择

自2011年起，我国全面启动《著作权法》第三次修改工作。当《修改草案第一稿》、修改草案第二"以及《修改草案第三稿》公布之后，视听作品著作权的归属问题成为其中的一个热门话题，参与讨论的群体，不仅有学者，还有众多影视产业界人士，争论比较激烈的问题，除了视听作品整体著作权的归属之外，还有作者的"二次获酬权"。

1. 我国视听作品整体著作权的归属

关于视听作品整体著作权的归属，我国学界有学者认为："我国现行《著作权法》对视听作品著作权归属的规定没有必要进行修改，其措辞可以适当修改为：视听作品的署名权和保护作品完整权由编剧、导演、摄影、作词、作曲等作者享有，其经济权利由制片者享有。"❸ 我国现行《著作权法》在视听作品著作权归属上融合了版权法国家和作者权法国家的做法，一方面将视听作品著作权直接归属于制片者，这属于版权法国家的风格；另一方面又规定编剧、导演等作者享有署名权，这是作者权法国家的特点。该观点既然认为维持现行法的规定，就表明其认为我国著作权法未来的立法仍然坚持现在的"兼收并蓄"的风格。也有学者对于视听作品著作权的归属提出："最佳的方案是：把著作权集中于某一主体，且该主体是投资与风险的承担者，这个主体就是视听作品的制片人。实际作者与制片人订立合同，按照约定取得片酬，视听作品的整体利用则交由制片人。"❹ 该观点采纳的是版权法国家的做法，将作品视

---

❶ 参见李雨峰. 著作权的宪法之维[M]. 北京：法律出版社，2012: 25.

❷ See Paul Goldstein, *Cases and Materials on the Law of Intellectual Property*, 5th edition, Foundation Press, 2002, p.6.转引自熊晖. 著作权激励机制的法律构造[M]. 北京：中国人民大学出版社，2011: 21.

❸ 参见李明德，管育鹰，唐广良.《著作权法》专家建议稿说明[M]. 北京：法律出版社，2012: 236.

❹ 李琛. 知识产权法关键词[M]. 北京：法律出版社，2006: 82.

为纯粹的财产，投资者拥有著作权，而投资者与创作者之间是合同关系。与此观点类似，有学者提出，我国《著作权法》应该在两大法系立法传统中作出抉择，不应两者兼顾，按照该法第11条视为作者的英美法系著作权法主体制度，将投资者（法人、雇主或委托人）视为作者，使其享有著作权。❶ 此观点主张摒弃现行著作权法"兼收并蓄"的风格，选择版权法国家的做法。也有学者认为，我国现行著作权法将视听作品的原始著作权归属于制片者的做法，不仅与法理不相符合，而且没有重视作者的权利。现有的视听作品著作权归属模式必须进行修改❷。该学者认为从对作者权利的宣示和尊重以及逻辑上考虑，我国视听作品著作权应该归属于创作者，而不是制片者，主张采纳作者权法国家的立法模式。

上述观点中既有主张采纳版权法国家的做法，也有选择作者权法国家的立法模式，还有建议保留现行《著作权法》"兼收并蓄"的风格不变。对于我国视听作品著作权归属而言，这些做法或者模式各有利弊。版权法国家从实用主义出发，把作品视为纯粹的财产，将著作权归属于制片者，便于制片者行使著作权，提高作品利用的效率，激励投资，追求利益最大化，同时使作者从中受益。但是，版权法国家的这种做法与我国长期沿用的作者权体系制度显得格格不入。作者权法国家的做法固然与我国整体的著作权制度比较接近，不存在体系上和逻辑上的矛盾。但是，如果采纳作者权法国家的做法，将视听作品著作权归属于创作者，将会面临和其他作者权法国家一样的困境：作者难确定，极大降低作品利用的效率，严重影响投资者的积极性，因而可能阻碍视听产业的发展。"兼收并蓄"的风格虽然可以兼采不同立法模式的优点，但是在立法技术上存在体系上和逻辑上的混乱：制片者不是作者，却享有著作权；著作人身权具有专属性，创作者却只享有署名权，其他著作人身权归属不明。

其实，视听作品自身的属性上已决定了其特殊的不同于其他普通作品的著作权归属模式。如上文所述，视听作品既不是纯粹的艺术作品，也不是纯粹的商品，而是商业性和艺术性兼而有之。视听作品不是纯粹的商品，因为，每

---

❶ 熊晖. 著作权法中投资者视为作者的制度安排[J]. 法学，2010(9): 88.
❷ 衣庆云. 电影作品著作权立法问题之异见[J]. 知识产权，2012(9): 42, 53.

一件视听作品无不体现创作者的创作风格。尽管创作风格强弱不一，但是没有人能抹去创作者印刻在视听作品上的创作痕迹或者割断作品与创作者之间的联系。在作品传播阶段，影响消费者行为的第一要素往往就是创作者的影响力和创作风格。消费者在购买一件商品之前，通常不会去关心这件商品到底是张三制造出来的，还是李四制造出来的，因为通过流水线作业批量生产出来的商品基本没有什么差异。但是消费者在决定欣赏一部视听作品之前，总是习惯先了解视听作品的创作者，以此判断视听作品是否值得欣赏。视听作品与普通商品最大的不同在于视听作品通常具有个体差异。造成这种个体差异的因素正是创作者。普通的商品没有掺杂着人格因素，但是，视听作品的人格因素想抹也抹不掉。

视听作品也不是纯粹的艺术作品，因为，几乎每一件视听作品的创作都离不开投资。对于绝大多数的视听作品而言，可以说，如果没有投资，视听作品创作就无法启动；如果不借助专门的发行团队，视听作品就可能无人问津。作品如果没有得以传播，作品的价值将无从体现。在当今信息产业模式下，创作作品只是实现作品价值的基本要件，而投资才是推动、实现作品价值的必要条件。特别是对于电影这类需要投入巨额资金、承担极大市场风险的视听作品而言，尤其如此。以好莱坞电影为例，一部动辄上亿的制作成本的电影如果没有投资者的投资，创作者的创作根本无法启动。有资金投入之后，才创作者可以进行创作。在创作过程中，投资者为了实现收益最大化，无论编剧们、导演们的抱怨声是多么嘈杂，制片人都会控制整个制片过程，并把个人的创造力与经济考虑结合起来。因此，事实上，好莱坞是把自己当成企业而不是艺术形式。❶ 视听作品成为投资者和创作者追求利益的复杂共同体。正是投资者的资本投入和创作者的创作劳动相互刺激、发酵成就了这个共同体。从这一点来看，投资者和创作者均有资格享有视听作品的著作权。

但是，从公平角度看，创作者更有资格获得视听作品著作权。洛克的劳动财产权理论的核心内容就是：劳动创造价值，劳动是财产权产生的基础。

---

❶ [澳]理查德·麦特白. 好莱坞电影——美国电影工业发展史[M]. 吴菁，何建平，刘辉，译. 北京：华夏出版社，2011: 127.

著作权是财产权的一种，智力劳动是著作权产生的基础。创作者付出了智力劳动，理应由创作者享有著作权。如上文所述，"让一个人创作作品，却让另外一个人占有创作的果实，这显然是不公平的"。尽管考虑到视听作品创作离不开投资者的资本投入，投资者可以分享部分著作权财产权。但是，如果因此让投资者独享视听著作权，对于创作者而言同样是有失公平的。

而从效率上考虑，将视听作品著作权赋予制片者更为合适。首先，省去作者身份确定，避免出现多个权利人协商不一致的情形。如果将视听作品著作权赋予创作者，首要工作就是确定作者身份。与其他作品不同，视听作品参与制作人员比较多。在如此庞大的阵容中，确定作者身份是一件相当繁琐的事情。即使确定下来作者身份，假如视听作品著作权归属于创作者，就会出现多个权利人的情形。那么又将面对如何将这些权利人关于行使著作权的意见达成一致的问题。这个难度可想而知。但是，如果将视听作品著作权赋予制片者，将著作权集中于一人之手，上述两个问题将自动消除，这样可以省去许多繁琐的环节，增强交易安全，极大提高著作权行使的效率。其次，制片者比创作者更谙于市场运作，更懂得市场需求。与创作者相比，制片者离市场更近，更加了解市场规律和市场行情。在长期的市场运作中，投资者积累了更加丰富的商业经验。相比较而言，投资者比创作者更有可能使视听作品在市场运作上获得成功。如果没有效率，公平又有何意义？因此，从效率上看，制片者应该享有视听作品著作权。

如果考虑效率因素，维持现行《著作权法》的规定将视听作品著作权归属于制片者的做法不变，那么我国这种做法又将面临逻辑上和理论上的困惑。首先，我国长期以来沿用作者权法国家的立法传统，将著作权分为著作财产权和著作人身权，其中著作人身权专属于创作者，不能与创作主体分离。而我国《著作权法》第15条第1款❶的但书部分仅将"署名权"排除在外，意味着其他著作人身权仍然保留在制片者手中，这势必造成著作权体系上的混乱，理论上也讲不通。如果这些著作权人

---

❶ 我国《著作权法》第15条第1款规定："电影作品和以类似摄制电影的方法创作的作品的著作权由制片者享有，但编剧、导演、摄影、作词、作曲等作者享有署名权。"

身权没有在制片者手中，那么，这些权利的缺失将是著作权制度上的漏洞。

其次，将著作权直接归属于制片者既缺少逻辑上的诠释也缺少立法例。考察域外立法，不难发现，无论是版权法国家还是作者权法国家都严格遵守"作者取得原始版权原则"，将著作权归属于作者。也许作者的内涵有所不同，比如，有的国家引入"视为作者"制度，进而导致著作权实际归属于不同的主体，但是从形式上看都归属于作者。个别国家辅以"雇佣作品原则"，将著作权直接归属于雇主。即使对于视听作品这种比较特殊的作品，各国在确定视听作品著作权归属时也都遵循"作者取得原始版权原则"或者"雇佣作品原则"。总之，很少有国家立法将著作权直接归属于"非作者"或者"非雇主"的制片者。

日本《著作权法》虽然与我国一样将视听作品著作权直接归属于制片者，但是稍有不同的是，日本通过在立法中增加一个假设条件（假如视听作品的作者向视听作品制作者承诺参加该视听作品的制作）将视听作品著作权从作者手中法定转让给了制片者。通过这个假设条件，从逻辑上理顺了制片者与作者的关系。

我国台湾地区"著作权法"虽然没有特别规定视听作品著作权的归属，但是通过其著作权法一般规则也能推断出台湾地区的制片者如果想获得著作权除了通过约定方式之外，只能通过两种身份：要么是雇佣作品的雇主，要么是视听作品的作者（包括视为作者的情形）。我国台湾地区"著作权法"遵循创作者取得原始著作权原则。但是，依据我国台湾地区"著作权法"第11条的规定可推断，如果视听作品属于雇佣作品，作者一般是受雇人，也可以通过契约约定雇用人为作者。如果受雇人为作者，则视听作品著作财产权归属于雇用人。如果雇用人为作者，则允许约定著作权的归属。依据我国台湾地区"著作权法"第12条规定，如果视听作品系出资聘请他人完成，允许出资人和受聘人约定作者身份和著作权的归属，如果没有约定，著作权财产权则归属于受聘人。在视听作品著作权的归属上，我国台湾地区"著作权法"的做法与美国比较接近，采用约定优先、视为作者制度，使得制片者获得视听作品著作权。制片者无论通过哪种方式获得著作权，至少我国台湾地区"著作权法"作出了逻辑上的解释。

因此，确定视听作品著作权归属必须明确视听作品作者与著作权人之间的逻辑关系，缓和理论冲突。首先，确定视听作品的作者为创作者。确定著作权归属的前提在于作者身份确定。一直以来，我国沿用作者权法国家的立法传统，我国的著作权制度与作者权制度比较接近。从目前修法的趋势看，我国无意全面引进版权法国家的版权制度，仍然保留原有的著作权制度。作者权法国家普遍依据"创作人原则"确定作者身份，这也是我国《著作权法》确定作者身份的原则。依据该原则，视听作品的作者只能是创作者，而不是进行投资的制片者，因此，版权法国家将制片者视为作者的做法并不适合我国。虽然我国的法人作品可以将法人视为作者，但是，这只限于无法体现创作者意志的特殊的作品。而视听作品不符合法人作品的要件，故视听作品的作者不能适用"视为作者"制度。

其次，赋予制片者视听作品著作权。与其他作品相比，绝大多数的视听作品对于投资者的依赖性更强。正是投资者的组织和策动开启了视听作品的创作，也是投资者将创作完成的作品推向市场，实现作品价值。在信息产业中，社会分工日趋复杂，仅凭一己之力想完成从发动视听作品创作到发行的想法很不现实。毫无疑问，让创作者致力于创作，让投资者致力于市场运作，可以人尽其才、物尽其用，极大提高实现作品价值的可能性。这就需要给予投资者明晰的著作权保护，使其获得对视听作品著作权，为投资者组织和发行作品投入资本和承担风险提供便利条件和基本保障。

最后，借鉴日本模式和法国模式确定视听作品著作权的模式，理顺视听作品作者与制片者之间的逻辑关系，将视听作品著作权通过推定转让的方式归于制片者。从1990年《著作权法》开始，我国一直有将视听作品著作权归于制片者的传统。无论是创作者，还是制片者都已经普遍接受这种权利归属。更何况将视听作品控制权归于制片者不仅是版权法国家的做法，作者权法国家为了充分实现作品价值也通过各种制度设计想方设法将对视听作品的控制权集中到制片者手中。当然，作者权法国家受人格理论影响，只是将视听作品著作权的使用权交由制片者行使，并没有彻底转让著作权。而版权法国家受洛克的劳动财产权理论影响将视听作品视为纯粹的财产，运用雇佣作品制度使制片者成为

第三章 视听作品著作权的归属：作品保护抑或作者至上

视听作品著作权的原始主体。我国制片者不是视听作品作者，无法成为视听作品著作权的法定原始主体，但是我们可以借鉴日本模式和法国模式将视听作品著作权通过推定转让的方式归于制片者。日本模式与法国模式比较接近，稍有不同的是，法国模式转让的是著作权的使用权，而日本模式法定转让的是著作权本身。我国现行《著作权法》关于视听作品著作权归属模式与日本模式以及法国模式比较接近，如借鉴日本模式和法国模式，则修改立法成本较低。与日本模式以及法国模式相比，我国现行的视听作品著作权归属模式欠缺的是没有明确视听作品作者与制片者之间的逻辑关系，即缺少类似作者权法国家法定转让或者推定转让著作权的制度设计，无异于承认作品就是纯粹的商品，投资者仅凭投资就可以直接享有著作权。著作权制度是保护作品创作的制度，著作权源于作品创作。随着时间的推移，创作的启动与作品发行开始受到投资影响。但是，即便投资占有很重要的地位，都不能漠视创作者的创作劳动，因为，这才是产生著作权的根本。为了激励投资、实现作品收益最大化，可以让投资者通过约定或者法定转让以及推定转让的方式享有著作权，但是不宜让其直接获取原始著作权。否则，著作权与创作之间的关联就被割断。

综合日本模式以及法国模式，我国视听作品著作权的归属模式可以修改为"视听作品作者向制片者承诺参加视听作品制作，如无相反书面约定，著作权中的财产权即由制片者享有"。依据该模式可推断视听作品著作权一般情况下属于制片者，在当事人有相反书面约定的情况下，著作权可以归属于创作者。当创作者承诺参加视听作品创作时，就预示着著作权可能发生转移，除非创作者主动要求将著作权归属于自己。该模式肯定了创作者的创作劳动，同时为提高著作权行使的效率，将著作权推定转让给制片者。该模式与《修改草案第三稿》确立的归属模式稍有区别。该模式关注创作者与制片者的逻辑关系，重点在于将著作权推定转让给制片者。而《修改草案第三稿》归属模式注重合同自由，允许当事人自由约定著作权归属，这种模式会增加创作者讨价还价的资本，相应地，也会极大地提高创作者与制片者的交易成本，影响作品利用的效率。即使是特别注重合同自由的版权法国家在视听作品版权归属上也没有采用"有约定从约定，没有约定的归属于制片者"的模式，而是一般采取消极的约定排除方式。因此，本书建议的视听作品著作权归属模式与《修改草案第一稿》比较接近，不建议选择《修改草案第三稿》归属模式。

2. 作者的"二次获酬权"

严格地讲，"二次获酬权"并不是一个法律专业术语，无论是我国现行《著作权法》，还是三个著作权法第三次修改草案均没有"二次获酬权"的词语出现。"二次获酬权"的说法来自于国家版权局对《修改草案第二稿》所作的简要说明❶，《修改草案第二稿》所说的"二次获酬权"其实体现在该草案的第17条第3款❷。"通过该规定，可以得出，"二次获酬权"是指创作者就他人使用视听作品获得合理报酬的权利。其实，"二次报酬权"并非首此出现在《修改草案第二稿》中，早在《修改草案第一稿》第16条❸中已经有类似的规定，与《修改草案第一稿》相比，《修改草案第二稿》删除了"合同另有约定除外"的内容，这表明《修改草案第二稿》倾向于保护处于弱势的创作者的权利，意欲防止制片者借助强势地位采用约定排除的方式剥夺这一权利。《修改草案第三稿》第19条第3款❹在语言表述上与前两个修改草案有很大区别，其措辞也不同于现行《著作权法》关于作者权利保护的规定，现行《著作权法》第15条第1款规定，作者"有权按照与制片者签订的合同获得报酬"。"报酬"是对创作劳动的一种回报，"获得报酬"的方式可以一次性由对方支付，也可以由对方通过利益分成方式支付。而"分享收益"实际是一种激励薪酬，与以利益分成方式支付的报酬类似。《修改草案第三稿》中的"分享收益权"实质上也是《修改草案第二稿》中规定的"二次获酬权"。

"二次获酬权"从2014年进入公众视野开始，学界和影视界一直对这个制度的设立争论不已。首先争论的问题是何谓"二次获酬权"。对于这一概

---

❶ 《修改草案第二稿》对"二次获酬权"所作的简要说明："我国现行法没有规定视听作品各创作者的'二次获酬权'，即各创作作者从视听作品后续利用中获得报酬的权利……明确规定原作者、编剧、导演以及词曲作者等五类作者对视听作品后续利用行为享有'二次获酬权'。"

❷ 《修改草案第二稿》第17条第3款："原作作者、编剧、导演、作词、作曲作者有权就他人使用视听作品获得合理报酬。"

❸ 《修改草案第一稿》第16条第3款规定："编剧、作词、作曲等作者有权就制片者使用或授权他人使用该视听作品获得合理报酬，合同另有约定除外。"

❹ 《修改草案第三稿》第19条第3款规定："电影、电视剧等视听作品的著作权中的财产权和利益分享由制片者和作者约定。没有约定或者约定不明的，著作权中的财产权由制片者享有，但作者享有署名权和分享收益的权利。"

念，三个修改草案并没有作出解释，只有国家版权局对《修改草案第二稿》所作的简要说明中指出："'二次获酬权'即各创作作者从视听作品后续利用中获得报酬的权利。"这一解释的核心集中在"后续利用"上。何谓"后续利用"？国家版权局没有进一步解释。

有学者认为，二次获酬权所涵盖的作品后续利用应该是除电影的影院发行和固定在音像制品上的发行之外的其他对作品的使用。❶ 其理由是，创作者在承诺进行创作之前就能预料到制片者一定会以上述两种方式发行视听作品，除此之外的其他使用方式才是创作者未曾想象到的使用方式，故后续利用的方式应将其排除在外。

有学者将后续利用理解为二次使用，认为除在电影院放映之外，其他通过广播、出版等方式的使用均为二次使用。❷ 有学者则认为后续利用不是二次利用，根本就是一次利用，因为后续利用就是指对视听作品的复制、发行、出租、放映、传播、改编使用方式，这些行为本身就是对作品的一次利用而不是二次利用。❸ 该学者认为，既然创作者已经将著作权转让给了制片者，制片者就有权以任何方式使用作品，创作者在作品转让时已经得到了回报，没有理由让创作者就已经转让的著作权再次获得报酬。只有那种在著作权发生转移之后，作者仍然有权以作者身份向使用者（而非制片者）请求支付的额外报酬，才算是真正意义上的"二次报酬"❹（本书将其称为"额外报酬型"的"二次获酬"）。

《修改草案第一稿》和《修改草案第二稿》没有使用"后续利用"的说法，而是使用"他人使用"的表达。这里的"他人"是指除作者之外的他人还是除作者和制片者之外的他人，容易产生歧义。如果"他人"是除作者之外的他人，制片者就属于"他人"之列，作者将有权从制片者对视听作品的每一次使用中获得合理报酬。这意味着即使作者通过法定的方式将著作权转让给制片者，但是获得合理报酬的权利并没有因为转让而丧失。如果"他人"是除作

---

❶ 汪涌，吴一兴. 关于"二次获酬权"的若干思考[J]. 中国知识产权，2012(11): 50.
❷ 胡开忠，王杰. 视听作品二次使用的付酬问题探析[J]. 佛山科学技术学院学报: 社会科学版，2013(2): 2.
❸ 张伟君，韩萌. "二次获酬权"的是是非非[J]. 中国知识产权，2012(11): 44.
❹ 张伟君，韩萌. "二次获酬权"的是是非非[J]. 中国知识产权，2012(11): 42.

者和制片者之外的他人，作者就无权从制片者自己使用视听作品中获得合理报酬。实际上，制片者自己使用视听作品的情形比较少见，比如电视台会播放自己制作的视听作品。而影院放映，通常须经制片者授权才有权使用视听作品，如此看来，影院放映其实也属于"他人使用"情形。如果真的如此，这一表达将与国家版权局说明的"后续利用"有一定出入，因为无论学者对"后续利用"有多少种理解，但是，比较统一的观点都认为"后续利用"不包括影院放映。

总之，无论是"他人使用"还是"后续利用"都容易产生歧义，需要法律作进一步的解释。而《修改草案第三稿》舍弃了前两个修改草案"他人使用"的用法，转而使用"分享收益"，以此表明立法者设立此权利的目的旨在保障作者的权利，平衡作者与其他权利人之间的利益关系。不过，"分享收益"同样是一个模糊的措辞，与谁分享？是与制片者分享，还是与使用者分享，或者与制片者和使用者共同分享。尽管与之分享的主体不明确，但是，"分享收益"应该没有排除作者与制片者分享影院放映的票房收益的权利。

如此看来，我国《修改草案第三稿》拟引入的"二次获酬权"并非"额外报酬"意义上的"二次获酬权"。对此，有学者直言，这种"二次获酬权"实际上就是指原作作者、导演、编剧、作词、作曲以及专门为视听作品创作音乐作品的作者等，除了其从作为视听作品著作权人的制片者手中根据先前的合同约定可以拿到"第一次报酬"外，每当该视听作品著作权人将该视听作品授予"他人使用"时，不管在先相互间的合同有没有"二次获酬"的相关约定，这些作者还有权依法直接从"他人使用"缴纳来的经济利益中再分得一杯羹[1]（本书将其称为"分享收益型"的"二次获酬"）。

争论的问题是"二次获酬权是否有设立的必要"。针对这一问题，主要有三种观点：支持说、否定说和慎重说。支持说认为法律应保护创作者的法律地位，创作行为产生著作权，但允许视听作品的创作者不因著作权转让给制片者而失去获得合理报酬的权利。只有这样，才能激励创作人的动力，推动优秀

---

[1] 陶鑫良. "二次获酬"利益不宜法律规定而应合同约定[J]. 中国知识产权，2012(11): 55.

作品的产生，也刺激市场的投入❶。该学说强调创作的重要性，认为可以通过激励创作的手段来激励投资，而且也有很多大陆法系国家赋予作者获得合理报酬的权利的立法例，让作者享有"二次获酬权"无可厚非。

持否定说的学者从不同的角度阐释没有必要设立"二次获酬权"。有学者从合同自由、约定优先角度出发，认为通过法律规定作者的"二次获酬权"并不可取，因为作者是否取得和如何取得"二次获酬"利益应当分别在作者与制片者的相应合同自愿约定。❷该观点认为，作者在将著作权通过的法定的方式转让给制片者时可以通过合同约定选择是一揽子支付报酬还是提成支付报酬，或者提成支付附加支付入门费。选择什么样的支付报酬方式是作者的自由。既然提成支付报酬或者提成支付附加支付入门费的方式已经能保障作者分享视听作品使用带来的收益，就不必用法律来配置这一权利。有学者从经济分析角度考虑也认为应该通过合同方式保障作者的权利，不应该将"二次获酬权"引入法律之中。该观点认为，如果法律强制性规定"二次获酬权"，不仅限制了导演等相关主体对获酬方式的选择，还会因为我国现实中的配套机制不成熟而引发更多的纠纷，产生过高的执行成本。因此，鉴于"二次获酬权"是个当事人可以通过合同自由约定的报酬支付方式，不需要也不宜在著作权法中作出规定。❸有学者从制度适当化考虑，认为在保留现有的视听作品著作权归于制片者的模式下，选择"二次获酬权"并非保护作者权利最为适当的制度，可以借鉴德国和意大利的立法模式：一方面，充分尊重当事人的意思自治，允许作者与制片者对视听作品的归属作出相反的约定；另一方面，在不改变制片人通过法定转移获得视听作品著作权的前提下，既允许作者与制片人以合同方式平衡各方利益，同时在利益严重失衡的情况下，通过法律干预的方式，强制性对此予以调整。❹该观点认为，为了保护作者权益，法律可以进行干预，但是干预应该适当，否则就会适得其反，不仅投资者的收益受到影响，作者的权益也很难得到保障。而且，从世界范围看，还有其他更为适当的制度可以取代

---

❶ 汪涌，吴一兴.关于"二次获酬权"的若干思考[J].中国知识产权，2012(11): 50.
❷ 陶鑫良."二次获酬"利益不宜法律规定而应合同约定[J].中国知识产权，2012(11): 53.
❸ 石必胜."二次获酬"的经济分析[J].中国知识产权，2012(11): 48.
❹ 张伟君，韩萌."二次获酬权"的是是非非[J].中国知识产权，2012(11): 44.

"二次获酬权"制度。

慎重说既不否认支持说提出的"二次获酬权"激励投资的效用,同时也赞同否认说提出的引入该制度可能带来的消极影响,因此建议应该慎重引入"二次获酬权"制度。❶

"二次获酬权"是否真有设立的必要?在回答这个问题之前,有必要先反思上述三种观点各自提出的理由和主张。支持说的理由是"二次获酬权"可以激励创作。没有人能否认立法者设立"二次获酬权"的初衷是为了保护作者的权益,激励作者创作更多的作品。但是,如果引入这一制度,是否就一定比现有的立法模式更能实现激励创作的目的?未必。"二次获酬权"实质上是将原来可以通过合同确定的权利义务关系改为法定的权利义务关系。本来在作者将著作权法定转让给制片者时,双方可以约定支付报酬的方式是一揽子支付报酬,还是提成支付报酬,或者提成支付附加支付入门费。如果引入"二次获酬权",按照《修改草案第二稿》的规定,这项权利不是一项可以约定排除的权利,那么法律有强制作者选择提成支付报酬或者提成支付附加支付入门费的方式的含义。无论作者是否愿意承担视听作品发行风险,作者都没有可以选择的余地。但是,并不是每一个作者都愿意与制片者分担这种风险,有的作者可能更愿意选择比较稳妥的一揽子支付报酬的方式。如果硬性引入"二次获酬权"制度,至少不会激励这部分作者创作的积极性。而按照《修改草案第一稿》和《修改草案第三稿》的规定,双方可以约定排除适用"二次获酬权"。那么,法律上规定的"二次获酬权"对双方影响都不大,双方依然可以如过去一样约定支付报酬的方式。此时,与其说设立"二次获酬权"是为了激励创作,不如说是为了宣示作者权利。

支持说的另一个理由是"二次获酬权"有很多国外立法例可以参照。"二次获酬权"是否有很多立法例可以参照?这要看如何解释这一概念。如果将视听作品作者获得的报酬分为参与视听作品创作而获得的报酬和转让著作权

---

❶ 慎重说认为,对于原作作者、导演、编剧、作词、作曲作者及表演者要求分享报酬的要求,立法上应这样规定,二次使用视听作品的报酬问题可以由当事人通过协议解决。协议不成,要由法院审理决定。参见胡开忠、王杰.视听作品二次使用的付酬问题探析[J].佛山科学技术学院学报:社会科学版,2013(1): 5.

（或者著作使用权）后分享收益获得的报酬，前者可以称为"首次获酬"，后者就成了"二次获酬"。即将"二次获酬权"解释为作者转让著作权后仍然享有分享收益的权利，那么，确实有些国家采取保障作者二次甚至N次获得报酬的制度。比如，法国就设立法定版税权利制度，并由法院来严格执行，制片者任何试图减少作者获得薪酬权利的行为都有可能导致制作协议撤销❶。法国《知识产权法典》第L.131-4条规定，作者如果全部或部分转让作品的权利，作者应该有权按比例分享出售或使用所得收益。法国《知识产权法典》第L.132-25条规定作者的报酬按每一使用方式付给。❷ 据此，法国视听作品作者不仅可以获得二次报酬，还可以取得第N次报酬。

西班牙《知识产权法》第46条第1款也规定，作者在转让其权利时享有按比例分享使用收益的权利，具体的比例可由转让方和受让方共同商议。

与法国的法定版税权利制度不同，德国设立作者的继续分享制度使得作者可能二次获酬。依据德国《著作权法》第32a条第1款规定，作者以导致约定的对待给付在考虑作者与另一方当事人的全部关系下与从使用作品获得的收益❸与利益明显不相当的条件授予另一方当事人使用权的，另一方当事人应作者的请求有义务更改合同，以给予作者根据情形而为合理的分享。合同双方当事人是否已经或者应当预见所获得收益或利益并不重要。该法第32a条第3款同时规定，该请求权不得事先放弃。同时又在该条第4款限定如果根据共同报酬规则或通过集体协议已确定报酬且对第1款规定的情形具体地规定了合理的分享，作者不再享有第1款规定的请求权。❹

在德国，除了继续分享制度外，还有针对出租权和出借权（我国没有出借权，故省略对其的介绍）的公平报酬制度。依据德国《著作权法》第27条第1款的规定："即使作者已将对录音录像载体的出租权授予录音载体制作者或

---

❶ See Pascal Kamina, *Film Copyright in the European Union*, 1sted, Cambridge University Press, 2001, p.201.
❷ 黄晖.法国知识产权法典[M].北京：商务印书馆，1999：23.
❸ 从使用作品所获得收益是指从使用作品所获得的未扣除生产成本、销售成本及其他成本时的毛收入；而从使用作品所获得利益是指从在企业内部经营中而非在外部市场上（如在企业广告中使用作品）所获得收益。（见德国著作权法[M].范长军，译.北京：知识产权出版社，2013：48.）
❹ 德国著作权法[M].范长军，译.北京：知识产权出版社，2013：48.

者电影制作者,出租人仍应为出租向作者支付适当的报酬。支付报酬请求权不得放弃。其仅可以事先让与集体管理组织。"❶

德国设立关于出租权的公平报酬制度是履行欧共体(今欧盟)的《租借权指令》第4条规定的结果,主要是为了防止作者原本享有的出租权会因为出于强势方的制片方的要求而放弃,因而失去参与分享因继续出租而获得的收益。为此,德国《著作权法》第27条第1款特别规定此权利不能放弃。需要注意的是,这种法定的支付报酬请求权与出租权相比较,其只具有积极权能,即只能请求相对人支付报酬,而不具有消极权能,不能禁止他人出租作品的原件或复制件。因而只是一种相对权,而不属于绝对权。❷ 因此,该报酬请求权属于债法意义上的请求权,是可以转让的。不过,依据德国《著作权法》第27条第1款和第3款的规定,该请求权在事先只能让与集体管理组织,不能让与录音录像制作者,且支付报酬请求权也只能由集体管理组织主张。

同为欧盟成员国,英国为了履行《租借权指令》第4条规定的义务,也设立了关于出租权的公平报酬制度。英国《版权法》第93b条规定,作者(是指文字、戏剧、音乐和美术作品的作者以及电影总导演)将电影的出租权转让给制片者之后,仍然保留因为出租而获得公平报酬的权利;作者不能转让(assigne)此权利,除非为了他的利益而让集体管理组织行使此权利;公平报酬由享有出租权的人支付,享有出租权的人是指权利转让的受让人或者其权利继受人,任何意图排除或者限制公平报酬的约定不发生效力。❸

爱尔兰《版权法》也采用与英国类似的公平报酬制度。与德国的继续分享制度类似,葡萄牙采取额外补偿制度使得作者可以二次获酬。葡萄牙著作权法第49条第1款规定,创作者或者他的继承人转让或者出让使用权后,如果报酬遭遇重大经济损失即出让人所获报酬与受让人获得收益存在明显的不对称式,可以主张要求额外的补偿。

与葡萄牙的额外补偿制度不同,意大利实施额外报酬制度。根据意大利

---

❶ 德国著作权法[M]. 范长军,译.北京:知识产权出版社,2013:36.
❷ 德国著作权法[M]. 范长军,译.北京:知识产权出版社,2013:35.
❸ 参见张广良.英国版权法[M]//《十二国著作权法》翻译组.十二国著作权法,北京:清华大学出版社,2011:619.

《著作权法》第45条和第46条规定，电影作品的制片者享有行使著作权中财产权的权利，但是仅限于放映权。尽管制片者通过法定转让的方式取得行使放映权，但是，在电影作品公映时，电影作品中使用的音乐作品的词曲作者仍然有权获得额外报酬。除了词曲作者外，电影作品的原著作者、编剧、艺术导演在无相反约定的情况下如果未按电影作品公映收入的一定比例获得报酬的，有权在公映收入达到与制片人约定的数额时获得额外报酬❶。需要说明的是，意大利电影作品中的词曲作者获得的额外报酬请求权只能向公映者提出，而电影作品的原著作者、编剧、艺术导演获得的额外报酬请求权需要向制片者提出。此外，前者的请求权没有约定排除情形，而后者的请求权可以约定排除。

日本《著作权法》没有赋予作者"二次获酬权"。但是，在实践上有追加报酬制度，不过，如上文所述，日本只有电影导演有机会享受此追加报酬待遇，其他作者则没有此权利。但是，如果将二次获酬仅限于作者转让著作权（或者著作使用权）后仍然可以获得的报酬，那么实施此种二次获酬权的国家则比较少。

上述国家中，法国和西班牙的法定版税权利制度只是由法律规定了支付报酬的方式不是一次性支付，而是按每一次使用方式支付或者按比例支付，只是由于支付方式不同导致作者看起来可以二次或者数次获得报酬。德国的继续分享制度、葡萄牙的额外补偿制度以及意大利关于电影作品的原著作者、编剧、艺术导演的额外报酬制度都是为了协调作者和制片者之间最初约定的报酬与作品发行成功后取得的收益之间的巨大差异，这其实是作者和制片者之间首次获酬的延续或者补充，本质上仍然属于作者和制片人之间的利益分配，而不是使用者的另行付费。❷因为请求支付这些报酬的相对人仍然是制片者，而非使用者，请求支付报酬的基础仍然是最初的权利转让。如果说作者转让著作权（或者著作使用权）后仍然以作者身份而不是以转让人身份因为他人使用作品且由使用人支付的报酬才算是真正意义上的"二次获酬"的话，那么，符合此标准的，只有德国、英国和爱尔兰等国关于出租权的公平报酬制度和意大利电

---

❶ 费安玲，魏骁，陈汉. 意大利著作权法[M] //《十二国著作权法》翻译组. 十二国著作权法，北京：清华大学出版社，2011: 290.

❷ 张伟君，韩萌. "二次获酬权"的是是非非[J]. 中国知识产权，2012(11): 43.

影作品中音乐作品作者享有的额外报酬制度。其中，为了避免作者的二次获酬落空，德国的公平报酬制度不允许作者放弃，如果转让报酬请求权，只能在事先转让给集体管理组织，且由集体管理组织主张权利。英国和爱尔兰的公平报酬制度则规定任何意图排除或者限制公平报酬的约定均属无效。此外，德国和意大利的二次获酬权制度中支付报酬的主体均为使用者（意大利为公映者，德国为出租者），而非制片者。英国和爱尔兰支付报酬的主体为当时享有出租权的人，这个人是权利转让的受让人或者其他权利继受人。需要注意的是，国外的二次获酬权制度有作品使用方式限制（德国、英国和爱尔兰仅限于出租，意大利仅限于电影公映）；还有请求权主体限制（英国和爱尔兰为文字、戏剧、音乐和美术作品的作者以及电影总导演；意大利为音乐作品的词曲作者）。总之，国外的确有二次获酬权制度，但是，各种限制也比较多，而毫无限制地将二次获酬权适用于所有作者、所有使用方式的立法例几乎没有，除非扩大解释二次获酬权的含义，即使用广义的"二次获酬权"概念。

  否定说提出的理由主要有三个。第一个理由认为"二次获酬权"的设立将干预合同自由。合同自由的确是市场交易关系发展的基础和必备条件，而"二次获酬权"也的确有干涉合同自由、影响意思自治之嫌。但是，比较我国和外国的"二次获酬权"制度，不难发现，我国拟引入的"二次获酬权"没有类似德国和英国那种"不得放弃、不得转让"此权的特别规定，这意味着制片者很容易借助其强势地位通过转让协议从作者手中在拿走著作权之后，再次拿走报酬请求权。正是基于这种担心，德国和英国才作出了"不得放弃、不得转让"的规定。更何况，在强大的制片者面前，让处于弱势地位的作者与其谈判，合同自由的难度可想而知。

  否定说提出的第二个理由是如果引入"二次获酬权"制度将产生过高的执行成本。该学者的担忧不无道理。欧洲各国有100多年的著作权集体管理经验，集体管理组织运行模式已比较成熟，而我国的著作权集体管理制度确立只有几年的时间，相应的组织机构建设还不是很完备。在欧洲，为了提高作品使用的效率，降低交易成本，一般都限定由著作权集体管理组织代表作者主张和行使权利。显然，在相关配套机制不成熟的情况下，引入"二次获酬权"制度只会让更多的作者和制片者一起卷入诉讼的"漩涡"。

否定说提出的第三个理由认为选择"二次获酬权"并非保护作者权利最为适当的制度，完全可以借鉴德国模式和意大利模式中一些更为适当的替代性制度。该观点从增强作者谈判力量出发，主张合同自由，但是法律可以作适当干预，不过这种干预不是强行规定，允许约定排除。那么，这种设计是否能达到与国外的"二次获酬权"一样的效果？未必。因为这种设计都附加一个"如无相反约定"的限制性条件，即允许约定排除。当一项权利允许约定排除的时候，这项权利一般都会被强势的一方排除掉。因此，这种设计的确可以在一定程度上增加作者谈判筹码，但是收效甚微，而且也没有实现"二次获酬权"让作者分享作品使用收益的目标。

慎重说在权衡之下提出，二次使用作品的报酬问题由当事人协议解决。慎重说实际代表了很多学者对引入"二次获酬权"制度的顾虑和担忧。如果引入这一制度会不会影响投资者的投资热情，进而阻碍视听产业的发展？如果不引入这一制度会不会影响创作者的创作热情，进而失去创作源泉？在多种矛盾与纠结中，慎重说提出了这个折中方案。这个方案只是给原本纯粹的合同权利关系罩上法律的"光环"。有了这个"光环"，作者可以为其主张二次获酬寻求法律依据。虽然作者未必能与制片者或者使用者实际分享收益，但是，至少可以在一定程度上让作者增加谈判的筹码。

反思之后，有必要重新审视我国拟引入的"二次获酬权"问题。

（1）我国《修改草案第三稿》拟引入的"二次获酬权"缺少国外立法例中与之配套的权利归属模式。我国《修改草案第三稿》拟引入的"二次获酬权"不是"额外报酬型"的"二次获酬权"，而是"分享收益型"的"二次获酬权"，与法国的法定版税权利极为相近。法国之所以用法律规定作者报酬由制片者按照每一使用方式付给，是因为法国的制片者通过推定转让方式取得的仅是视听作品的独占使用权，而非视听作品的著作权，即著作权仍在作者手中。而按照我国《修改草案第三稿》的规定，作者如果没有约定或者约定不明，视听作品著作财产权归属于制片者。也就是说，我国制片者从作者手中拿到的不是使用权，而是完整的著作权。既然制片者享有完整的著作财产权，作者就不可能再享有视听作品后续使用的二次获酬权。否则，就会存在逻辑上的谬误❶。因此，不宜参考法国的法定版税权利制度引入"分享收益型"的"二次获酬权"制度。

（2）是否有必要引入"额外报酬型"的"二次获酬权"制度。德国和英国等国采取"额外报酬型"的"二次报酬权"仅限于"出租或者出借"两种使用方式。这些国家引入"二次获酬权"制度是为了履行欧共体（今欧盟）《租借权指令》义务，我国不是欧盟成员国，没有履行义务要求。而且，我国没有出借权，不会出现基于出借方式使用上的二次获酬。虽然我国有出租权，但是，随着科学技术的发展，出租方式对影院放映的影响已经远远小于过去，对影院放映收入影响比较大的已变成网络点播。如果再引入基于出租使用的"二次获酬权"制度又有何意义？意大利的"二次获酬权"制度则仅限于视听作品中的音乐作品作者，而且还仅限于公映使用方式。音乐作品作者享有此类"二次获酬权"很大程度上是因为音乐作品使用的主要方式是表演，而影院放映属于广义上的机械表演。更何况欧洲音乐作品作者通常已经先行将权利授予著作权集体管理组织统一管理，无法再将此权转让给制片者。所以，著作权集体管理组织有权代作者向使用者额外收取报酬。如果要引入"二次获酬权"的话，可以考虑引入此种作品类型的"二次获酬权"。不过，该"二次获酬权"适用范围极其有限，仅限于公映方式。

（3）从公平角度出发，可以考虑引入其他制度取代"分享收益型"的"二次获酬权"制度。我国考虑引入"二次获酬权"制度主要是为了增强对作者权益的保护，避免利益严重失衡。国外有更为公平的制度可以借鉴。比如上文中提到的德国的继续分享制度和葡萄牙的额外补偿。甚至还有德国的对后来所知的使用方式的报酬制度❷。这些制度赋予的权利一般都不允许放弃。

（4）抛开逻辑谬误问题，即使引入了分享收益型的"二次获酬权"制度，实事求是地讲，这项制度并不是仅对哪一方有利或者有害。影视制作公司认为如果引入"二次获酬权"制度，那么"一部电视剧或电影每发行一轮或

---

❶ 张伟君，韩萌. "二次获酬权"的是是非非[J]. 中国知识产权，2012(11): 44.
❷ 德国《著作权法》第32c条第1款规定，另一方合同当事人根据第31a条采用作品的在签订合同时已约定但尚未知的新的使用方式的，作者享有支付单独的合理报酬的请求权。该条第3款规定该权利不得事先放弃。见德国著作权法[M]. 范长军，译. 北京：知识产权出版社，2013: 49–50.

播出一次，制片者就要向作者和表演者支付一次报酬，将给行业带来致命打击"。❶ 其实，即使没有引入"二次获酬权"，如果一些有票房号召力的作者与制片者签订详细的按比例分享收益的报酬合同，制片者一样也会在每发行一轮时就需要向作者支付一次报酬。法律并没有禁止或者限制作者和制片者签订类似的报酬合同。冯小刚与华谊兄弟公司的合作，就采用分账形式，等影片最后的票房出来后，按照比例获取自己的酬劳。这种做法虽然承担了一定的市场风险，但票房飘红的话，收入反而会超过张艺谋这样的一次性高片酬。❷ 这种按比例分享收益的报酬形式对于制片者而言，降低了制作成本，不需要支付或者支付比较少的基础片酬，作者还可以和其共同分担风险。如果成功，大家共赢；如果亏了，风险共担。对于作者而言，这种报酬模式是自己选择的结果，回报与风险并存，有可能盆丰钵满，也有可能血本无归。为了前者，作者尽心参与创作是自然而然的。这种特殊的报酬分配模式可以让制片者减少制作成本、降低风险又能激发作者的创作热情，这对于影视制作行业而言恐怕不应是"致命打击"，而应是一种经营模式的转变。当《著作权法》修改草案引入"二次获酬权"之后，众多作者一致表示支持。是不是这一制度对作者没有一点负面影响？不尽然。如果引入"二次获酬权"，首先受到冲击的就是作者的基础报酬。在谈判中，制片者会考虑到作者要参与二次分享收益，势必会压低作者的基础报酬。其次，作者还须承担风险。"二次获酬"意味着作者只有在制片者或者使用者获得收益之后才能与其分享收益，如果制片者或者使用者没有收益，何以分享？据相关统计数据显示，2012年，我国国产片总量达到893部，但却只有227部得以进入院线，只有少数影片盈利，部分影片依靠票房收入和植入广告、网络以及电视版权等方式基本实现了收支平衡，国产片亏损比例达到82.5%。❸ 显而易见，对于许多作者而言，想通过"二次获酬"分享收益的愿望将落空。即使有收益可以分享，怎么分享？是作者自己去主张，还是由著作权集体管理组织去主张。由作者自己主张显然不现实，由集体管理机构去主张，何时能分享到手、到底能分享多少都是未知数。也许，对有些作者而

---

❶ 刘仁. "二次获酬权"牵动影视音乐界神经[N]. 中国知识产权报，2012-07-20.
❷ 许岩. 中国导演片酬表引热议[N]. 南国早报，2013-09-09.
❸ 彭骥. 去年，竟有八成国产片亏损[N]. 新闻晨报，2013-01-10.

言，尽早拿到真金白银总比遥不可及的二次获酬来得更实惠一些。因此，对于"二次获酬权"制度，制片者没有必要如临大敌，作者也没有必要欢呼雀跃。虽然引入"二次获酬权"制度的初衷是增强对作者权益的保护，但是，实现这项制度需要更多的配套制度。一句"作者享有分享收益的权利"并不能完全保障作者的分享收益。相反，制片者很容易凭借强势地位在签订合同时要求作者转让或者放弃此权利，或者在确定一个分享收益的比例时设定一些限定条件。如此以来，作者二次获酬的愿望就很难实现。此时，"二次获酬权"更多是一种权利宣示，仅此而已，没有多少实际影响。

本章小结

本章旨在阐明视听作品著作权的归属。该问题也是本书的核心部分。考察域外立法，不难发现，视听作品著作权或者归属于制片者，或者归属于创作者。作者权法国家一般情况下将视听作品著作权归属于创作者，而版权法国家通常为了激励投资，将视听作品著作权归属于制片者。不过，视听作品毕竟不同于普通作品，在视听作品创作中，创作者和制片者的作用难分主次，如果没有制片者的资本投入，恰如"巧妇难为无米之炊"；如果仅有制片者的资本投入，却无创作群体，制片者就面临"有米却无巧妇"的尴尬。因此，各国著作权法在确定视听作品著作权归属时会兼顾创作者和制片者的利益。如果将视听作品整体著作权赋予创作者，就会考虑制片者所应享有的权利；如果将视听作品整体著作权赋予制片者，则会兼顾创作者的利益。我国现有视听作品著作权归属模式兼采意大利立法模式和日本立法模式，造成了我国著作权立法体系上和逻辑上的混乱。从属性上分析，视听作品既非纯粹的作品，也非纯粹的商品，这决定了其著作权归属的特殊性。我国立法在确定视听作品著作权归属时，要注重洛克的劳动财产权理论所体现的公平理念和人格理论对创作者创作劳动的充分尊重，更要运用激励理论鼓励投资和创作，合理配置著作权：一方面，明确视听作品的创作者为作者；另一方面，规定在无相反书面约定的情况下，著作权中的财产权由制片者享有。至于创作者的"二次获酬权"，依据视听作品作者著作权是否已转移给制片者,"二次获酬权"可分为"额外报酬型二次获酬权"和"分享收益型二次获酬权",鉴于我国倾向于将视听作品著作财产权直接归于制片者,我国不宜引入分享收益型的"二次获酬权",可以考虑引入视听作品中音乐作品作者的"额外报酬型二次获酬权"。此外,从公平角度出发,我国可以考虑引入德国的继续分享制度、对后来所知的使用方式的报酬制度或者葡萄牙的额外补偿制度,以增强对作者权益的保护。

第四章

已有作品作者的权利：基于合作抑或演绎

视听作品是比较复杂的作品类型，为了达到良好的视听效果，从来没有哪一种作品像视听作品这样使用如此多的已有作品，有文字作品、音乐作品、舞蹈作品、美术作品、图形作品，甚至戏剧作品或者视听作品的片段等，涵盖了绝大多数的作品类型。当制作视听作品使用这些作品之后，从行使视听作品著作权的效率考虑出发，应厘清已有作品著作权人与视听作品著作权人之间的利益关系。对于两者之间的关系，主要存在两种观点：一种观点认为，已有作品是视听作品这个合作作品的一部分，已有作品与视听作品之间系合作关系；另一种观点认为，已有作品与视听作品之间系演绎关系，视听作品是对已有作品进行演绎而形成的新作品。不同的观点不仅直接影响已有作品著作权人的利益，也会影响到视听作品著作权人的利益。

一、已有作品的界定

何谓已有作品？有学者认为，已有作品是指已经创作完成的作品。❶ 结合视听作品而言，已有作品是指在视听作品产生之前已经创作完成的作品。在《伯尔尼公约》中，已有作品的英文表达是pre-existing works。《伯尔尼公约指南》中指出，已有作品是电影据以改编摄制的基础作品，即电影就是以它们为基础并由它们改编

---

❶ 参见刘波林，等.著作权使用知识问答[M].北京：水利电力出版社，1992: 71.

而成的。❶ 据此，有学者将已有作品称为"基础作品"❷。已有作品作为一个专业术语在我国《著作权法》中主要体现在《著作权法》第12条、第34条、第36条、第39条，在这些法条中，当已有作品被他人改编、注释、翻译、整理和汇编之后，相对于新作品而言，已有作品就成了原作品。因此，已有作品又被称作"原作品"，是一个在一般情况下与演绎作品相对应使用的概念。❸ 为了制作视听作品，需要使用大量的已有作品，日本根据使用方式和对象上的差异进一步将已有作品细分为原著作品和素材作品。其中，小说和剧本等视听作品据以改编的基础作品可以被称为原著作品，对其使用的方式是改编；而为了制作视听作品而使用的享有著作权的素材，比如音乐作品和美术作品等，则被称为素材作品，使用的方式是复制。如此看来，日本的原著作品并不能等同于上文所述的"原作品"。"原作品"可以包括原著作品和素材作品。

二、已有作品与视听作品的法律关系

（一）合作关系

如上文所述，已有作品是指视听作品制作之前已经创作完成的作品。从时间上看，已有作品与视听作品有先后之分，两者似乎并无合作的可能，但是有些国家的立法却认为，当已有作品被用作制作视听作品之后，已有作品被赋予了新的生命力，是视听作品的一部分，已有作品作者被视为视听作品的作者。其中的代表国家是法国和意大利。法国《知识产权法典》第L113-7条❹ 即确定原作作者为视听作品的合作作者。与法国相比，意大利《著作权法》对于已有作品与视听作品之间的关系规定得更为直接、更为广泛，该法第44条明确规定原著作者、作曲者是电影作品的合作作者。其中，意大利《著作权法》甚

---

❶ 参见保护文学和艺术作品伯尔尼公约指南[M].刘波林，译.北京：中国人民大学出版社，2002: 66.

❷ 曲三强.论影视作品的法律关系[J].知识产权，2010(2): 19.

❸ 参见曹三明，何山.中国著作权手册[M].成都：四川教育出版社，1993: 95.

❹ 法国《知识产权法典》第L113-7条规定，受保护的已有作品或者剧本被视为原作，而在其基础上创作的视听作品被视为新作，由此，原作作者应被视为新作作者。而且剧本作者直接被确定为视听作品的合作作者。

至并没有像法国那样强调作曲者只能是专门为电影作品而创作的作曲的作者。

（二）演绎关系

与法国和意大利不同，以德国和日本为代表的国家则认为，已有作品是视听作品进行使用或者改编的基础，两者构成演绎关系。依据德国《著作权法》第89条第3款以及第93条第1款的规定，可以推断出，电影作品的作者并不包括已有作品的作者。在德国，已有作品包括为拍摄电影所使用的剧本、小说和音乐作品（包括专门为拍摄电影而创作的音乐作品）等。为了制作电影作品而对这些作品的使用行为在法律上统称为电影摄制——与对那些作品是否作出了更改或者进行过演绎处理以及改编无关。电影摄制既是对已有作品的一种复制，同时也是一种演绎，不管是否对所使用的已有作品作出过改动，不能否认，电影摄制行为不是纯粹的机械录制，这一行为同样需要付出某种创作性劳动。这种独创性劳动，加之对已有作品进行更改的特征使得人们把电影摄制行为归于演绎行为。❶ 因此，电影作品是其所使用作品的演绎作品❷，已有作品与视听作品构成演绎关系。不过，值得注意的是，在德国，并非所有的已有作品被拍摄成电影作品之后都能形成演绎关系，其中音乐作品如果被拍摄成电影作品仅构成结合关系。

与德国类似，日本《著作权法》第16条明确将已有作品的作者排除在视听作品合作作者之外，认为两者之间并非合作关系。如上文所述，日本将视听作品使用的已有作品分为原著作品和素材作品，其中如果将他人著作（小说或者剧本）当作原著来拍摄电影，此时即有原著（该小说或剧本）与二次著作（该视听作品）之关系。原著与视听著作之间的关系是以拍摄影片之方式将原著改作为二次著作的关系。❸ 而如果制作视听作品只是将某些已有作品当作素材而不是将其当作原著来使用，那么这些素材作品与视听作品之间不再是原著作品与二次著作的关系，而是复制关系，即视听作品对素材作品的使用的方式是复制，不是改编。

---

❶ 参见[德]M·雷炳德.著作权法[M].张恩民,译.北京：法律出版社,2005: 145-146, 198.
❷ 参见德国著作权法[M].范长军,译.北京：知识产权出版社,2013: 124.
❸ 参见张懿云,陈锦全.视听著作权利保护之研究期末报告[R]. 2011: 106-107.

其实，已有作品与视听作品之间并非单一的合作关系或者演绎关系、复制关系，因为一方面为了制作视听作品而对已有作品的使用方式（比如复制、演绎）并不一样，另一方面每个国家对于合作作品的界定[1]也不完全一致。视听作品使用已有作品的复杂性造就了两者之间复杂的关系。即使对于合作作品的界定完全一致，已有作品与视听作品的关系也未必完全一致，比如，德国将为拍摄视听作品而使用音乐作品看作结合关系，而日本则将其看作复制关系。

三、已有作品作者的权利

（一）域外已有作品作者的权利

1. 合作关系下已有作品作者的权利

即使有些国家认为已有作品作者是视听作品的合作作者，但是，这并不意味着已有作品作者作为视听作品的合作作者可以不受限制地行使视听作品著作权，相反，这些国家著作权立法为了提高视听作品著作权行使的效率，大都会对视听作品作者的权利作出一定的限制，通过推定转让或者法定转让的方式将已有作品作者原本享有的权利转让给制片者。法国《知识产权法典》第L132-24条[2]采取推定转让的方式，将作者的权利转让给制作者。意大利《著作权法》第45条、第46条则采取法定转让方式将已有作品作者的放映权归于制片者，由制片者统一行使。但是，音乐作品作者对公映的电影仍然保留从公映者一方额外获得报酬的权利，其他已有作品作者比如原著作者如无相反约定未按电影公映的收入的一定比例获得报酬的，仍有权在公映收入达到与制片者约定的数额时获得额外报酬。[3]此外，意大利已有作品作者基于视听作品合作作者身份所享有视听作品的改编权、翻译权也保留在自己手中。

---

[1] 有的国家将合作作品限定为不可分割使用的合作作品，有的国家则规定合作作品可以包括可以分割使用的合作作品。

[2] 法国《知识产权法典》第L132-24条规定，如无相反约定以及不影响其他条款赋予作者权利的情况下，一旦制作者同配词或者不配词的作曲者之外的视听作品作者签订合同，即导致视听作品独占使用权转让给制作者。黄晖. 法国知识产权法典[M]. 北京：商务印书馆，1999: 32.

[3] 费安玲，魏骁，陈汉. 意大利著作权法[M] // 《十二国著作权法》翻译组. 十二国著作权法，北京：清华大学出版社，2011: 290.

第四章 已有作品作者的权利：基于合作抑或演绎

可以看出，即使已有作品与视听作品是合作关系，但是，由于视听作品的特殊性，已有作品作者作为合作作者须将著作权不同程度地转让给制片者。不过，当已有作品作者将基于合作作者享有的著作权转让给制片者之后，仍然保留部分权利，比如法国音乐作品作者就视听作品使用享有的权利；意大利已有作品作者保留的改编权、翻译权，音乐作品作者的额外报酬权等。

2. 演绎关系下已有作品作者的权利

在演绎关系下，已有作品独立于视听作品而存在，是制作视听作品的基础。德国《著作权法》和日本《著作权法》对于已有作品作者的权利各有不同的规定。德国《著作权法》第88条第1款规定，一旦许可他人将其作品制作成视听作品，如无相反约定，推定将不加改变地或者经过改作或者改动地制作视听作品，以及通过各种方式利用该视听作品以及译本和视听作品改作物的独占权授予该人。❶ 实际上，德国已有作品作者是通过各种许可合同将其对在其作品制作出来的视听作品可能享有的权利全部推定转让给了制片者。当然，已有作品作者转让的仅仅是就视听作品所能享有的权利，其对已有作品享有的著作权并没有影响。但是，如果已有作品作者已经将自己的权利先行授权于著作权集体管理组织，则不再适用上述推定。比如，德国音乐作品作者通常已将其作品的放映权和播放权授予音乐表演权协会。在这种情况下，制片者须从音乐表演权协会那儿拿到相关权利授权之后，才能按照一揽子合同的约定达到目的。❷ 与德国不同，日本将视听作品使用的已有作品分为原著作品和素材作品。不同性质的作品作者享有的权利也不一样。原著作品与视听作品之间是原作品与二次作品的演绎关系。日本《著作权法》第28条中的原著作品作者可以享有和视听作品作者同样的著作权，即视听作品作者享有哪些著作权，原著作品作者就享有哪些著作权，即使视听作品著作权可能超出原著作品本身能够拥有的著作权，也在所不问。可以看出，日本《著作权法》给予原著作品作者更为广泛的保护。而素材作品与视听作品之间是复制关系，当素材作品被视听作

---

❶ 许超. 德国著作权法[M] // 《十二国著作权法》翻译组. 十二国著作权法，北京：清华大学出版社，2011: 176-177.

❷ 参见[德]M·雷炳德. 著作权法[M]. 张恩民，译. 北京：法律出版社，2005: 145-146, 198.

品使用后，素材作品只能享有其本身可能享有的权利，其权利范围比原作作品要小。

虽然德国和日本均将已有作品与视听作品之间的关系视为演绎关系，但是，两国已有作品作者享有的权利不尽一致。当已有作品被视听作品使用后，德国已有作品的作者除已经先行将自己的权利授权于著作权集体管理组织管理的作者外，推定将关于视听作品使用的各种独占权利转让给制片者；而日本已有作品的作者则因为原著作者与素材作者之分而享有不同的权利，与德国已有作品作者相比，无论是原著作者还是素材作者，其所享有的权利主动性更强一些。特别是原著作者，当原著作品被视听作品利用后，原著作者可以享有一切视听作品著作权人可以享有的权利。这意味着，在日本，他人在使用视听作品之前，须取得视听作品著作权人以及原著作品著作权人的双重许可。当然，在一般情况下，制片者在制作视听作品之前通常通过合同将原著作者享有的权利转让到自己手里。在这一点上，日本这种合同转让与德国的推定转让还是有差异的。

（二）我国已有作品作者的权利与立法完善

对于已有作品作者的权利，我国现行著作权法没有作出明确规定，仅仅在《著作权法》第15条笼统规定可以单独使用的作品作者有权就其作品单独行使其著作权，至于已有作品就视听作品整体享有的权利则未曾提及。是适用《著作权法》第12条关于演绎作品的一般规定；还是执行特殊的视听作品著作权归属规定，即将已有作者的著作权统一归属于制片者？《修改草案第一稿》和《修改草案第二稿》对此问题也均未涉及，只有"送审稿"第19条第1款❶提及已有作品著作权人的权利。这意味着，我国著作权法倾向于将两者之间关系定性为演绎关系。如果真的如此，我国已有作品作者享有的权利比上述任何一个国家都广泛。在上述国家中，即便是已有作品作者享有权利最为广泛的日本尚将已有作品作者分为原著作者与素材作者并分别赋予不同的权利，其理由

---

❶ 《送审稿》第19条第1款规定："制片者使用小说、音乐和戏剧等已有作品制作试听作品，应当取得著作权人的许可；如无相反约定，前述已有作品的著作权人根据第16条第2款对视听作品的使用享有专有权。"

第四章　已有作品作者的权利：基于合作抑或演绎

是，原著作品是整个视听作品创作的基础，视听作品在其基础上改编而成，相比之下，素材作品仅仅是视听作品使用的一部分。

　　从世界范围看，将已有作品与视听作品之间的关系看作演绎关系是大多数国家的立法选择。像法国和意大利等国将其看作合作关系的国家并不是很多，而且从合作作品概念本身的含义理解，将其看作合作关系过于牵强。如果将其看作演绎关系，有必要厘清的问题有两点：一是已有作品作者的范围，另一个是已有作品作者享有的权利。对于第一个问题，我国已有作品作者似乎并不包括编剧和音乐作品（特指专门为视听作品而作）作者，因为依据《修改草案第三稿》第19条第2款的规定，这两类作者属于视听作品作者。而依据日本和德国著作权法的规定，这两类作者都属于已有作品作者。国家新闻出版广电总局在《对十二届全国人大一次会议第1477号建议的答复》中提到"送审稿全面梳理了原作品（包括小说、剧本、音乐）与视听作品的法律关系"，该答复并没有对音乐作品进行分类。不能否认"剧本就是一剧之本"，但是，剧本与剧本据以改编的原著之间的差别在于前者与其他创作者之间有合作关系，而后者则无合作创作事实。与之类似，专门为视听作品而创作的音乐作品作者同样缺少合作创作事实。因此，在这两类作者被看作视听作品作者的情况下，我国已有作品作者并不包括这两类作者。就第二个问题而言，在没有相反约定的情况下，是否已有作品作者都可以享有普通演绎作品使用的基础作品可以享有的权利？答案是否定的。小说、戏剧作为演绎作品的基础作品无可厚非，但是将音乐作品视为演绎作品的基础作品缺少说服力。因为视听作品是在小说和戏剧的基础上改编而成，而视听作品只是复制了音乐作品，两者之间构成复制或者结合关系，并非演绎关系。其实，借鉴日本的做法，将已有作品分为原著作品与素材作品并赋予不同的权利更为公平。

本章小结

　　视听作品是比较复杂的作品类型，需要使用大量的已有作品。对于视听作品与已有作品的关系，有的国家将其定为合作关系，有的国家将其定为演绎关系。其实，已有作品与视听作品之间并非单一的合作关系、演绎关系或者复制关系，因为一方面为了制作视听作品而对已有作品的使用方式（比如复制、演绎）并不一样，另一方面每个国家对于合作作品的界定也不完全一致。视听作品使用已有作品的复杂性造就了两者之间复杂的关系。即使对于合作作品的界定完全一致，已有作品与视听作品的关系也未必完全一致。已有作品与视听作品之间不同的关系直接影响到已有作品作者的权利。已有作品不能一概而论，可以将其进一步细化为原著作品和素材作品，其中，原著作品与视听作品系演绎关系，而素材作品与视听作品系复制或结合关系，不同性质的已有作品的作者所能享有的权利应有所区别，这才更为公平。

第五章

视听作品著作权的边界：使用者自由使用的起点

著作权的边界是指著作权的效力应该在何处终止，使用者的特权应该从哪里开始。在著作权人的权利范围与使用者的特权相碰撞的地方，就是著作权的边界。❶ 视听作品是一类比较特殊的作品，参与创作的人员众多，大量使用已有的作品，涉及许多权利主体，著作权的边界本身比较难以划定，视听作品著作权边界的划定尤甚。由于所涉问题太多，故本书中讨论的视听作品著作权的边界只是其中容易引起争议的一部分，而非全部。如果说保护期间是从时间长度上划分视听作品著作权的边界，那么戏仿就是从使用空间的广度上划分视听作品著作权的边界，而由电视节目模式引发的思想与表达分界问题则是从表达的深度上划分视听作品著作权的边界。

一、视听作品自由使用的时间边界：著作权保护期间

著作权保护期间实际是对著作权的一种限制。在视听作品著作权期间内，使用者使用视听作品，需经过著作权人的许可并支付报酬。而著作权保护期届满，视听作品成为公共财产，使用者可以自由使用。显然，视听作品著作权保护期届满之日恰是视听作品著作权的边界，关乎着著作权人和使用者的利益。

---

❶ 参见朱理. 著作权的边界——信息社会著作权的限制与例外研究[M]. 北京：北京大学出版社，2011: 1.

（一）《伯尔尼公约》关于视听作品著作权保护期间的规定

《伯尔尼公约》第7条第2款❶对视听作品著作权的保护期作出了特别规定。依据该规定，普通作品受版权保护的期限为作者终生加作者死后50年，以作者寿命为计算标准。而对于视听作品著作权保护期，《伯尔尼公约》却作了例外规定，不仅在期限长短上有区别，计算标准也由作者寿命变成了"向公众提供"。当然，无论是普通作品，还是视听作品，《伯尔尼公约》规定的著作权保护期仅是最低标准，成员国可以超出这一限度（见《伯尔尼公约》第7条第7款）。

（二）作者权法国家视听作品著作权的保护期间

将视听作品著作权归属于制片者的作者权法国家之一的日本在其《著作权法》第54条第1款中规定："电影作品的著作权，存续到该作品发表后（该作品创作后70年之内未发表的，自创作后70年）70年。"❷这表明不论电影作品著作权的主体是团体还是个人，只要是电影作品，一视同仁，著作权的保护期间都存续到作品发表后70年，不因主体差异而有所区别。值得注意的是，在日本，其他以团体名义发表的作品的著作权的保护期仅仅存续到作品发表后50年。相比较而言，日本对于电影作品的保护期间比其他以团体名义发表的作品的保护期间要长。对于视听作品使用的原著作品以及素材作品的保护期间，日本《著作权法》第54条第2款规定："电影著作权保护期限届满而消灭时，该电影作品中利用的原作品的著作权也一同消灭。"❸如上文所述，日本赋予原著作品和素材作品作者的著作权并不一样，其中原著作品作者拥有和视听作品著作权人同样的权利，即使原著作品可以享有的著作权与视听作品可以享有的著作权不一样，也在所不问。而素材作品无此待遇，即使被吸收进视听作品，也只能享有素材作品本身可以享有的著作权。但是，在著作权保护期间的问题上，该法条只规定电影作品中利用的原著作品的著作权随着视听作品著作

---

❶ 《伯尔尼公约》第7条第2款规定："本联盟成员国可以规定保护期在作品经作者同意而向公众提供后50年届满。如果作品在创作产生后50年内未向公众提供，保护期在作品创作产生后五十年届满。"保护文学和艺术作品伯尔尼公约指南[M].刘波林，译.北京：中国人民大学出版社，2002: 39.

❷ 李扬.日本著作权法[M].北京：知识产权出版社，2011: 43.

❸ 李扬.日本著作权法[M].北京：知识产权出版社，2011: 43.

第五章　视听作品著作权的边界：使用者自由使用的起点

权的消灭而消灭，并没有规定电影作品中利用的素材作品著作权也随着视听作品著作权的消灭而消灭。这意味着，当视听作品著作权保护期届满后，即便原著作品本身的著作权仍然在保护期内，使用者使用视听作品也不会构成侵犯原著作品的著作权。但是，当视听作品著作权保护期届满后，如果视听作品利用的素材作品本身的著作权仍然在保护期内，则该素材作品的著作权并不像原著作品著作权那样随着视听作品著作权的消灭而消灭。正如日本学者所说，于电影著作因著作财产权存续期间届满而消灭时，该电影著作利用时固毋需处理该电影著作与其原著之权利问题，但仍应处理其上素材著作之权利问题。❶ 需要指出的是，尽管日本《著作权法》规定"电影著作权保护期限届满而消灭时，该电影作品中利用的原作品的著作权也一同消灭"，但是，这仅仅限于包含在视听作品之中的原著作品著作权随之消灭，而原著作品自身的著作权并没有受到影响，依然独立存在。如果使用者仅仅使用单独的原著作品，只要其仍在保护期内，就必须经过原著作品作者的许可并支付报酬。

将视听作品归属于作者的德国《著作权法》在第65条第2款❷对于视听作品著作权保护期作出了特别规定。与之相同，法国视听作品著作权的保护期间也是存续到剧本作者、对白作者、专门为视听作品创作的配词或未配词的乐曲作者、主要导演中最后一个去世的合作作者死亡之后70年。不仅德国和法国规定相同，其他欧盟成员的作者权法国家关于视听作品著作权保护期的规定也大抵相似。这主要是受欧共体（今欧盟）1993年颁布的《保护期指令》第2条第2款❸的影响。在《保护期指令》被执行之前，欧洲各国视听作品著作权保护期长短不一，比如，德国视听作品著作权保护期存续到最后一位合作作者死亡之后第70年；西班牙则是存续到最后一位合作作者死亡之后第60年。而其他国

---

❶ 参见[日]齐藤博、作花文雄、吉田大辅：《现在社会と著作権》，财团法人放送大学教育振兴会2003年版，页139；加户守行.著作权法逐条讲义〔五订新版〕》，著作权情报中心，2006年版，第339页。转引自张懿云、陈锦全.视听著作权利保护之研究期末报告[R]. 2011: 133-134.

❷ 德国《著作权法》在第65条第2款规定："在电影作品以及与电影作品类似方式创作的作品中，著作权在寿命最长的下列人员死亡之后70年消灭：主要导演、剧本作者、对白作者及为相关电影作品所创作的音乐的作曲者。"德国著作权法[M].范长军，译.北京：知识产权出版社，2013: 103.

❸ 《保护期指令》第2条第2款规定，电影作品或者视听作品的著作权保护期限存续到下列人员中最后死亡的那个人死亡之后70年，无论这些人是否被确定为合作作者：总导演、剧本作者、对白作者以及专门为该电影作品或者视听作品而创作的音乐作品作者。

家视听作品著作权保护期普遍存续到最后一位合作作者死亡之后第50年。这在很大程度上影响了视听作品的国际贸易，特别是在欧共体（今欧盟）内部，各国不同的著作权保护期限越发成为建立欧共体（今欧盟）统一市场的障碍。在此背景之下，欧共体（今欧盟）开始酝酿修改著作权保护期。经过多次酝酿以及磋商之后，《保护期指令》将视听作品著作权保护期限统一提高到最后死亡的视听作品合作作者死亡之后70年。对于这种对绝大多数国家而言属于延长作者著作权保护期限的规定，《保护期指令》在序言部分给出两个理由：其一，《伯尔尼公约》当初为了保护作者及其后来两代人的利益而确立保护期为作者有生之年加死后50年。但是，现在这一保护期已经无法包括两代人，原因在于共同体内人均寿命的增长。其二，协调不应该使在共同体内已经得到的保护受到影响。❶ 因此，《保护期指令》"只能就长不就短"，采取当时保护期最长的德国的做法确定保护期限。

除了日本比较特殊之外，绝大多数作者权法国家对于视听作品著作权保护期的规定比较统一，多为作者终生加作者死后70年，以作者寿命作为计算依据。当然，这主要是履行《保护期指令》的结果。日本以作品发表为计算依据，同时为了便于公众利用进入公共领域的视听作品，特规定电影作品中利用的原作品的著作权随着视听作品著作权的消灭而一同消灭。

（三）版权法国家视听作品著作权保护期间

英国是欧盟成员国之一，受《保护期指令》影响，英国《版权法》第13B条规定电影版权终止于自总导演、编剧、对白作者或者专为电影而创作并使用的音乐作品作者之最后死亡者死亡当年年末起算的第70年年末。❷ 显然，英国《版权法》的这一规定是执行《保护期指令》的结果。在此之前，英国电影作品的作者是制片者，电影作品版权保护期一直是自作品发表之日起50年。这与欧洲大陆作者权法国家普遍规定的最后死亡的合作作者有生之年加死后50年的保护期有很大出入。如果要求英国按照作者权法国家的规

---

❶ 参见韦之.知识产权论[M].北京：知识产权出版社，2002: 271.
❷ 参见张广良.英国版权法[M] //《十二国著作权法》翻译组.十二国著作权法.北京：清华大学出版社，2011: 573.

定修改其国内法，那么，英国《版权法》不仅要修改电影作品著作权的保护期，电影作品的作者乃至著作权的归属都会受到影响。这与英国的版权传统严重不符。在英国的极力反对和积极争取下，《保护期指令》作出了一个妥协性的规定：即电影作品或者视听作品的著作权保护期限存续到下列人员中最后死亡的作者死亡之后70年年末，至于这些人是否被确定为合作作者在所不问：总导演、编剧、对白作者以及专门为该电影作品或者视听作品而创作的音乐作品作者。换言之，这四类作者仅用作计算视听作品著作权保护期限，与视听作品的作者身份不发生联系，各成员国可以将其确定为视听作品作者，反之亦可。欧盟通过这种妥协性规定实现了视听作品著作权保护期统一化。

美国是世界上视听产业最为发达的国家，但是，如上文所述，美国《版权法》并没有对视听作品版权的归属作出特别规定。相应地，美国《版权法》对于视听作品版权的保护期也没有特殊规定，与其他类型作品著作权保护期的适用规则一样。美国视听作品著作权保护期按照不同的著作权归属主要分为三种：视听作品著作权归属于独著作者的，其保护期为作者终生加死后70年；视听作品著作权归属于合作作者的，其保护期存续到最后一位活着的作者终生加死后70年；视听作品著作权属于雇佣作品归属于雇主的，其保护期为自作品首次发表年起95年，或者自作品创作完成年起120年。和其他国家相比，美国著作权保护期计算比较复杂，很大程度上是因为自1790年美国《版权法》起，美国著作权保护期一直处于延长趋势，且延长又有回溯力，使得保护期要分几段进行计算。以1978年1月1日以前发表的作品为例，依据1909年美国《版权法》规定，著作权保护期分为两段期间计算，第一段保护期为作品正式出版之日起28年，第二段保护期，则是在首段保护期满之后经过更新程序再获28年的保护。此外，1976年美国《版权法》又给予1978年1月1日之前发表的作品19年的额外保护期，这样，一件1978年1月1日以前发表的作品总共保护期可至作品正式出版后75年。1998年美国国会通过了《索尼波诺版权期间延长法案》(*Sonny Bono Copyright Term Extension Act*，CTEA)再次将版权保护期在1976年美国《版权法》的基础上延长了20年，据此，一件1978年1月1日以前发表的作品总共保护期可延长至作品正式出版后95年。随着版权期限一次次延长，一些本来即将进入公有领域的作品得以继续受到版权保护。这引起了一些利用已经处于公有领域的作品进行牟利的企业和个人的不满，于是要求法院裁决CTEA违宪。美国联邦最高法院裁决此法案并不违宪，且认为国会通过CTEA是因为考虑到欧盟国家普遍采用作者终生加死后70年的著作权保护期，美国随后也将自己版权保护的期间延长了20年，正是国会为了确保美国作者能在海外享有同欧洲作者们同样待遇所采取的行动，且CTEA还可以起到刺激更多的作者创作更好的作品的效果。❶ 对此，美国联邦最高法院的STEVENS法官持有不同意见。STEVENS法官以专利保护进行例证：回溯性的延长专利保护期既不能起到鼓励新发明的作用，也无法对增加社会知识总量的目的有所帮助，反而会挫伤公众对利用因保护期结束而进入公共领域的专利成果的期待。与专利法类似，鼓励新作品的产生和增加社会的福利同样是版权法所追求的目标。❷ 因此，从某种意义上讲，延长著作权保护期是在增强对著作权人权利的保护，却未能保护公众在自由获取艺术成果反面所具有的公共利益。❸

版权法国家视听作品著作权多按照作品出版或者发表之日作为计算保护期的依据，英国和爱尔兰等国虽然以作者寿命作为计算依据，但是，这是执行《保护期指令》的结果。美国视听作品分为三类，但是最常见的视听作品为电影作品，而美国电影作品多为雇佣作品，而雇佣作品著作权保护期也是以作品发表为依据。

从世界各国视听作品著作权保护期的规定看，无论是作者权法国家，还是版权法国家都有延长保护期的趋势。其中的原因或为了执行《保护期指令》的内容，或为了保护本国著作权人的利益，其实，更为重要的原因则是来自于各国国内相关产业团体的游说。

（四）我国视听作品著作权保护期间

2012年7月，《修改草案第二稿》公布，其中的视听作品作者权利条款引起了影视界人士的极大关注，编剧和导演们纷纷表达各自的看法。中国电影导

---

❶ 参见李响. 美国版权法：原则、案例及材料[M]. 北京：中国政法大学出版社，2004: 135.
❷ 参见李响. 美国版权法：原则、案例及材料[M]. 北京：中国政法大学出版社，2004: 139.
❸ 参见李响. 美国版权法：原则、案例及材料[M]. 北京：中国政法大学出版社，2004: 139.

第五章 视听作品著作权的边界：使用者自由使用的起点

演协会在向原国家新闻总署版权局提交的行业建议中尤其提到了著作权保护期问题，提出将"知识产权（著作权）保护应延续至70年"。

我国现行《著作权》第21条第3款规定电影作品和以类似摄制电影的方法创作的作品的发表权以及财产权利的保护期为50年。《修改草案第一稿》基本延续了现行《著作权法》的规定。《修改草案第二稿》则发生了一些变化，第28条第2款❶似乎蕴含着视听作品可以分为著作权由单位享有的视听作品和著作权由自然人享有的视听作品。如果属于后者，视听作品著作权的保护期间则执行自然人著作权的保护期间。虽然制片者一般以单位形式出现，但是，并不能完全排除自然人成为制片者的可能性。也许立法者只是为了法条更加简练，所以才将原本各自独立的两款法条合并在一款法条之中。但是，合并之后，由于要兼顾两类不同的作品，在语言措辞上难免让人产生歧义。

《修改草案第三稿》关于视听作品著作权保护期间的规定与《修改草案第二稿》如出一辙。但是，《修改草案第三稿》对于视听作品著作权的归属作出了一些修改，在第19条第3款规定视听作品著作权的财产权由制片者和作者约定，没有约定或者约定不明的，著作权中的财产权由制片者享有。这意味着，根据《修改草案第三稿》的规定，著作权人可能是作为单位的制片者，也有可能是作者本人。如果说制片者通常是单位的话，那么这里的作者（也就是创作者）则是自然人，且只能是自然人。再说，即使《修改草案第三稿》不允许作者和制片者约定视听作品著作权的归属，视听作品著作权也有可能归属于自然人。因为视听作品中不仅有大制作的电影作品，还有个人小制作的视频作品。如此看来，《修改草案第二稿》立法者当初也许并非仅仅只是为了法条更加简练，才对视听作品著作权的保护期间作出容易让人有另一种解读的规定，可能已经考虑到了视听作品著作权人的多样性。

综合《修改草案第三稿》第19条第3款和第29条第2款的规定，不难得出这样的结论：著作权（署名权除外）由单位享有的视听作品，其发表权的保护

---

❶ 《修改草案第二稿》第28条第2款规定："法人或者其他组织的作品、著作权（署名权除外）由单位享有的职务作品、视听作品，其发表权的保护期为50年，但作品自创作完成后50年内未发表的，本法不再保护；其著作权中的财产权的保护期为首次发表后50年，但作品自创作完成后50年内未发表的，本法不再保护"。

期为50年；其著作权中的财产权的保护期为首次发表后50年。而著作权由自然人享有的视听作品，其发表权、著作权中的财产权的保护期为作者终生加作者死亡后50年；如果系合作作品，则其保护期可以存续到最后死亡的作者终生加死后50年。

如果《修改草案第三稿》果真如此，那么有两点值得注意。第一，视听作品著作权保护期并没有达到中国电影导演协会建议的70年期限。结合上文，不难发现，中国电影导演协会提出的70年期限的建议并非毫无依据，而是借鉴了欧洲多数国家的做法。如上文所述，著作权归属模式往往决定一个国家的著作权保护期限。一般而言，如果著作权归属于制片者（或者雇主），那么保护期的起算依据为出版或者发表之日；如果著作权归属于作者（创作者），那么保护期的计算依据则为作者寿命。其中，前者的保护期自出版或者发表之日起50年（加拿大、韩国）、60年（印度）、70年（日本、澳大利亚）和95年（美国）不等。而后者的保护期多数为作者终生加死后70年（美国的个别作品、欧盟国家），在执行《保护期指令》之前，这些国家的视听作品著作权的保护期也是从作者终生加死后50年、60年和70年不等。可以看出，如果属于前者，各国保护期并不统一；如果属于后者，则相对比较统一。

而按照《修改草案第三稿》的规定，我国视听作品著作权在没有约定或者约定不明的情况下，归属于制片者。从世界范围看，这种著作权归属模式的著作权保护期可以从出版或者发表之日起50~95年不等，并非统一的70年保护期。虽然，依据《修改草案第三稿》，视听作品著作权可以约定归属于作者，但是，并不意味着，我国一定要执行欧共体（今欧盟）《保护期指令》的规定将视听作品著作权保护期由现在的50年再延长20年。首先，我国并非欧盟成员国，没有履行《保护期指令》的义务；其次，正如有学者所言，作者有生之年加死后70年的保护期的普及源于实用主义的考虑。至于这种设计是否必要，则值得进一步推敲。❶ 并且，人们不断呼吁要繁荣公有领域，而版权期限太长，无疑将增加使用者的成本，对版权的保护期限确实需要重新审视。❷ 最后，对

---

❶ 参见韦之.知识产权论[M].北京：知识产权出版社，2002: 272.
❷ 参见[加]大卫·拉梅蒂.关于版权保护期限[M] // [加]迈克尔·盖斯特.为了公共利益——加拿大版权法的未来.李静，译.北京：知识产权出版社，2008: 348.

第五章 视听作品著作权的边界：使用者自由使用的起点

于自然人享有视听作品著作权的情形，如果不以主要创作人员的寿命为计算保护期的依据，则会导致保护期不明的结果。《修改草案第三稿》允许作者和制片者之间约定视听作品著作权的归属，这就不排除创作者享有视听作品著作权的可能性。更何况，随着现代技术的发展，视听作品的种类也越来越多，不仅限于电影作品，还有许多小制作的视听作品，这一类作品的创作者成为著作权人的可能性非常大。而《修改草案第三稿》似乎只考虑到单位是视听作品著作权人的情形，对于视听作品著作权属于自然人的情形适用普通作品自然人享有著作权保护期的规则，即作者终生加死后50年。其实，视听作品与普通作品有很大区别，其中最大区别在于视听作品的作者很难确认，正是基于此，许多国家特别规定了视听作品著作权保护期。欧盟国家为了便于确定著作权保护期，将四类参与视听作品创作的主要作者寿命作为计算视听作品著作权保护期的依据。因此，为了避免陷入繁琐的作者寿命确认中，我国有必要借鉴欧盟国家的做法，对于自然人享有视听作品著作权的情形，可以列明将几类主创人员的寿命作为计算视听作品著作权的保护期。

不可否认，视听作品著作权保护期限的长短其实是平衡各方利益的一种手段。如果保护的期限长了，著作权人就可以充分享受创作成果，进而激发其创作的动力，但是，使用者使用作品的成本提高了。如果保护期限短了，则不足以为创作者提供强大的创作动力，不过，使用者使用作品的成本降低了。合理的著作权保护期固然可以兼顾著作权人和使用者的利益，但是，这种合理的著作权保护期很难确定。尽管，目前国际上，版权保护期有延长的趋势，但是这不是说延长版权的保护期总是合理的。❶ 将视听作品按照著作权主体不同分为不同的保护期有其合理性，让真正的创作者享受更长期限的著作权保护以激发其创作的动力，让从创作者手中拿走著作权的制片者享受相对较短的著作权保护是从市场开发、商业回报角度考虑。给予单位享有著作权的视听作品50年的著作权保护期不是没有国外的立法例，即便给予70年的保护期也不一定具有更大的合理性。但是，如果从繁荣公有领域考虑，50年的保护期无疑比70年的

---

❶ 参见[加]大卫·拉梅蒂.关于版权保护期限[M]//[加]迈克尔·盖斯特.为了公共利益——加拿大版权法的未来.李静，译.北京：知识产权出版社，2008：362.

保护期更合适。鉴于视听作品的作者众多，且难以确定，如果由这些作者享有著作权，选择将几类主创人员的作者寿命作为计算保护期的依据比适用合作作品著作权保护期的一般规则更为简便、实用。

二、视听作品的思想与表达边界：以电视节目模式为例

严格地讲，电视节目模式（television programme formats）并不是一个法律术语，而是一个传播学意义上的用语。但是，各大电视台在输出或者输入某一电视节目模式时，经常会使用出售或者购买"版权"的字样。于是，人们自然而然地认为电视节目模式受版权保护，属于版权作品。其实，无论是在理论界，还是实务界，电视节目模式的版权属性一直备受争议，争议的焦点问题是：电视节目模式究竟是思想，还是表达？按照著作权制度的一般原理，著作权法只保护作品的表达，不保护作品所反映的思想。如果电视节目模式属于一种表达，就可以受到著作权保护；反之，如果电视节目模式属于一种思想，则属于公有领域范畴，无法受到著作权保护。

电视节目模式并非一个法律术语，所以尚无法律对其作出解释。已有的关于电视节目模式的解释主要见于一些司法判例或者学者论著中。德国高院在Senderformat案中指出："电视节目版式是系列电视节目的组成部分……是一种方案，即一套演出说明或指导一套相似电视节目说明的一般性框架。"[1] 此种解释认为电视节目模式是一种方案或者框架，一种用以说明或者指导电视节目制作的方案或者框架。这种说明或者框架蕴含于电视节目之中，本身是电视节目的组成部分。与其说电视节目模式是一种方案，不如说是一种设计，是一种可以具体到每个细节的设计。

从世界范围看，并没有哪个国家立法明确将电视节目模式作为一个独立的保护对象。甚至在司法实践中，对于电视节目模式的著作权保护多持慎重态度。其主要原因在于，大家对于电视节目模式到底属于思想抑或表达认识不

---

[1] See Ute Klement, Protecting Television Show Formats under Copyright Law-new Developments in Common Law and Civil Law Countries, *European Intellectual Property Review*, 2007, 29（2），pp.52-60.

一。法国的版权法律制度不保护节目背后蕴含的基本思想，这意味着可以复制一个情节或者节目的原理。从这个角度看，节目的单个元素可能会缺少足够的可以受保护的原创性。但是，假如节目模式已经达到相当详尽的程度，依据作者权制度，还是可以作为脚本（screenplay）受到保护的。❶ 这一观点在英国2010年的Meakin V. BBC案中有所体现，Meakin起诉BBC在其录制播出的电视智力游戏节目中侵犯自己"三个点子"的版权，英国高等法院的法官认为：如果Meakin能够指出他的具体的、低抽象程度的概念或想法被复制，那么他获胜的几率将增加。❷ 换言之，只要节目模式足够详尽或者具体，就很有可能获得版权保护。而概括性强或者具有高度抽象的节目模式很容易被认定为节目背后隐藏的思想或者想法难以受到版权保护。

其实电视节目模式作为电视节目的一个组成部分，同一部电影作品中的故事情节或者故事结构极为相似，都是一部作品中支撑作品其他要素的主干部分或者实质性部分，这一部分往往借助作品其他要素展现在人们眼前并为人们所共同感知。对于作品的故事情节或者故事结构究竟是思想抑或表达？不能一概而论。如果故事的情节，包括事件的顺序、人物角色的交互作用和发展得足够具体，则应属于"表达"的范畴，可以受到著作权法的保护。❸ 事实上，在很多电影作品中，故事结构和情节才真正反映了作者的独创性。❹ 作品的表达可以分为两个部分，分别是实质性内容和具体的表现形式。故事结构和情节安排是作者为了表达思想而精心构思的实质性内容部分的表达，应该因为独创性成分而受到保护。❺ 同理，对于电视节目模式究竟是思想抑或表达，也不能一概而论。如果电视节目模式对于节目涉及的各个要素（参与人物角色和特点、场景布置、道具、情景转换等）都设计得足够具体、详细，那么这种节目模式

---

❶ See Alessandra Gagliardi, Les idees sont de libre parcours: programme format protection in the French and Italian systems: Part 1:France, 1998, 9(5), pp.200–204.

❷ See Desiree Fields, Come and Have a Go, If You Think You are Smart Enough: High Court Grants Defedants Summary Judgment in TV Format Case, Entertainment Law Review, 201t, 22(2), pp.61——64. 转引自，黄小洵. 电视节目版式版权保护之法律困境和进路探索[J]. 北方法学，2013(4): 88.

❸ 参见王迁. 知识产权法教程[M]. 北京：中国人民大学出版社，2011: 50.

❹ 参见李雨峰. 著作权的宪法之维[M]. 北京：法律出版社，2012: 154.

❺ 参见张玉敏. 知识产权法[M]. 北京：法律出版社，2005: 86.

就应该属于"表达",反之,则属于"思想"。

但是,电视节目模式究竟设计到何种程度才属于"表达",并没有一个非常确切的标准。因为,"表达"和"思想"之间并不是非白即黑的关系。在"表达"和"思想"之间其实存在一个灰色地带,或者说模糊区域。❶ 在这个区域内,很难划清表达和思想的界限。正如美国汉德(Hand)法官在Nichols v. Universal Pictures Corporation案中所言:"没有人曾经、也没有人能够划清思想和表达之间的界限。"而电视节目模式恰恰就处在这个难以划清界限的模糊区域内,无论法官将其认定为"表达"还是"思想"都不会出现明显偏差,而法官为慎重起见多会选择将其认定为"思想",这也是近些年尽管多次出现关于电视节目模式的侵权诉讼,但是多以主张权利方败诉而告终的原因所在。从某种程度上讲,这个灰色地带成为法官划定著作权和公有领域界限的自由裁量范围。事实上,"思想——表达二分法"就是一个利益平衡器,可以为法官确定著作权保护的范围提供解释的工具,以此维护着著作权人和使用者之间的利益平衡。❷

需说明的是,尽管设计得足够具体或者详细的电视节目模式可以被认定为"表达"而受到著作权保护,但是,并不意味着电视节目模式可以作为一类独立的作品而存在。正如一部文学作品或者电影作品中的故事结构或者故事情节其实只是作品的组成部分,其本身并不是一部作品一样,电视节目模式也只是视听作品的组成部分,蕴含于视听作品之中,其本身并不构成作品。

三、视听作品自由使用的空间边界:以戏仿为例

2006年年初,胡戈在陈凯歌导演的电影作品《无极》基础上,创作了一个名为《一个馒头引发的血案》的网络短片。由此引起大家对于戏仿的关注。在我国,戏仿又被学者们称作"滑稽模仿"或者"模仿讽刺",是一种特殊的艺术创作手法。在《著作权法》第三次修订之际,戏仿能否进入著作权法保护

---

❶ 参见李雨峰.著作权的宪法之维[M].北京:法律出版社,2012:153.
❷ 参见李琛.知识产权法关键词[M].北京:法律出版社,2006:24.

第五章 视听作品著作权的边界：使用者自由使用的起点

范畴关乎着使用者特权与著作权的边界划分。

在《布莱克法律词典》中，戏仿（parody）被定义为："对知名作品进行转换性使用，为达到对原作品讽刺、嘲弄、批判或者评论的目的，而不是仅仅借用原作品以引起人们对于新作品的注意。"❶ 依据该定义可以得出：（1）戏仿的核心要素是新作品创作的目的必须是为了达到对原作品讽刺、嘲弄、批判或者评论的目的。纯粹借用原作品难以构成戏仿。（2）新作品不是照搬照抄原作品，而是对原作品进行转换性使用，让人能够意识到新作品不是原作品。但是，戏仿这种独特的创作手法要求必须使用原作品，否则，将没有讽刺、嘲弄、批判或者评论的对象或者"靶子"。

著作权法鼓励各种创作手段和手法以繁荣作品创作。戏仿其实是鼓励创作自由的一种表现。在一些国家的立法中，戏仿被当作一种合理使用的方式。法国《知识产权法典》第L.122-5条❷对此作出了规定。与法国类似，比利时《著作权法》第22条规定，作品已经合法出版之后，作者不能禁止他人画成漫画讽刺、戏仿和模仿、遵循合理做法使用。而瑞士《著作权法》第11条第3款是在作品完整性例外中规定，可以对现有作品进行戏仿以及其他类似转变的方式的创作。西班牙《知识产权法》第39条将戏仿列为著作权限制的一种，规定对于一件公开作品的戏仿如果没有混淆原作品的风险且没有侵害到原作品或者其作者，那么将不需要经过原作品的作者许可。与其他国家不同，西班牙《知识产权法》不仅将戏仿列为一种著作权限制的方式，而且规定了戏仿的构成要件。有些国家虽然没有在立法中明确肯定戏仿的法律地位，但是在司法判例中，通过法官扩大解释合理使用条文而将戏仿视为一种合理使用行为。比如早在20世纪50年代中期，美国加利福尼亚州审理From Here to Eternity一案的法官认为，The Show of Shows中的Sid Caesar戏仿From Here to Eternity的短剧是批判和评论，因而构成合理使用。

可以看出，无论是在国外立法中，还是在国外的判例中，戏仿可以作为合理使用进行侵权抗辩。合理使用意味着使用者可以自由免费使用他人作品，

---

❶ 张玉敏，曹博. 论作品的独创性——以滑稽模仿和后现代为视角[J]. 法学杂志，2011(4): 56.

❷ 《法国知识产权法典》第L.122-5条规定，作品发表后，作者不得禁止不违反有关规定的滑稽模仿、讽刺模仿及漫画讽刺。

是对著作权的一种限制，为了繁荣创作，不影响作者的创作积极性，各国对合理使用的方式或者构成要件都有严格限定。同样，如果主张以戏仿作为合理使用的方式，那么则要求必须符合合理使用的构成要件。

关于戏仿构成合理使用的要件，西班牙《知识产权法》则规定戏仿须没有混淆原作品的风险且没有侵害到原作品或者其作者。西班牙《知识产权法》是从戏仿的结果来确定构成要件的，规定戏仿不能产生混淆的可能，应该保证新作品就是新作品，原作品还是原作品。不能让人将新作品误以为是原作品而影响到原作品的利益甚至损害原作品作者的利益。而美国的司法判例则主要从新作品与原作品的关系，新作品对原作品的影响两个方面来判断使用者的行为是否构成戏仿。早在美国20世纪50年代中期，随着电视工业的兴起，电视节目戏仿流行电影开始出现。其中两个电视节目 The Jack Benny Program 和 The Show of Shows 因分别戏仿 Gaslight 和 From Here to Eternity 而被控侵权。结果，前者被判侵权，而后者不构成侵权。审理这两个案件的詹姆斯·马歇尔·卡特法官认为，为了让人想起被恶搞的原创电影作品，需要借用其中相当一部分的内容。但是，他认为滑稽模仿者不能超出其需要的范围使用，而且戏仿不能取代原有版本的市场。按照卡特法官的观点，The Show of Shows 的戏仿借用了 From Here to Eternity 的主要角色、故事和背景，但是，它后来用这些元素作为跳板，有了新的、原创性的、不同的发展、方法和表达。而 The Jack Benny Program 对 Gaslight 的戏仿，则使用了太多对方的东西，The Show of Shows 的戏仿能让人想起原创的版本，但同时又有自己的东西，但是 The Jack Benny Program 使用了太多对方的东西，添加自己的东西太少。卡特法官指责 The Jack Benny Program 在表达、悬念点和制造高潮点方面使用了原版的整体或者全部故事线索和发展脉络。换句话说，The Jack Benny Program 已经将整个故事和盘托出，观众不太可能再去看电影了。❶ 通过美国的这一司法判例可以看出，新作品可以借用原作品，因为这是为了达到戏仿的效果所必须的，但是新作品对旧作品的使用必须限定在需要的范围内，超出需要的范围就有可能

---

❶ See Peter Decherney .Copyright dupes: piracy and new media in Edison v. Lubin (1903）），*Film History*，Volume 19，No.2，Film and Copyright，Indiana University Press (2007)，pp. 105-107.

第五章　视听作品著作权的边界：使用者自由使用的起点

对原作品的市场份额和价值产生影响，新作品必须在原作品的基础上增加独创性成分。至于新作品使用的目的（到底是基于商业目的，还是出于公益目的）则不是认定戏仿要件所要考虑的因素，因为 The Show of Shows 是作为一个电视节目，其商业目的极为明显，美国加利福尼亚州审理 From Here to Eternity 一案的法官并没有判定 The Show of Shows 使用 From Here to Eternity 的行为构成侵权。固然，美国1976年《版权法》107条规定判断对作品的使用是否属于合理使用时应该考虑使用的目的与特性，但是，在2001年 Suntrust Bank 诉 Houghton Mifflin 案中，美国第11巡回法院同样没有认定 Houghton Mifflin 出于商业目的使用 Suntrust Bank 的《飘》所创作的《风逝》构成侵权。可以看出，西班牙《知识产权法》与美国判例对于戏仿构成合理使用的要件虽然在语言表述上有所区别，但是本质上都是一样的，都是从新作品与原作品的关系以及新作品对原作品的影响两个方面进行确定。这里实际上涉及一个问题，即新作品对于原作品的使用必须限定在必要的范围内，可以让人联想起原作品，但是，又明显让人知道新作品的存在，人们不会将两者混淆，不会损害到原作品的利益。如果作品使用超出了必要范围，就有可能损害到原作品的利益，因而不属于合理使用的范畴，将构成侵权。这个必要的范围实质上就是判断戏仿是否构成合理使用的核心要件。但是，这个必要的范围的划定并非易事，法律上自然没有固定的标准可以参照，需要法官自由裁量。除此之外，原作品的类型也是需要特别关注的因素。比如，视听作品与其他作品如果被他人戏仿，那么在认定是否构成合理使用时就应该有所区别。因为，一般情况下，人们可以将一首歌曲单曲循环多次播放欣赏，但是视听作品（电影）往往有特别高的市场衰变率，不但是季节性，并且往往是一次性消费的。❶ 而视听作品（特别是电影）往往需要投入巨资，相反，一首歌曲的创作成本要远远低于视听作品，在这种情况下，视听作品著作权人要承担更大的因戏仿而带来的负面影响风险。允许戏仿固然是为了保护公众的表达自由，但是著作权人的权利同样需要保护。正如詹姆斯·马歇尔·卡特法官在 Gaslight 著作权人诉 The Jack Benny Program 侵权案

---

❶ 苏力. 戏仿作品的法律保护和限制——从《一个馒头引发的血案》切入[J]. 中国法学，2006(3): 11.

181

的判决书中所言："至于对自由的冲击，我们承认假如在这个判决中制止The Jack Benny Program的行为，我们难以想象会失去表达自由。但是，这一判决重申了民主生活固有的原则——有权拥有和行使自己的私有财产权，而无惧其他人侵犯。著作财产私有权受到同样的保护，相比我们享有的其他自由，在这个案件中著作权财产私有权处于更危险的境地。"[1]我们不能为了保护公众的表达自由，而将视听作品著作权人置于更危险的境地。因此，法官在判断戏仿是否构成合理使用时应该考虑所保护作品的差异性。

目前，我国现行《著作权法》第22条列举的12类合理使用方式中并没有出现戏仿，对此，有一种观点认为戏仿可以理解为《著作权法》第22条第1款第（2）项[2]中规定的的"评论"，将戏仿看作为一种特殊的评论方式，使其具有合理使用的性质。但是，也有观点认为我国《著作权法》第22条的规定并没有涉及戏仿。实际上，从我国合理使用的立法模式看，将戏仿解释为一种特殊的评论方式有些牵强。目前，国际上合理使用主要有三种立法模式：第一种是美国模式（又称fair use模式）；第二种是除美国之外的其他版权法国家模式（又称fair dealing模式）[3]；第三种是作者权法国家模式（又称著作权的例外模式）。其中，第一种立法模式是开放式的，法官在判断是否构成合理使用时，往往并不拘泥于美国《版权法》第107条列举的使用目的，而是以是否符合美国《版权法》规定的合理使用四大构成要件作为标准，甚至在一定条件下，可以不必完全符合四大构成要件。第二种方式是半开放式的，因为合理使用的目的受到严格限制。但是，具体行为的判断由法官自由裁量。第三种方式是完全封闭式的，法官参照法律穷尽式地列举构成例外的具体行为进行判断，只能采用狭义解释，凡是法律未作明确规定者，法官皆不能将其认定为权利的例外。[4]我国采取的是第三种模式，这意味着，作为一种著作权行使的例外行

---

[1] See Peter Decherney .Copyright dupes: piracy and new media in Edison v. Lubin (1903), *Film History*, Volume 19, No.2, Film and Copyright, Indiana University Press (2007), pp. 105-107.

[2] 我国《著作权法》第22条第1款第（2）项规定："为介绍、评论某一作品或者说明某一问题，在作品中适当引用他人已经发表的作品……"

[3] 这种立法模式有学者（王迁教授）将其翻译成"公平交易"，有学者（李琛教授）将其翻译为"合理利用"。

[4] 参见李琛.著作权基本理论批判[M].北京：知识产权出版社，2013: 195-196.

第五章 视听作品著作权的边界：使用者自由使用的起点

为，要受到严格的限制，只能以列举的例外行为为限，且不能对例外行为作扩大解释。如此以来，不宜将戏仿解释为一种特殊的评论方式。从国外的立法例看，法国《知识产权法典》就是将戏仿与对引用他人作品而进行的评论作为著作权例外的两种方式分开列举的。

著作权法保护的基本原理在于鼓励创作者创作丰富多样的作品，繁荣作品市场。因此，戏仿不应当被禁止，无论是从保护公众的表达自由，还是基于保护戏仿作品的长远利益考虑，戏仿这种特殊的表达方式理应受到著作权法的保护。这就要求必须修改现行《著作权法》，将戏仿纳入合理使用的范畴。修改的方案有三种，第一种方案是坚持现有的合理使用立法模式，将戏仿增加为一种新的合理使用模式。第二种方案是采纳美国的 fair use 模式或者其他版权法国家的 fair dealing 模式。第三种方案是在基本保留现有的立法模式基础上，增加适用的弹性。如果坚持采用第一种方案，仍然会产生类似戏仿可能遇到的问题，缺少灵活性。如果采用第二种方案，则与我国的司法传统存在较大差异。比较之下，采取第三种方案相对比较符合实际。我国著作权第三次修订即采取第三种方案。《修改草案第二稿》和《修改草案第三稿》关于著作权合理使用的规定除了列举原有的12种合理使用方式之外，增加了一个弹性条款"其他情形"和一个"原则性规定"❶。依据《修改草案第二稿》或者《修改草案第三稿》的规定，戏仿可以作为合理使用的"其他情形"受到法律保护。同时，为了保护著作权人的利益，又可以依据上述"原则性规定"对戏仿的程度或者范围进行限定。

从本质上讲，视听作品著作权边界的划定便于明晰权利归属，但是，事实表明，这个边界并不是那么容易划清的，视听作品著作权保护期间看似很容易划清界限，但是，想要确定一个能平衡各方利益的界限却很难。对于视听作品的思想与表达，至今未止，并没有一个"放之四海而皆准"的能划清思想与表达界限的标准。而对于视听作品著作权的合理使用（戏仿），也许确定戏仿为一种合理使用的方式比较容易，但是，在司法实践中戏仿到何

---

❶ 这个原则性规定是："以前款规定的方式使用作品，不得影响作品的正常使用，也不得不合理地损害著作权人的合法利益。"

种程度才算是在合理使用的范围内却很难把握。视听作品著作权的边界实际上关系着视听作品著作人和社会公众的利益。不可忽视的是，视听作品的著作权人多为一些具有雄厚实力的制片公司，这些公司很容易组织起来形成一股强大的游说力量，使其利益在立法中得到体现。相反，社会公众比较分散，很难组织起来，这些未被组织的社会公众的利益就难以得到立法反映。无论我们是否承认，事实上，著作权的保护就是以牺牲使用者的利益为代价，并且有日益强化的趋势。❶ 美国将雇佣作品（视听作品多为雇佣作品）著作权的保护期延长至首次发表年起95年，或者自作品创作完成年起120年即为力证。在这种情形下，不仅需要立法者能够不受游说组织影响，兼顾使用者和著作权人的利益，更需要司法机关能在个案的利益平衡中发挥更大的作用。❷

本章小结

著作权是民事权利中比较复杂的一项权利，原因之一在于著作权的边界难以划清。本节分别从著作权保护时间长度、使用者使用空间的广度以及思想表达二分法上探讨视听作品著作权的边界。就著作权保护期限而言，无论是作者权法国家，还是版权法国家都有延长保护期的趋势。将视听作品按照著作权主体不同分为不同的保护期有其合理性，让真正的创作者享受更长期限的著作权保护以激发其创作的动力，让从创作者手中拿走著作权的制片者享受相对较短的著作权保护是从市场开发、商业回报角度考虑。给予单位享有著作权的视听作品50年的著作权保护期不是没有国外的立法例，即便给予70年的保护期也不一定具有更大的合理性。但是，如果从繁荣公有领域考虑，50年的保护期无疑比70年的保护期更合适。鉴于视听作品的作者众多，且难以确定，如果由

---

❶ 参[日]田村善之. 田村善之论知识产权[M]. 李杨，等，译. 北京：中国人民大学出版社，2013: 135.

❷ 参见李琛. 著作权基本理论批判[M]. 北京：知识产权出版社，2013: 212.

这些作者享有著作权，选择将几类主创人员的作者寿命作为计算保护期的依据比适用合作作品著作权保护期的一般规则更为简便、实用。就使用者自由使用他人视听作品进行戏仿而言，戏仿不应当被禁止，无论是从保护公众的表达自由，还是基于保护戏仿作品的长远利益考虑，戏仿这种特殊的表达方式理应受到著作权法的保护。为此，须修改现行《著作权法》，将其纳入合理使用的范畴，可以选择在基本保留现有的合理使用立法模式基础上，增加适用的弹性，即在现有的12种合理使用方式之外，增加一个弹性条款"其他情形"，戏仿可以作为合理使用的"其他情形"受到法律保护。就思想与表达的划分而言，这个界限很难划清，具体到电视节目模式，其究竟是思想抑或表达，不能一概而论。如果电视节目模式对于节目涉及的各个要素（参与人物角色和特点、场景布置、道具、情景转换等）都设计得足够具体、详细，那么这种节目模式就应该属于"表达"，反之，则属于"思想"。不过，即使电视节目模式可以被认定为"表达"而受到著作权保护，其本身也不是一部作品，只能是视听作品的组成部分。

第六章

视听作品表演者的权利

一、表演者的界定

《罗马公约》第3条第（b）项❶规定对表演者进行界定。根据该条款的规定，《罗马公约》似乎将表演者限定为表演文学或者艺术作品的人。言外之意，如果表演的不是文学或者艺术作品，那么将不能成为表演者。其实不然，《罗马公约》第9条❷特别指出，即使是表演非文学或者艺术作品的人，也可以成为了《罗马公约》中所称的表演者。不过，需注意的是，《罗马公约》并不适用于各种视觉或者视听作品，因为该公约第19条特别强调，如果表演者同意将其表演活动以视觉形式或者视听形式录制下来，不论该公约怎样规定，他都不再享有《罗马公约》第7条所给予的邻接权保护。因此，《罗马公约》关于表演概念的界定并不适用于视听作品的表演者。TRIPs没有界定表演者的概念，但是根据该协议第14条可以看出表演者仅指录音制品中的表演者。WPPT关于表演者概念的界定与《罗马公约》极为相似，稍有不同的是将表演者表演的作品范围扩大至民间文学艺术作品。与《罗马公约》以及TRIPs一样，WPPT中的表演者也仅限于录音制品中的表演者，并不包括视觉或者视听录制品中的表演者。

2012年6月，WIPO在北京召开的"保护音像表演外交会议"上

---

❶ 《罗马公约》第3条第（b）项规定："表演者是指演员、歌唱者、乐师、舞者或者其他表演、演唱、演说、朗诵、演奏或者以其他方式表演文学或者艺术作品的人。"

❷ 《罗马公约》第9条规定："任何缔约国可以根据国内法律和法规将本公约提供的保护延及到那些没有表演文学或者艺术作品的表演者。"

通过了《视听表演北京条约》。该条约第2条第(a)项❶将表演者扩大至"视听作品录制品"中的表演者。很有意思的是,《视听表演北京条约》第2条第(a)项对于"表演者"概念的界定与WPPT第2条第(a)项的规定在英文文本表达上完全相同,只是在中文文本表达上稍有差异,将WPPT中的"民间文学艺术作品"改为"民间文学艺术表达"。显然,《视听表演北京条约》中的表演者不仅限于表演文学或者艺术作品,也包括对民间文学艺术表达的表演,其中自然包括其他对非文学或者艺术作品的表演。

我国现行《著作权实施条例》第5条第(6)项规定:"表演者,是指演员、演出单位或者其他表演文学、艺术作品的人。"与上述国际条约相比,我国著作权立法有两点值得注意:第一,我国将演出单位列入表演者范畴。国际公约中没有此类规定,我国这样做的原因很大程度上是由于将表演者的范围与表演者权的权利归属混为一谈。与创作者只能是从事作品创作的自然人类似,表演者也只能是从事表演行为的自然人。演出单位可以说是表演者的组织者,但是将组织者视为表演者如同将法人视为创作者一样尴尬。因此,我国将演出单位视为表演者实为不妥。第二,我国表演者仅限为表演文学或者艺术作品的人。如上文所述,无论是《罗马公约》还是《视听表演北京条约》都没有要求表演者只能是表演文学或者艺术作品的人,即使表演其他非文学或者艺术作品,也可以成为著作权意义上的表演者。从国外立法看,日本《著作权法》第2条第(4)项界定的表演者的概念是指:"演员、舞蹈者、演奏者、歌手和其他从事表演活动的人,以及指挥表演活动的人。"❷ 其中,表演者既包括从事再现作品表演行为的人,也包括从事虽不再现作品但却具有公开娱乐性质的表演行为的人。在实际生活中,一些综艺节目的表演者也许只是参与做游戏,并没有再现作品。如果按照我国现行著作权立法的规定很难被认定为表演者,那么如何保护这些综艺节目的表演者的利益?国际公约以及国外立法例或许给出了答案:修改现行著作权立法关于表演者的定义。在《著作权法》第三次修

---

❶ 《视听表演北京条约》第2条第(a)项规定:"'表演者'系指演员、歌唱家、音乐家、舞蹈家以及对文学或艺术作品或民间文学艺术表达进行表演、歌唱、演说、朗诵、演奏、表现或以其他方式进行表演的其他人员。"

❷ 李扬.日本著作权法[M].北京:知识产权出版社,2011:2.

订过程中，《修改草案第一稿》对于表演者的定义❶似乎是借鉴了《视听表演北京条约》关于表演者定义的中间部分，且既没有使用WPPT中"民间文学艺术作品"的用语，也没有使用《视听表演北京条约》中"民间文学艺术表达"的措辞，仅使用"民间文学艺术"的术语。同时仍然保留了《著作权实施条例》将演出单位包含在表演者范围之内的做法。《修改草案第二稿》与《修改草案第一稿》相比变化主要体现在两个方面：第一，将《修改草案第一稿》中的"民间文学艺术"改为《视听表演北京条约》中的"民间文学艺术表达"，这应该是为了与该公约保持一致的结果。第二，将"演出单位"从表演者范围中剔除出去。这符合国际上的普遍做法。《修改草案第三稿》维持了《修改草案第二稿》的做法。也许是为了语言更加简练，《修改草案第三稿》和《修改草案第二稿》仅借鉴了《视听表演北京条约》的中间部分，如此以来，如果表演的不是文学、艺术作品或者民间文学艺术表达，将不能成为著作权法意义上的表演者。这样，那些综艺节目的表演者将无法得到著作权法的保护。因此，表演者的定义应修改为："以歌唱、演奏、朗诵以及其他方式表演文学艺术作品或民间文学艺术的人和其他从事表演活动的人。"

二、视听作品表演者权利的法律属性

在视听作品制作中，表演者发挥着十分重要的作用。从20世纪初至今，视听作品中的表演者对于观众而言始终具有磁铁般的吸引力，是决定视听作品受观众欢迎与否的主要因素之一。从某种意义上讲，一部视听作品往往成为表演者表达思想感情的工具，代表着其鲜明的个性特征。不能否认的是，表演者是视听作品创作重要的参与者。至于，表演者能否成为视听作品的作者，享受著作权保护，各国学界观点及立法不尽一致。

德国将表演者视为"在制作电影过程中所付出的劳动投入不属于创作行为的那些参与者"，按照德国《著作权法》的规定，他们的贡献与那些作品的

---

❶ 《修改草案第一稿》将表演者定义为以朗诵、歌唱、演奏以及其他方式表演文学艺术作品或民间文学艺术的人或者演出单位。

作者们的贡献一样,都属于电影作品这一艺术整体的组成部分。但是他们的表演行为属于不具有独创性的东西,在法律方面,它们只能作为某种劳动投入享有邻接权的保护,而不享有著作权的保护。❶因此,表演者基于其表演行为不能成为电影作品的作者,只能成为邻接权的主体。但是德国《著作权法》对电影作品作者的确定采用个案方法,遵循创作人原则,在个别情况下,某些演员同样也有可能成为电影作品的作者——如果他们在图像与声音的衔接上付出了独创性劳动。不过,那些已经成为电影合作作者的人不能同时要求享有表演者的保护,❷只能选择一种身份保护,即不适用双重归属理论。

日本有学者认为,电影中参与演出的演员虽然不能说对电影著作的整体形成没有创作贡献,但并不被认为是电影著作的著作人,对其表演是另以邻接权保护。❸而有学者则认为,只要是实质上对整个电影的制作作出创造性贡献的人,比如演员对影像效果作出创造性贡献时,也可以成为电影作品的作者。❹20世纪60年代日本修订《著作权法》时,著作权制度审议会作为日本书部省的咨询机构在向文部省提交的报告中提到"就演员而言,只要其为对电影全部之形成有创作之参与者,亦属电影之著作人。法条不就电影之著作人为例示之规定。"❺但是,之后公布的《著作权法》所列举的几类视听作品作者中,演员不在其列,通说均以演员之表演系受邻接权之保护,故演员并非电影之著作人。❻在这一点上,日本与德国比较相似,也不适用双重归属理论。

在法国,尽管演员不在法国《著作权法典》第L.113-7条列举的视听作品合作作者范围内,但是演员的表演(动作、形、神等)是电影作品中的一部分内容,甚至可以说最重要(至少是很重要的)的一部分内容,与邻接权的保护对象是重叠的,法国在版权保护的实践中,始终把演员视为电影作品的作者之

---

❶ 参见[德]M·雷炳德.著作权法[M].张恩民,译.北京:法律出版社,2005:199,156.
❷ 参见[德]M·雷炳德.著作权法[M].张恩民,译.北京:法律出版社,2005:200.
❸ 参见[日]加户守行.《著作权法逐条讲义》〔五订新版〕,著作权资料协会、2006年版,第150-151页.转引自张懿云,陈锦全.视听著作权利保护之研究期末报告[R].2011:95.
❹ [日]半田正夫,纹谷畅男.著作权法50讲[M].魏启学,译.北京:法律出版社,1990:94,98.
❺ 甘龙强.电影著作权[M].北京:中国电影出版社,1991:27-28.
❻ 参见甘龙强.电影著作权[M].北京:中国电影出版社,1991:30.

一。❶ 法国对于视听作品作者的规定采取开放列举式,并没有排除演员的作者资格,依据创作人原则,只要演员在参与视听作品制作中投入了创作性劳动,就可以请求获得视听作品合作作者的身份。

我国台湾地区有学者认为,一般剧情电影,均由演员将电影之内容传达于公众,因此,演员之演技对于电影之艺术具有绝对之意义,演员之表演为演员参与电影制片之创作成果,从而,演员应认系电影之著作人。但是临时演员除外,因为临时演员不重其演技,通常系听命于导演,而为一定之动作,因此,虽参与电影之拍制,但尚难认为有创作之行为,故非电影之著作人。❷ 我国台湾地区的规定是,对于所有参与视听作品创作的作者均未特别规定,与其他作品类别之作者决定方法相同。即视听作品有我国台湾地区"著作权法"第11条、第12条规定之情形时,依第11条、第12条决定著作人,无第11条、第12条之情形时,依第10条规定由参与创作者为合作作者。在视听作品制作中,演员如果付出了创作劳动,则可成为合作作者。

总的说来,在作者权法国家中,由于普遍存在著作权与邻接权之分,演员的表演通常以邻接权保护,鲜有以著作权保护。如果演员在表演中付出了独创性劳动,一般情况下,演员只能在著作权和邻接权中选择其一予以保护,不能同时享受两种不同的权利保护。尽管有些演员,特别是主要演员在视听作品创作中影响较大,但是绝大多数国家明文列举的视听作品作者范围可以包括导演、编剧、作曲者甚至摄影师、美术师等创作者,却很少有国家以立法列举的形式明确肯定演员的创作者身份,最多通过概括性立法模式推断出演员有成为作者的可能性。

我国对于视听作品中的表演者的保护与作者权法国家的做法一致,给予邻接权保护。

---

❶ 参见郑成思.知识产权保护实务全书[M].北京:言实出版社,1995: 147.
❷ 参见甘龙强.电影著作权[M].北京:中国电影出版社,1991: 37.

三、《视听表演北京条约》对我国视听作品表演者权利的影响及我国立法选择

《视听表演北京条约》是一个全面保护视听表演者的国际性新条约,无疑将对各国保护视听表演者利益的法律产生较大影响。

（一）对视听作品表演者经济专有权利的影响及我国立法选择

《视听表演北京条约》对我国视听作品表演者具体权利的影响主要体现在经济权利方面,对表演者的精神权利基本没有影响。我国现行《著作权法》规定表演者享有四项经济权利,分别是现场直播和公开传送其表演的权利、录制表演的权利、复制权、发行权、信息网络传播权。而《视听表演北京条约》规定了视听表演者享有：广播和向公众传播尚未录制的表演的权利、录制表演的权利、复制权、发行权、出租权、提供已录制表演的权利、广播权和向公众传播的权利。比较之后,发现我国现行《著作权法》与《视听表演北京条约》关于表演者经济权利的差别主要有两项：一是出租权,二是广播权和向公众传播的权利。这意味着,如果我国将来加入《视听表演北京条约》,为了履行《视听表演北京条约》的义务,将要为表演者增加这两项权利。

不过,值得注意的是,《视听表演北京条约》在规定表演者的出租权以及广播权和向公众传播的权利时都有一些可以免除成员国履行此义务的例外规定。首先,《视听表演北京条约》第9条第2款❶免除成员国在一定条件下履行表演者出租权义务。毕竟,随着网络的发展与普及,人们欣赏视听表演的方式已发生很大变化,出租市场已经急剧萎缩。即使人们不通过网络欣赏视听表演,猖獗的盗版市场以其极其低廉的价格也能满足消费者的需求。总之,由于缺少出租消费市场,因此,在我国不会出现为了商业出租而导致的广泛复制视听录制品的状况,故我国可以免除履行给予表演者出租权的义务。

但是,耐人寻味的是,我国《著作权法》第三次修订时,《修改草案第一稿》《修改草案第二稿》和《修改草案第三稿》均规定了视听表演者可以享

---

❶ 《视听表演北京条约》第9条第2款规定："除非商业性出租已导致此种录制品的广泛复制,从而严重损害表演者的专有复制权,否则缔约方被免除第（1）款规定的义务。"

有出租权。这在某种程度上说明我国虽然还没有加入《视听表演北京条约》，即使没有出现《视听表演北京条约》中提到的为了进行商业性出租而导致的录制品广泛复制的现象，但是仍然给予表演者出租权保护实际上是给予了更高水平的保护。只是，这样高水平保护的意义何在？商业性出租早已风光不再，表演者仅仅多了一项有名无实的权利而已。

其次，对于表演者的广播权和向公众传播权，《视听表演北京条约》则给予缔约国更大的自由选择空间。缔约国既可以给予表演者广播权和向公众传播权保护，也可以声明仅给予表演者关于此项权利的获酬权，还可以声明不给予表演者此项权利及其获酬权。在这种情况下，无论我国选择那一种方式都符合《视听表演北京条约》的规定。因此，就视听表演者享有的经济专有权利而言，《视听表演北京条约》对我国《著作权法》修改影响不大，《著作权法》对此问题可以不作修改。

（二）对视听表演者权利归属的影响及我国立法选择

我国现行《著作权法》对于表演者权利的归属没有作特别规定，因此，表演者自己可以享有和行使《著作权法》第37条赋予的几项权利。而《视听表演北京条约》第12条[1]对表演者权利归属作出了特别规定。这意味着，根据《视听表演北京条约》规定，除非合同作相反约定，否则，一旦表演者同意将其表演录制于视听录制品中，缔约国国内法可以作出三种选择：第一，规定表演者权利归视听录制品制作者所有；第二，规定即使视听制品制作者不拥有表演者的专有权，但是应该有行使表演者专有权利的权利；第三，规定表演者权利转让给制作者。当然，由于《视听表演北京条约》只是规定各缔约国"可以"而不是"必须"对表演者权利归属作出特别规定，所以，各缔约国实际上还有第四种选择，即不对表演者权利归属作出特别规定。不过，我国似乎更倾向于对表演者权利归属作出特别规定。

---

[1] 《视听表演北京条约》第12条第（1）项规定："缔约方可以在其国内法中规定，表演者一旦同意将其表演录制于视听录制品中，本条约第7条至第11条所规定的进行授权的专有权应归该视听录制品的制作者所有，或应由其行使，或应向其转让，但表演者与视听录制品制作者之间按国内法的规定订立任何相反合同者除外。"

早在《视听表演北京条约》没有签署之前，2012年3月公布的《修改草案第一稿》第33条[1]即有特别规定。《修改草案第一稿》选择的是第一种方案。这种方案与《修改草案第一稿》关于视听作品著作权的归属相一致。《视听表演北京条约》签署之后，2012年7月，我国版权局公布了《修改草案第二稿》，对于表演者权利归属《修改草案第二稿》第36条作出了比《修改草案第一稿》更为进一步的规定，只要表演者受聘用参与拍摄视听作品，表演者的复制、发行、出租和信息网络传播权就归制片者享有，不允许表演者和制片者作出相反约定。后来的《修改草案第三稿》对于《修改草案第二稿》的内容作了修订，规定表演者和制片者可以约定表演者的复制、发行、出租和信息网络传播权的权利归属，只有在无约定或者约定不明的情况下，上述权利才由制片者享有。

可以看出，《修改草案第三稿》采取的方案类似于第一种方案。稍有不同的是，第一种方案的重点在于关注表演者权利的归属，而《修改草案第三稿》采取的方案更加强调"约定在先"。不仅如此，《修改草案第三稿》还规定由主要表演者与制片者约定表演者权利归属，且不论如何划清主要演员与次要演员界限，即使能够划清，主要演员依据什么可以替次要演员决定权利归属？而且，强调"约定在先"无形之中会增加签约成本，影响作品使用效率。相比较而言，《视听表演北京条约》的"无相反约定"既尊重了当事人的合同自由，也在一定程度上减少了签约成本。因此，对表演者权利的归属可以规定："如当事人无相反书面约定，视听作品中的表演者权利由制片者享有，但表演者享有表明表演者身份的权利，表演者没有角色名字的除外。"此种方案也与本书主张的视听作品著作权归属模式相一致。至于《修改草案第三稿》仅规定只有主要表演者才享有表明表演者身份的权利，这种做法多有不妥。按照影视行业惯例，考虑到许多大型视听作品的演员人数众多，如果给每一位演员署名，将严重影响欣赏效果，而且也不现实，所以对于没有角色名字的群众演员或者替身演员一般不署名。但是，如果只给主要演员署名，不给次要演员署

---

[1] 《修改草案第一稿》第33条规定："如当事人无相反书面约定，视听作品中的表演者权利由制片者享有，但表演者享有表明表演者身份的权利。"

名则有些矫枉过正。

需要注意的是，将表演者部分权利归属于制片者固然会促进视听产业的发展，可以激励投资。但是，不能忽视的是，由于《修改草案第一稿》《修改草案第二稿》以及《修改草案第三稿》普遍使用"视听作品"术语，删除了"录像制品"的归定，将其并入到视听作品之中。这样一些原来作为录像制品表演者可以享有的"复制、发行以及信息网络传播权"会因为修正草案采取第一种方案而失去这些权利。这样的结果缺乏公平性。[1] 毕竟，原本属于"作品"范畴的视听作品制片者投入的成本要远远高于原来属于"录像制品"范围的视听作品制作者；而"作品"中的表演者对整部作品的贡献程度要低于"录像制品"中的表演者。而且，"录像制品"类视听作品的表演者本来可以有许多再次表演的机会，而如果允许"复制、发行以及信息网络传播权"录有其表演的视听录制品，人们一般很少会重复欣赏同一视听表演，这无疑会大大减少表演者再次表演的可能性。在这种情况下，让对"录像制品"类的视听作品贡献较大的表演者的权利归属于投入成本较少、付出较低独创性劳动的"录像制品"类的视听作品的制片者确实有失公平。解决这一问题的方法是将表演者的权利归属于制片者的情形仅限于原本属于"作品"范畴的视听作品中的表演者，其他如"录像制品"类的视听作品中的表演者不受此限，仍然可以保留完整的表演者权。

本章小结

表演者是视听作品创作中重要的参与者。我国《著作权法》有著作权与邻接权之分，一般情况下，即使表演者在视听作品创作中付出了独创性劳动，表演者也只能在著作权和邻接权中选择其一予以保护，不能同时享受两种不同的权利保护。我国更倾向于给予表演者以邻接权保护。《视听表演北京条约》

---

[1] 王迁. 论《视听表演北京条约》视野下我国《著作权法》的修改[J]. 法商研究, 2012(6): 32.

是一个全面保护视听表演者的国际性新条约，但是，《视听表演北京条约》签署对于我国视听表演者权利的影响并不大，因为我国《著作权法》已给予表演者应有的权利，其中，《视听表演北京条约》中有我国《著作权法》没有给予表演者的两项权利，按照《视听表演北京条约》的规定，有的权利（出租权）随着人们欣赏方式的转变，立法者所担心的问题已不会出现而无给予的必要；有的权利（广播权和向公众传播的权利）成员国可以提出保留，故即即我国已加入《视听表演北京条约》，我国《著作权法》也不必作出相应修改。至于表演者权利的归属，可以规定："如当事人无相反书面约定，视听作品中的表演者权利由制片者享有，但表演者享有表明表演者身份的权利，表演者没有角色名字的除外。"同时，鉴于"录像制品"被收入"视听作品"中，公平起见，可以将表演者的权利归属于制片者的情形仅限于原本属于"作品"范畴的视听作品中的表演者，其他如"录像制品"类的视听作品中的表演者不受此限，仍然可以保留完整的表演者权。

参考文献

一、中文类参考文献

（一）著作类

[1] [美]丹尼尔·J. 布尔斯廷. 创造者——富于想象力的巨人们的历史[M]. 汤永宽，等，译. 上海：上海译文出版社，1997.

[2] 张玉敏. 走过法律[M]. 北京：法律出版社，2009.

[3] 李雨峰. 枪口下的法律：中国版权史研究[M]. 北京：知识产权出版社，2006.

[4] 蔡卫，游飞. 美国电影艺术史[M]. 北京：中国传媒大学出版社，2009.

[5] 夏征农，等. 辞海[M]. 上海：上海辞书出版社，2000.

[6] 唐榕，邵培仁. 电影经营管理[M]. 浙江：浙江大学出版社，2005.

[7] 宋杰. 电影与法律:现状、规范、理论[M]. 北京：中国电影出版社，1993.

[8] 尹鸿. 跨越百年：全球化背景下的中国电影[M]. 北京：清华大学出版社，2007.

[9] [澳]理查德·麦特白. 好莱坞电影——美国电影工业发展史[M]. 吴菁，何建平，刘辉，译. 北京：华夏出版社，2011.

[10] [法]苏珊娜·利昂德拉—吉格，让—勒路易·特拉特. 电影随想[M]. 张洁，杨烨，译. 北京：文化艺术出版社，2005.

[11] 裴亚莉，饶曙光. 电影、政治、知识分子和产业——新中国60年电影形态研究[M]. 北京：中国社会科学出版社，2010.

[12] [法]洛朗·克勒通. 电影经济学[M]. 刘云舟，译. 北京：中国电影出版社，2008.

[13] 李天铎. 重绘媒介地平线——当代国际传播全球与本土趋向的思辨[M]. 台

北：台湾亚太图书出版社，2000.
[14] 吴贻弓，李亦中. 影视艺术鉴赏[M]. 北京：北京大学出版社，2004.
[15] 李雨峰. 著作权的宪法之维[M]. 北京：法律出版社，2012.
[16] 高建为，岳彩忠，李占舟. 法国文化解读：西方文化的璀璨明珠[M]. 山东：济南出版社，2006.
[17] 刘波林，江平，王家福. 民商法学大辞书[M]. 南京：南京大学出版社，1998.
[18] [法]乔治·萨杜尔. 电影成为一种艺术（上册）[M]. 徐昭，吴玉麟，译. 北京：中国电影出版社，1982.
[19] 刘茂林. 知识产权法的经济分析[M]. 北京：法律出版社，1996.
[20] 于丽. 电影电视制片管理学[M]. 北京：中国电影出版社，2003.
[21] 李明山. 中国当代版权史[M]. 北京：知识产权出版社，2007.
[22] [美]保罗·戈斯汀. 著作权之道——从谷登堡到数字点播机[M]. 金海军，译. 北京：北京大学出版社，2008.
[23] 沈芸. 中国电影产业史[M]. 北京：中国电影出版社，2005.
[24] 刘树林，朱少玲. 世界电影发展史[M]. 北京：文化艺术出版社，1990.
[25] 谢荃，沈莹. 中国早期电影产业发展历程（1905-1949）[M]. 北京：中国电影出版社，2011.
[26] 李明山. 中国近代版权史[M]. 开封：河南大学出版社，2003.
[27] 马晓莉. 近代中国著作权立法的困境与抉择[M]. 武汉：华中科技大学出版社，2011.
[28] [美]克莉丝汀·汤普森，大卫·波德维尔. 世界电影史[M]. 陈旭光，何一薇，译. 北京：北京大学出版社，2004.
[29] 冯晓青. 知识产权利益平衡理论[M]. 北京：中国政法大学出版社，2006.
[30] 姜丰. 凝视：进入《文化视点》[M]. 沈阳：沈阳出版社，2001.
[31] 易健雄. 技术发展与版权扩张[M]. 北京：法律出版社，2009.
[32] 十二国著作权法[M]. 《十二国著作权法》翻译组，译. 北京：清华大学出版社，2011.
[33] 李扬. 日本著作权法[M]. 北京：知识产权出版社，2011.

[34] 保护文学和艺术作品伯尔尼公约指南[M].刘波林,译.北京:中国人民大学出版社,2002.

[35] 刘春田.中国知识产权评论(第2卷)[M].北京:商务印书馆,2006.

[36] 世界知识产权产权组织.著作权与邻接权法律术语汇编[M].刘波林,译.北京:北京大学出版社,2007.

[37] 陈云东,赵元松,王陈立.菲律宾共和国经济贸易法律选编[M].北京:中国法制出版社,2006.

[38] 郑成思.知识产权法教程[M].北京:法律出版社,1993.

[39] [日]田村善之.田村善之论知识产权[M].李杨,等,译.北京:中国人民大学出版社,2013.

[40] 吴汉东,等.知识产权法学[M].2版.北京:北京大学出版社,2002.

[41] 曾宪义,林毓辉.国际经济贸易法律大词典[M].北京:华夏出版社,1993.

[42] 王利明.新闻侵权法律词典[M].长春:吉林人民出版社,1994.

[43] 许力以.中国出版百科全书[M].北京:书海出版社,1997.

[44] 李琛.知识产权法关键词[M].北京:法律出版社,2005.

[45] 张玉敏.知识产权法[M].北京:法律出版社,2005.

[46] [德]M.雷炳德.著作权法[M].张恩民,译.北京:法律出版社,2005.

[47] 卢海君.版权客体论[M].北京:知识产权出版社,2011.

[48] 王迁.著作权法学[M].北京:北京大学出版社,2007.

[49] 黄晖.法国知识产权法典[M].北京:商务印书馆,1999.

[50] 肖尤丹.历史视野中的著作权模式确立——权利文化与作者主体[M].武汉:华中科技大学出版社,2011.

[51] 李琛.著作权基本理论批判[M].北京:知识产权出版社,2013.

[52] [日]田村善之.日本知识产权法(第4版)[M].周超,李雨峰,李希同,译.北京:知识产权出版社,2011.

[53] 李响.美国版权法:原则、案例及材料[M].北京:中国政法大学出版社,2004.

[54] 张专.西方电影艺术史略[M].北京:中国广播电视出版社,1999.

[55] [比利时]扬·科贝尔.伯尔尼公约和国内法关于视听作品著作权归属的规定[G] // 国家版权局.著作权的管理和行使论文集.上海：上海译文出版社，1995.

[56] 崔金泰，等.电影史[M].沈阳：辽宁少年儿童出版社，2002.

[57] [匈牙利]贝拉·拉巴兹.电影美学[M].何力，译.北京：中国电影出版社，1979.

[58] [日]半田正文，纹谷畅男.著作权法50讲[M].魏启学，译.北京：法律出版社，1990.

[59] 王秦铨.法国著作权法令暨判决之研究[M].台北："内政部"，1996.

[60] 梁慧星.民商法论丛（第19卷）[M].香港：金桥文化出版（香港）有限公司，2001.

[61] 德国著作权法[M].范长军，译.北京：知识产权出版社，2013.

[62] 郑成思.知识产权保护实务全书[M].北京：言实出版社，1995.

[63] 李明德.美国知识产权法[M].北京：法律出版社，2003.

[64] [英]洛克.政府论（下篇）[M].叶启芳，翟菊农，译.北京：商务印书馆，1964.

[65] 郑成思.知识产权应用法学与基本理论[M].北京：人民出版社，2005.

[66] 王甫，吴丰军.电视制片管理学[M].上海：复旦大学出版社，2006.

[67] 熊晖.著作权激励机制的法律构造[M].北京：中国人民大学出版社，2011.

[68] 黄武双.知识产权法研究（第7卷）[M].北京：北京大学出版社，2009.

[69] 李明德，管育鹰，唐广良.《著作权法》专家建议稿说明[M].北京：法律出版社，2012.

[70] 曹三明，何山.中国著作权手册[M].成都：四川教育出版社，1993.

[71] 彼得·德霍斯.知识财产法哲学[M].周林，译.北京：商务印书馆2008.

[72] 朱理.著作权的边界——信息社会著作权的限制与例外研究[M].北京：北京大学出版社，2011.

[73] [加]迈克尔·盖斯特.为了公共利益——加拿大版权法的未来[M].李静，译.北京：知识产权出版社，2008.

[74] 韦之. 知识产权论[M]. 北京：知识产权出版社，2002.
[75] 王迁. 知识产权法教程[M]. 北京：中国人民大学出版社，2011.
[76] 李琛. 论知识产权法的体系化[M]. 北京：北京大学出版社，2005
[77] 甘龙强. 电影著作权[M]. 北京：中国电影出版社，1991
[78] 宋杰. 电影与法律：现状、规范、理论[M]. 北京：中国电影出版社，1993.
[79] 萨莉·斯皮尔伯利. 媒体法[M]. 周文，译. 武汉：武汉大学出版社2004.

（二）论文类

[80] 曹新明. 新编影视剧所涉版权问题研究[J]. 知识产权，2011: (3).
[81] 陈锦川. 关于涉及视听作品著作权纠纷的几个问题"（上、下）[J]. 中国版权，2009: (6)，2010: (1).
[82] 李琛. 论我国著作权立法的新思路[J]. 中国版权，2011: (5).
[83] 孙国瑞，刘玉芳，孟霞. 视听作品的著作权保护研究[J]. 知识产权，2011: (10).
[84] 张玉敏，曹博. 录像制品性质初探[J]. 清华法学，2011: (1).
[85] 易继明，李辉风. 财产权及其哲学基础[J]. 政法论坛，2000: (3).
[86] 萧雄淋. 两岸著作权法规视听著作之立法检讨——以视听著作之定义、归属及保护期间之比较为中心[J]. 智慧财产评论，2011: 10(6).
[87] 汪涌，吴一兴. 关于"二次获酬权"的若干思考[J]. 中国知识产权，2012: (11).
[88] 胡开忠，王杰. 视听作品二次使用的付酬问题探析[J]. 佛山科学技术学院学报：社会科学版，2013: (1).
[89] 张伟君，韩萌. "二次获酬权"的是是非非[J]. 中国知识产权，2012: (11).
[90] 陶鑫良. "二次获酬"利益不宜法律规定而应合同约定[J]. 中国知识产权，2012: (11）.
[91] 石必胜. "二次获酬"的经济分析[J]. 中国知识产权，2012: (11).
[92] 曲三强. 论影视作品的法律关系[J]. 知识产权，2010: (2).
[93] 张玉敏，曹博. 论作品的独创性——以滑稽模仿和后现代为视角[J]. 法学杂志，2011: (4).

[94] 苏力. 戏仿作品的法律保护和限制——从《一个馒头引发的血案》切入[J]. 中国法学，2006: (3).

[95] 王迁. 论《视听表演北京条约》视野下我国《著作权法》的修改[J]. 法商研究，2012: (6).

[96] 杨长斌. 电影的产生及其发展[J]. 内蒙古青年，1982: (2).

[97] 丁进军. 清末修订著作权律史料选载·满清政府之著作权律[J]. 历史档案，1989: (4).

[98] 姚信安. 他山之石可以攻错——由比较法观点析论视听著作之立法[J]. 中正财经法学，2013: (6).

[99] 黄小洵. 电视节目版式版权保护之法律困境和进路探索[J]. 北方法学，2013: (4).

（三）其他类

[100] 邹韧. 解读《视听表演北京条约》——访世界知识产权组织保护音像表演外交会议中国代表团成员王迁[N]. 中国新闻出版报，2012-06-28.

[101] 世界知识产权组织. 视听作品国际登记条约外交会议文件[R]. 日内瓦，1990.

[102] 张伟君. 北京条约的影响：著作权法修改是否应删除"录像制品"[J/oL]. [2012-07-20]. http://blog.sina.com.cn/s/blog_4da63f4101015eor.html.

[103] 张懿云，陈锦全. 视听著作权利保护之研究期末报告[R]. 2011.

[104] 刘仁. "二次获酬权"牵动影视音乐界神经[N]. 中国知识产权报，2012-07-20.

[105] 许岩. 中国导演片酬表引热议[N]. 南国早报，2013-09-09.

[106] 彭骥. 去年，竟有八成国产片亏损[N]. 新闻晨报，2013-01-10.

[107] 刘非非. 电影产业版权制度比较研究[D]. 武汉：武汉大学，2010.

二、外文类参考文献

（一）著作类

[108] Pascal Kamina, *Film Copyright in the European Union*, , Cambridge University Press, 2001.

[109] Peter Decherney, *Copyright dupes: piracy and new media in Edison v. Lubin (1903)*, Indiana University Press, 2007.

[110] Roger E.Schecher and John R.Thomas, *Principles of Copyright Law*, West Publishing Corp.2010.

[111] 三山裕三.著作权法详说——判例解读16章[M].雄松堂，2004.

[112] 加户守行.著作权法逐条讲义〔五订新版〕[M].著作权情报中心，2006.

[113] 半田正夫，松田政行.著作权法コンメンタール1[M].劲草书房，2009.

[114] Peter Decherney, *Hollywood's Copyright Wars:from Edison to the internet*, Columbia University Press, 2012.

[115] Ricketson, Staniforth: T*he Law of Intellectual Property: Copyright, Designs and Confidential Information*, The Law Book Company, Sydney, 2002.

[116] Paul Goldstein, *Cases and Materials on the Law of Intellectual Property*, 5th edition, Foundation Press, 2002.

[117] [日]齊藤博，作花文雄，吉田大輔.現在社会と著作權[M].财团法人放送大学教育振兴会，2003.

[118] Ute Klement, Protecting Television Show Formats under Copyright Law-new Developments in Common Law and Civil Law Countries, *European Intellectual Property Review*, 2007.

[119] [日]水田耕一.无体财产权和现代商业[M].东京：商事法务研究会，1979.

（二）论文类

[120] Jessica Litman, Copyright Legislation and Technological Change, *Oregon Law Review*, 1989.

[121] Kathy Bowrey, Who'sWriting Copyright'sHistory, *European Intellectual Property Review*, June, 1996.

[122] Makeen F. Makeen, Authorship/ownership of copyright works under Egyptian authors' rights law, *International Review of Intellectual Property and Competition Law*, 2007.

[123] Obergfell, Eva Inès, "No need for harmonising film copyright in Europe?" *The European Legal Forum*, 2003.

[124] Jose Antonio Suarez Lozano.The authors of audiovisual works in the Spanish legal system, *Entertainment Law Review*, 1997.

[125] Staff Reporter, Artists to Win Rights, *The Sydney Morning Herald*, 10 December 1999.

[126] Gillian Davies, The convergence of copyright and authors' rights - reality or chimera?*International Review of Intellectual Property and Competition Law*, 1995.

[127] Dr. Makeen F. Makeen.The Protection of Cinematographic Works under the Copyright laws of EGYPT and LEBANON, *Journal of the Copyright Society of the U.S.A.* 2008, Winter/Spring.

[128] Wilhelm Nordemann, A Revolution of Copyright in Germany, 49 J. *Copyright Society of the U.S.A.*, 2001-2002.

[129] Enrico Bonadio and Lorraine Lowell Neale, Joint ownership of films in the absence of express terms, *Journal of Intellectual Property Law & Practice*, May 14, 2012.

[130] Anne Barron, The Legal Properties of Film, *Modern Law Review*, 2004, Vol. 67 (2).

[131] Anne Moebesa1, Copyright Protection for Audiovisual Works in the European Community, *Hastings Communications and Entertainment Law*

Journal，Winter，1993.

[132] Aimee Woodward Brownd1，Pleading in Technicolor: When can Litigants Incorporate Audiovisual Works into Their Complaints?，*University of Chicago Law Review*，Summer 2013.

（三）其他类

[133] DR Matthew Rimmer，The Copyright Amendment (Film Directors'Rights) Bill 2005: A Submission to the Senate Legal and Constitutional Committee，http://works.bepress.com/matthew_rimmer/59.

致　　谢

2014年6月，我通过了博士论文答辩，经过一年多的修改加工，最终形成此书。

五年前，当知道我考上西南政法大学的博士研究生后，许多人都问我这个江苏人为什么要到遥远的重庆读博？我回答："因为我有西政情节"。西政没有让我失望。她给予我的，除了博大精深又扎实的专业知识，还有来自老师和同学浓浓的爱，她给予了我太多太多……

感谢我的导师张玉敏教授！是张老师不嫌弃我大龄和愚钝，给了我进入西政读博的机会。尤记得当初为了确定论文选题，张老师帮我逐一评价、分析每个选题的意义与价值。在论文写作期间，大到文章架构以及理论把握，小到文字措辞乃至标点符号，张老师的认真、严谨让我心生敬意。我很庆幸自己能够得到张老师在专业上的教导和引领；更庆幸的是，我遇到一位在为人处事上都极其包容、豁达和大气的老师。所有这一切都是我学习的动力和方向！

感谢李雨峰教授！初见李老师让我大为惊讶，我原本以为能够写出《枪口下的法律：中国版权史研究》的学者一定是位两鬓斑白的年长学者。但是，现实总是超乎人的想象，李老师是不折不扣的青年才俊。读博期间，李老师对我的提携与关照让我心存感激，这也是西政留在我内心深处最为温暖和绵长的记忆。在论文开题和预答辩时，李老师惜字如金、一针见血的评价让我受益良多。

千言万语，能够在西政得到张玉敏教授和李雨峰教授的提携与关爱是我人生之荣幸。

感谢在论文开题与答辩时，孔祥俊教授、张耕教授、孙海龙教授、邓宏光教授、廖志刚教授对我论文提出的写作建议！

感谢王迁教授！2008年，我到华东政法大学访学，师从王老师。王老师是纯粹的学者，与他交流的话题除了学术，还是学术。王老师指出了我的论文存在的问题，并提出了改进建议，我一直心存感激。特别是，王老师对我的论文的肯定与鼓励，让我心生鼓舞，这无疑是我学术前行的动力。

感谢王曙光师兄！记得他在校读博期间，每周六总请师弟师妹们改善伙食，感谢他对我有求必应的帮助和关心！感谢曾令建、李杨、张体锐、王阁、李东海、李君和王虎等西政博士同学和好友！感谢张惠彬、段鲁艺、朱玛、曹博、王洪友、贾小龙、王淑君、倪朱亮、刘媛等师弟师妹在西政给予我的帮助！感谢黄小洵特意为我搜集的台湾地区极有价值的写作素材。

感谢我在江苏师范大学的诸位同事、朋友：刘广登、马志友、高中华、菅从进、张明新、韩冰、娄峥嵘、丁金楼、张波、张峰振、徐学银、张艳玲、刘继平、朱美云、沈寨和陈清等，是他（她）们以不同的方式关心、支持、鼓励或者鞭策着我读博，而且，为我营造了一个和谐温暖的工作环境。

感谢在此未能提及却关心我、爱我且同样是我所爱的那些人，请恕我无法一一列举，谨由衷地说声：谢谢！

最后感谢我的家人！尤为感谢我的姐姐张春美在我第一年脱产读博期间对我女儿的悉心照顾。特别感谢女儿马骁！虽然女儿嘴上总是"揶揄"我："您都这么大年龄了，还追求什么梦想？您还是考虑考虑怎么帮我实现我的梦想吧。"但是，我知道在她心目中，我一直是她引以为傲的妈妈！她每天放学回家，总是"过问"我论文的写作进度，让我不敢有丝毫懈怠。四年来，为了撰写论文，我对她亏欠的太多，论文写作完成后，我该做一个称职的母亲，未来的日子里，我的梦想就是帮助女儿实现她的一个又一个梦想！

张春艳谨识